大学英语翻译教学及其创新实践

张乃心　徐丽丽　著

中国商业出版社

图书在版编目（CIP）数据

大学英语翻译教学及其创新实践 / 张乃心，徐丽丽著．-- 北京 : 中国商业出版社，2024. 6. -- ISBN 978-7-5208-2983-0

Ⅰ．H315.9

中国国家版本馆 CIP 数据核字第 2024M8Z665 号

责任编辑：王　彦

中国商业出版社出版发行

（www.zgsycb.com　100053　北京广安门内报国寺 1 号）

总编室：010-63180647　编辑室：010-63033100

发行部：010-83120835 / 8286

新华书店经销

北京厚诚则铭印刷科技有限公司印刷

*

710 毫米 ×1000 毫米　16 开　19.75 印张　334 千字

2024 年 6 月第 1 版　2024 年 6 月第 1 次印刷

定价：75.00 元

* * * *

（如有印装质量问题可更换）

前　言

随着全球化的深入发展，英语作为一种国际通用语言，它的重要性日益凸显。在这样的大背景下，大学英语翻译教学也面临着一系列新的挑战和机遇。传统的翻译教学方法已无法满足当今社会对多元化、高效率翻译人才的需求，因此，创新与实践成为大学英语翻译教学的关键内容。

本书从基本理论、对应关系、常用技巧、审美维度、方法创新、混合模式创新、文化视角、信息化创新实践和多元化实践等多方面深入探讨了大学英语翻译教学的理论与实践。首先，从宏观层面和微观层面全面介绍了翻译教学的基本理论、对应关系和常用技巧，为后续内容奠定基础，帮助学生全面了解翻译教学的核心要素。其次，重点探讨了翻译教学方法的创新和实践，通过引入多种创新的教学方法和混合教学模式，激发学生的积极性和创造力，培养他们成为具备创新思维和实践能力的翻译人才。最后，从跨文化、跨领域等多角度深入研究了翻译教学的多元化实践，旨在帮助学生将所学知识转化为实际操作能力，以此提高他们在不同语境下的翻译水平。

本书特点鲜明，实用价值高。不仅系统地介绍了翻译教学的理论知识，还提供了大量创新实践案例，使读者全面了解并掌握实际操作。理论与实践相结合，丰富的案例和互动环节鼓励读者积极参与，提高学习效果。同时，提供丰富的在线资源和工具，方便大家深入学习和实践。

此外，本书的出版旨在为广大英语教学者和学习者提供有价值的学术参考，以促进英语翻译教学的进一步发展，培养更多具备高水平英语翻译能力的专业人才。同时，我们也期待广大的读者在使用过程中能够提出宝贵的意见和建议，以便我们在今后的研究中不断改进和完善。希望本书能为推动我国大学英语翻译教学的创新与实践作出积极的贡献。

目 录

第一章　大学英语翻译教学的基本理论

在目前的全球化时代，英语在国际的交流中扮演着举足轻重的角色。在我国，英语作为一门重要的外语学科，其地位日益凸显。在此背景下，大学英语翻译教学逐渐受到广泛关注。本章重点探讨翻译与翻译教学解读、大学英语教学的课程分析、大学英语翻译教学思考与重要性、大学英语翻译教学的原则与特征、大学英语翻译教学的阶段分析。

第一节　翻译与翻译教学解读

一、翻译

翻译一词既简单又复杂。简单之处在于其常见于日常生活中的语言转换，人们习以为常地使用它，将一种语言文字表达转换成另一种语言文字的意义。然而，翻译的复杂性在于其多层次的含义。它不仅是一个动词，表示一种行为，即将某一种语言文字转换成另一种语言文字，更是一个名词，涵盖了这一活动的方方面面，乃至成为一种现象或职业。

在英语中，翻译的对应词为“translation”，其源自拉丁文中的“translatio”。这一词汇由“transferre”的被动分词形式演变而来。而“transferre”由两个部分组成，“trans”表示“跨越”“穿越”“从一边到另一边”，而“ferre”则表示“搬运”“携带”。因此，翻译最初的意义可追溯至“从一边搬运到另一边”，这一过程不仅是文字的转移，更是跨越语言和文化的沟通桥梁。

（一）翻译的类别划分

关于翻译的类别，可以从不同角度进行划分，具体有以下方式：

第一，根据工作形式，翻译可划分为口译、笔译、机器翻译及机助翻译。口译进一步可划分为连续翻译和同声传译。机器翻译是现代语言学和现代智能科学的融合产物，有望在特定领域替代人工翻译。

第二，根据内容主题，翻译可划分为文学翻译和实用翻译。文学翻译涵盖诗歌、小说、戏剧、散文及其他文学作品，重视情感内容、修辞特点和文体风格的传达。实用翻译则包括科技资料、公文、商务及其他资料，强调实际内容的传达。

第三，根据处理方式，翻译可划分为全译、摘译、缩译、节译和编译等类型。

第四，根据涉及两种代码的特性，翻译可划分为语内翻译、语际翻译和符际翻译等。

第五，根据所涉及的语言，翻译可划分为外语译成母语和母语译成外语，如英译汉、汉译英。除上述划分方法外，实际应用中还有诸多具体分类，此处不再详述。本书所讨论的翻译主要从狭义翻译（语际翻译）角度展开，尤其关注英汉语言的翻译。

（二）翻译能力体系

翻译能力体系，其应涉及以下七点能力：

第一，双语能力，即精通两种语言的能力。

第二，双语文化素养，即全面了解两种文化中的历史、政治、社会、经济等各个方面的知识，并在翻译过程中充分考虑两种文化之间的差异。

第三，文本解析能力，即迅速、准确地判断文本的文体和语域，同时对文本进行词汇、句法、语篇等方面的分析。

第四，目的分析能力，即了解原文本的交际目的，分析文本群体的接受能力与文化习惯。

第五，专业英语能力，即对英语语言特点与文化特征有一个很好的了解；跨文化交际能力，即可以从跨文化交际角度出发进行翻译，使译文最大限度地实现源语文本所要达到的交际效果。

第六，策略能力，即有效使用各种策略来对翻译中出现的问题与突发事件进行处理，及时完成翻译任务，且符合要求。

第七，操作能力，即使用现代技术手段（如语料库、网络工具）进行翻译实践的能力。

在翻译教学工作中，教师往往会感到难以胜任，其原因在于对相关知识的掌握并不深入。此外，高校英语教师在毕业后直接进入教育事业，缺乏社会生活体验和实践翻译工作的机会，这在一定程度上导致他们与社会发展存在脱节现象。受此影响，大部分学生未能掌握翻译学习的核心要领，教师也对翻译教学内容的传授视课堂时间而定，使学生无法全面掌握系统的翻译理论知识和参与丰富的翻译实践活动。

二、翻译教学

（一）翻译教学的主要内容

近年来，课程改革一直走在深化发展的道路上，大学英语课程也随之出现了重大的转变。这一转变是空前的，具体可以表述为“课程的专业化程度不断增强，专业课程与国际的联系日益紧密”。

“课程的专业化程度不断增强，专业课程与国际的联系日益紧密”有着极为丰富的内涵，它真实概括了近年来大学英语教学发生的鲜明变化。部分研究者在他们相关研究的文章中强调“要持续推进大学英语教学在专业化的轨道上深化改革”①。如今，我国高中生普遍具备较高的英语素质。为了大学英语能在专业化道路上取得更为显著的进步，必须不断优化教学内容和方法。具体而言，公共英语教学中应适度融入部分英语专业课程，借鉴其教学模式。在提高学生听、说、读、写能力的基础上，添加富有英语特色的传统文化课程，如《英语逻辑》《英美影视剧》《西方文化思维》等，以帮助学生深入了解英美国家的文化。同时，充分考虑学生发展需求，结合所学专业，增设密切相关的相关学科。此外，高校应根据自身情况，遵循国家大学英语教学基本课标，构建具有本校特色的英语教学体系。通过必修与选修等课程形式，将语言类、文化类、技能类、应用类课程有机结合，使不同基础、不同语言能力的学生均能得到锻炼和综合提升。

对于英语专业的学生而言，英语是他们在大学四年内需要始终接触的一

① 何晔．大学英语和英语专业教学应坚守各自学科发展本位——兼与张杰老师商榷公共英语教学的专业化与英语专业教学的公共化 [J]．池州学院学报，2008（2）：132.

个重要课程。对于非英语专业的学生而言，他们的课程中也始终有英语课程的身影，一些课外实践活动为他们的英语学习提供了契机。这样的教学模式其实与大学英语课课程改革追求的目标是基本一致的，也就是要将英语学习贯穿本科四年全过程。就这个角度而言，英语教学无论是在其内容还是形式方面都获得了前所未有的革新，它逐步成为一个囊括跨文化、跨区域、跨学科的综合化学科体系。

1. 翻译基础理论知识

翻译基础理论知识的主要作用体现在对翻译实践具有指导作用，充分合理地掌握翻译理论知识，才能够在翻译上获得较好提升。概括而言，翻译理论的作用主要有两个方面：一是促进学生在宏观层面上进行译文思路的组织和思考，是保证翻译不出现原则性错误的重要前提条件；二是较好的翻译理论基础能够帮助学生在翻译过程中灵活运用。

翻译的定义、分类、原则、性质等都是翻译基础理论知识的重要组成部分。学生在从事翻译工作过程中，要体现出译者身份，同时要学会如何运用各种工具书，这些都是教师在翻译教学中需要向学生传授的重要内容。

由于受学时限制，教师对翻译基础理论知识的讲解只能挑选重难点部分，而且课时要控制在所有翻译课程时间的三分之一内，这是由于翻译实践才是翻译教学课程的主要内容。为了帮助学生更好地掌握翻译理论知识，让其在翻译过程中获得知识面的拓展，需要教师在翻译课程中给学生提供理论书单，以帮助学生在课后进行阅读和研究。

2. 英汉翻译技巧与翻译变译教学

翻译技巧，即在确保译文通顺的前提下，对原文的表达方式和角度进行调整以保持内容大体不变的方法。常见翻译技巧包括直译、意译、音译、释义、套译、分译、合译、增译、省译、正译、反译、综合译等，教师在教学过程中需灵活传授，学生需熟练掌握。此外，还有翻译的变译现象。

在当前信息时代，翻译任务不仅量大，而且要求速度快。很多时候，人们仅需获取有用信息，无需全面翻译全文，而是对原文进行摘编、概括或压缩等处理，以适应高效的工作节奏。因此，翻译领域出现了多种变译方式，如摘译、编译、译述、缩译、改译、阐译、述评、译写等。在进行翻译课堂教学时，教师应关注训练学生的全译能力，同时重视培养学生的变译能力，全面提升学生的翻译水平。

3. 英汉语言翻译的对比

一切翻译理论都是在英汉对比基础上进行的，对英汉语言的相同点和不同点进行研究也是很有必要的。学生只有了解英汉两种语言的基本特征，并熟悉两种语言在各个层面的差异，才能掌握翻译活动的内在规律，克服母语对翻译思维的干扰，形成正确的翻译思维习惯，运用各种翻译技巧提高实际翻译能力。因此，对英汉语言进行比较，不能仅停留在语言层面，而是要深入文化层面和思维层面。

4. 翻译的实践本质

翻译实践的核心目的在于助力学生更好地掌握翻译技巧，并在翻译理论的指导下，提升翻译质量。如何科学、系统地学习翻译理论体系，并使其在翻译教学中发挥实际作用，是教师在进行翻译教学时必须关注的重要课题。简言之，教师应将教学重心置于培养学生的翻译实践能力上。

此外，翻译教学的实践性还要求我们紧密结合市场需求，强化实际翻译训练。这意味着教师不应将翻译教学局限于课堂范畴，而要走向社会，关注市场动态，重视市场需求，积极与翻译用户沟通，促使学生在真实的市场环境中不断提高自身翻译水平。

（二）翻译教学的主要策略

在当今全球化的大背景下，翻译作为跨文化交流的一种重要手段，其重要性日益凸显。为了培养具有专业素养的翻译人才，翻译教学应运而生。翻译教学的策略主要涉及以下方面。

1. 制定英语课程设置体系

无论是传递的哪一方面的内容，都需要我们构筑起一个科学、合理、系统的课程体系，它会对整个课程进行科学的发展引导。教育部针对本科非英语专业学生提出了量化要求，明确了他们应该在听、说、读、写方面达成基本的目标，并且将具体的要求分为“一般”“较高”“更高”三个层级，彰显出要求的层次化特征。各个高校可以结合本校的发展实际制定科学的教学大纲，建立科学的英语课程规划体系。

时代的发展对英语课程体系构筑提出了崭新的诉求，课程设置应该更好地与市场发展相互接轨，与学生个体成长诉求相互联系，这样培养出的学生才真正具有较强的应用能力。当下，基本的课程体系中都包含听说与读写这两种类型的课程，但是，学生的翻译水平却没有相应的翻译课程来提升。为了建成更加健全的英语课程体系，学校可以适当地增加一些翻译课程，将其作为选修课供学生进行选择。在翻译课上，老师可以传授的知识是多方面的，可以讲解一些基本的翻译理论，也可以让翻译能力强的学生尝试着进行自主翻译，以此提升学生的课堂参与度。

2. 优化英语教材

为了显著提升教师的翻译教学水平及学生的翻译学习成果，有必要组织相关领域的专家团队编写相应的英语教材。在教材编写过程中，需着重考虑目标读者为非英语专业学生，故应将教材难度适度调整，确保其易于理解。同时，注重保持教材的系统性特点，使之成为理论与实践技能训练的有机结合，体现教材编写的科学性。

教材应涵盖多种翻译类型，融入文化翻译、人文翻译、理论翻译及问题翻译等多方面内容。此外，非英语专业的学生应了解基本翻译理论、原则及技巧。对这些内容进行简要阐述，让学生具备基本认知，但仍以实际操作能力培养为核心。此外，教材的章节训练部分可以设置适量练习题，以便学生运用所学翻译技巧进行实践，为未来学习奠定坚实的基础。

3. 创新翻译教学模式

在翻译教学的过程中，最重要的任务是培养学生的翻译能力，形成对于翻译的独特认知。刘宓庆在其研究中，将翻译能力进行了细化，分成了语言分析、文化辨析、审美判断、口头表达以及逻辑分析几个层面。我们在将英语转化为母语的过程中，可以使用的方法有很多，对于老师而言，要教会学生掌握基本的翻译方式，这样才能让其翻译能力逐步提升。在翻译的过程中，可以使用的翻译方法也是较多的，包括直译、意译、删略、代替、拆分等几种基本的方法。教师在教会学生翻译的过程中，要有意识地将这些方法和技巧传递给学生，让学生的翻译水平获得较大的提升。掌握一定的翻译理论能够让学生在翻译的过程中更有针对性，还能让他们不再盲目，掌握翻译的技巧，取得事半功倍的成效。我国所有的翻译理论都是从丰富的翻译实践中总结出的，它们对我国的翻译实践作出了有益的指导，因此，它们对翻译事业发展而言也是一笔宝贵的财富。

可供翻译的体裁是多种多样的，我们能够翻译的不仅有文学作品，还可以翻译一些议论文、新闻稿件、说明书、政府公文、论说文等。

翻译教学应该体现出学生的重要价值，采用多元化的教学方式，让学生用一种比较轻松的方式掌握基本的翻译理论，具备相应的翻译技能。当今社会，我们已经进入了科技与知识协调并进的时代，让学生学会对各种文体进行翻译，能够极大地振兴我国经济发展大局，培养一大批专业化的翻译人才。

4. 注重培养学生的语言能力

语言能力包括两个方面：一是语言理解，二是语言表达。从本质上来说，翻译就是用自己的方式将原文再次呈现出来，也就是通过语言创新使原文获得再现，它是对原文进行的理解和再加工。此外，学生在阅读英语文章的过程中，他们能够理解大致的意思，但是想要让学生用自己的母语将其表述出来存在较大的困难。总而言之，学生所采用的都不是汉化的方式。同样地，要想让学生用地道的英语来表达自己的意思，他们的表达也是千奇百怪，常常会出现中式表达等现象。正是这一原因，我们需要持续强化大学生的英语翻译能力，将翻译能力的培养作为教学的重点任务之一。我们可以从以下两个方面着手，提升学生的翻译技能。

（1）借助网络进行学习，提高对语言的敏锐度。学生可自主充实语料库，收集名著，研究其线索组织、篇章结构和用词特点。同时，交流学习心得，分享阅读带来的喜悦。

（2）积极参与合作翻译等大型活动。团队协作使翻译更为纯正，也能提高个人翻译技能。自由热烈的氛围有助于学生充分展示自我，通过互评互改，学习他人的翻译优点。在对比译文与同伴成果过程中，学生掌握基本翻译原则，激发深入思考，提升对翻译的准确认知，培养译文鉴赏素养。

5. 技巧传授与理论知识讲解相结合

在大学英语翻译教学过程中，老师会传授一些特定的翻译技巧，也会教给学生一些翻译知识。然而，教师如果能够在理论传递的过程中适当地加入一些技巧传递，学生在自我实践的过程中就能够取得更高的技能。要引导学生掌握基本的翻译技能，科学认识翻译活动，尽可能地增加自己参与翻译实践的机会。非英语专业的大学生自身具备一定的英语基础，对于汉语也比较熟悉，教师可以在教学的过程中有针对性地进行翻译指导，让学生翻译一些有特色的、难度一般的句子，必要的时候予以点拨，由此就会取得较好的翻译教学效果。

6. 翻译能力与其他能力的提升相结合

翻译教学的涉及范围广泛，对学生要求较高，需具备较强的理解能力和良好的表达素养。若仅依靠翻译技巧强化训练，翻译能力难有显著提升。在英语学习过程中，听、说、读、写四种技能并非孤立存在，需相互协作才能发挥真正作用。因此，培养学生的翻译能力需从多方面入手，包括扩充词汇量、提高语法能力、奠定扎实的语言基础。引导学生进行广泛、精练和多元化的阅读，以增加其语言输入量，为后续学习奠定坚实的基础。同时，积极学习研究中西方文化，培养跨文化思维模式。

第二节　大学英语教学的课程分析

一、大学英语教学的课程要求

“高校英语作为高校学生的一门重要课程，对学生英语水平的进一步提高起到关键性作用，关系到向社会输送英语人才的整体水平”①。在大学阶段的英语教学中，教学目标被划分为三个层次：一般要求、较高要求和更高要求。这些层次是我国非英语专业本科生在完成大学英语学习与实践后，应依据自身情况选择达到的标准。一般要求被视为非英语专业本科毕业生应具备的基本英语能力；较高要求和更高要求则建议具备一定条件的学校，根据自身办学定位、类型及人才培养目标来选择实施。各高校应依据现实状况确立教学目标，并积极创造条件，助力起点较高、学有余力的学生达到较高要求或更高要求。

（一）一般要求

第一，听力理解能力。能听懂英语授课，能听懂日常英语谈话和一般性题材的讲座，能听懂语速较慢（每分钟 130 ～ 150 词）的英语广播和电视节目，能掌握其中心大意、抓住要点；能运用基本的听力技巧。

第二，口语表达能力。在英语的学习过程中，能够运用英语进行沟通交流，

① 彭杰，刘晓庆．高校英语课程教学问题探析 [J]．读与写（教育教学刊），2019，16（11）：17.

针对特定主题展开讨论，并在日常对话中流利使用英语。在充分准备的情况下，能够就熟悉的话题进行简要陈述，表达清晰，语音语调基本准确。此外，还能在交谈过程中运用基本的会话技巧。

第三，阅读理解能力。能基本读懂一般性题材的英文文章，阅读速度达到每分钟 70 词；在快速阅读篇幅较长、难度略低的英文材料时，阅读速度达到每分钟 100 词；能就阅读材料进行略读和速读；能借助词典阅读本专业的英语教材和题材熟悉的英文报刊文章，掌握其中心大意，理解重要事实和有关细节；能读懂工作、生活中常见的应用文体的英文材料；能在阅读中使用有效的阅读方法。

第四，翻译能力。能借助词典对题材熟悉的文章进行英汉互译，英汉译速达到每小时约 300 个英语单词，汉英译速达到每小时约 250 个汉字；译文基本准确，无重大的理解和语言表达错误。

第五，书面表达能力。具备完成一般性写作任务的能力，可描述个人经历、观感、情感及经历的事件等，并能撰写常见应用文。在半小时内，可针对一般性话题或提纲撰写不少于 120 词的短文，内容基本完整，中心思想明确，用词恰当，语意连贯。同时，掌握基本的写作技能。

（二）较高要求

第一，听力理解能力。能听懂英语谈话和讲座，能基本听懂题材熟悉、篇幅较长的英语广播和电视节目，语速为每分钟 150 ～ 180 词，能掌握其中心大意，抓住要点和相关细节；能基本听懂用英语讲授的专业课程。

第二，口语表达能力。在一般性话题上，能够运用英语进行较为流畅的对话，表达个人观点、情感和意见，并能基本阐述事实、理由以及描述事件，语音、语调大致准确。

第三，阅读理解能力。能基本读懂英语国家大众性报刊上一般性题材的文章，阅读速度达到每分钟 70 ～ 90 词；在快速阅读篇幅较长、难度适中的材料时，阅读速度达到每分钟 120 词；能阅读所学专业的综述性文献，并能正确理解其中心大意，抓住重要事实和有关细节。

第四，翻译能力。能摘译所学专业的英语文献资料，能借助词典翻译英语国家大众性报刊上题材熟悉的文章，英汉译速达到每小时约 350 个英语单词，汉英译速达到每小时约 300 个汉字；译文通顺达意，理解和语言表达错误较少；能使用适当的翻译技巧。

第五，书面表达能力。能基本上就一般性的主题表达个人观点，能撰写所学专业论文的英文摘要，能撰写所学专业的英语小论文，能描述各种图表，能在半小时内撰写出不少于160词的短文，内容完整，观点明确，条理清楚，语句通顺。

（三）更高要求

第一，听力理解能力。具备基本听解英语广播和电视节目的能力，能理解其核心意义和关键信息；能够听懂英语母语者之间的日常对话；能够理解以英语为媒介的专业课程和讲座。

第二，口语表达能力。能较为流利、准确地就一般性或专业性话题进行对话或讨论，能用简练的语言概括篇幅较长、有一定语言难度的文本或讲话，能在国际会议和专业交流中宣读论文并参加讨论。

第三，阅读理解能力。能读懂有一定难度的英语文章，理解其主旨大意及细节，能阅读国外英语报刊上的文章，能比较顺利地阅读所学专业的英语文献和资料。

第四，翻译能力。具备利用词典翻译专业文献及英语国家报刊中较高难度文章的能力，同时能翻译关于中国国情与文化介绍的文章。英汉翻译速度达到每小时400个英语单词，汉英翻译速度达到每小时350个汉字。译文内容准确，错误译文及漏译现象较少，文字流畅，达意清晰，语言表达失误较低。

第五，书面表达能力。能用英语撰写所学专业的简短的报告和论文，能以书面形式比较自如地表达个人的观点，能在半小时内撰写出不少于200词的说明文或议论文，思想表达清楚，内容丰富，文章结构清晰，逻辑性强。高校英语课程教学的一般要求、较高要求和更高要求是作为各高等学校在制订该校高校英语教学计划时的参照标准。各高等学校可以根据各自学校的实际情况，对三个要求中的听力、口语、阅读、翻译、写作以及词汇量的具体要求与指标进行适当的调整，但要特别重视对听说能力的培养和训练。

二、大学英语教学的课程设计

在大学英语教学的课程设计中，各高校需根据各自的实际情况，将综合英语、语言技能、语言应用、语言文化以及专业英语等必修与选修课程有机融合，确保各层次学生在英语应用能力方面得到充分训练和提升。在设计过程中，应高度重视对学生听说能力的培养，并确保充足的学时与学分分配。

同时，充分利用现代信息技术，开发与建设基于计算机和网络的各类课程，为学生创造优良的语言学习环境。

无论是以计算机为主要载体的课程，还是以课堂教学为主导的课程，设计课程时都应充分体现个性化，兼顾不同起点的学生。既要关注起点较低的学生，为他们提供支持，又要为基础较好的学生预留发展空间。课程设计旨在帮助学生奠定扎实的语言基础，培养他们较强的实际应用能力，尤其是听说能力。同时，确保学生在整个大学阶段英语语言水平稳步提升，兼顾学生个性化发展需求，以满足各自专业发展的需要。

第一，大学英语课程教学的专业设计。部分学生在大学学习的时候，会需要掌握某类专业的英语知识。例如，学生主修计算机专业的时候需要学习计算机英语，学生主修经济学知识的时候需要学习商务英语等。教师可设计专业化的英语课程，引导学生加强专业英语的学习。教师还可以设计商务英语的选修课程，引导商务经济管理类专业的学生在这门选修课上加强商务英语知识的学习，商务英语课堂教学中以项目式的方法开展商务实践技能的训练，这些训练能够取得良好的教学效果。

第二，大学英语课程教学的个性设计。“科学合理的高校英语课程体系，必然要基于对学生的个性化需要的分析，划分多个难度层级，同时提供相互依存的、动态平衡的课程模块。因此，个性化高校英语课程体系应以课程咨询与定制为先导，横向上考量语言知识、应用技能、人文素养，纵向上区分难度层级，测评上以阶段水平测试为评估手段，跟踪监管、动态评价课程体系的执行效果”[①]。高校在开展英语课程设计的时候，需要通过英语课程培养学生的英语基础，这些英语基础包括基本的听、说、读、写能力，学生只有具备一定的英语词汇基础、句型应用基础和英语语法基础，才能够持续地向前发展。如何为学生奠定听、说、读、写能力的基础是部分英语教师的教学难题。大学英语教师需了解，为了让学生愿意自主地吸收英语知识，教师要设计出具有个性化的英语课程，使学生觉得在学习英语的基础上，自己的兴趣爱好能得到满足，并愿意自觉地学习英语知识，从而奠定扎实的英语基础。

第三，大学英语课程教学的应用设计。在当今社会，英语作为一种全球通用语言，人们对其应用能力的要求越来越高。学生需要具备流利的英语口

---

①江琳．高校英语课程体系的“个性化”构建[J]．福建江夏学院学报，2022，12(1)：103.

语，能够迅速撰写各类英语材料，并能跨文化地与其他国家的人进行交流。这表明，我国高校英语教育不仅要为学生奠定扎实的英语基础，还要注重培养和提高学生的英语应用能力。为了更好地提高学生的英语应用能力，大学英语教师应当在教学中重点关注以下五个方面。一是英语翻译能力的训练。翻译是英语应用的重要组成部分，学生需要掌握不同语境下的翻译技巧，确保翻译准确、自然。教师可通过讲解翻译理论、组织实践翻译活动等方式，帮助学生提高翻译水平。二是英语交际能力的训练。英语口语和听力是英语交际能力的基础，教师应运用多样化的教学手段，如角色扮演、情景对话等，让学生在实际语境中锻炼英语口语表达能力，提高他们跨文化交际的能力。三是阅读写作能力的训练。阅读和写作是英语获取和输出信息的重要途径。教师应引导学生阅读各类英语文章，积累词汇和语法知识，提高阅读理解能力。同时通过指导写作技巧和开展写作实践活动，提升学生的英语写作水平。四是，文化素养的培养。了解英语国家的文化背景，有助于学生更好地适应跨文化交际环境。教师可运用案例分析、讨论等方式，让学生深入了解英语国家的文化，提高文化素养。五是自主学习能力的培养。培养学生自主学习英语的能力，使其在毕业后能够持续提高英语水平。教师应教授学习策略，引导学生养成良好的学习习惯，提高自主学习效果。

三、大学英语教学的课程方法

（一）大学英语课程教学方法的标准分析

教学方法作为连接教师与学生的纽带，历经从传统至现代的演变，形成了丰富多样的教学方法。各类教学方法的本质在于为实现教学目标服务，它们与教学目标、教材内容、教学对象之间存在紧密的内在联系。运用教学方法的实质在于，将教师、学生、教材内容有机地融合，使各基本要素充分发挥其应有功能，进而通过教学成果实现教学目标。因此，选择教学方法应充分考虑教学目标、教学对象、教材内容，同时兼顾教师个人特质及素养条件。

第一，依据教学目标选择教学方法。不同领域或不同层次的教学目标的有效达成，要借助于相应的教学方法和技术。英语教师可依据具体的可操作性目标来选择和确定具体的教学方法。教学目标将教学的一般性任务具体化，是一个有着多种具体内容的目标群，既有知识信息方面的内容，也有认知技能、认知策略方面的内容等。每一方面的目标都须有与该目标相称的教学方法，不同的教学方法各有不同，没有一种最好的能适应各种教学情况的教学方法。

第二，根据学生的特征选择教学方法。学生的特征直接影响教师对教学策略的抉择，因此，教师需要科学且精确地研究并分析学生的基本特征，以便有针对性地选择和应用恰当的教学策略。学生特征主要涵盖心理特征和知识基础两个方面。学生的心理特征侧重于强调年龄差异导致的心理发展层次差异，教师在选择教学策略时应充分考虑不同年龄阶段的独特心理特征；学生知识基础特征则主要关注学生原有的知识体系或认知结构，强调学生已掌握的知识及其认知方式对新的学习过程产生的影响。

第三，根据学科内容选择教学方法。不同学科的知识内容与学习要求不同；不同阶段、不同单元、不同课时的内容与要求也不同，这些都要求教学方法的选择具有多样性和灵活性的特点。学科内容决定了一般教学方法在各门学科中的特殊形式。艺术性强的学科知识和科学性强的学科知识在教学方法上是有着很大差别的，这是因为通向这些知识的心理过程不同。某些方法具有较强烈的学科特点。

第四，依据英语教师的自身素质选择教学方法。任何教学方法，只有契合教师素养条件，且得到教师充分理解和掌握，方能在实际教学活动中发挥其应有效能。在通常情况下，教师更倾向于运用熟稔的教学方法。然而，在实践过程中，教师会依据自身特点，充分发挥自身优势，规避劣势，以选择最适合自己的教学方法。

（二）大学英语课程教学方法的主要特征

教学方法是教学过程中教师与学生为实现教学目的和教学任务要求，在教学活动中所采取的行为方式的总称。教学方法的内在本质特点包括：①教学方法体现了特定的教育和教学的价值观念，它指向实现特定的教学目标要求；②教学方法受到特定的教学内容的制约；③教学方法要受到具体的教学组织形式的影响和制约。

第一，教学方法是具体应用的方法，从属于教学方法论，是教学方法论的一个层面。教学方法论由教学方法指导思想、基本方法、具体方法和教学方式四个层面组成。教学方法包括教师教的方法（教授方法）和学生学的方法（学习方法）两大方面，是教授方法与学习方法的统一。教授法必须依据学习方法，否则便会因缺乏针对性和可行性而不能有效地达到预期的目的。由于教师在教学过程中处于主导地位，因此，在教法与学法中，教法处于主导地位。

第二，教学方式和教学手段是构成教学方法的要素，一种教学模式是由多种教学方法组成的。教学方法应立足于特定的教学理论，旨在实现特定的教学目标，并采用具体且可操作的程序或一系列环节来解决相应的问题。首先，教学方法与教学模式之间的关系：教学模式是在特定教学理念指导下，为完成某一教学课题而构建的相对稳定的教学方法体系，它由一系列具有固定程序的教学方法所组成。每种教学模式都蕴含着独特的指导思想，并具备特定的功能，它们对教学方法的运用及教学实践的发展产生了深远影响。在现代教学中，最具代表性的教学模式包括传授—接受模式和问题—发现模式。其次，教学方法与教学方式的关联：教学方法与教学方式虽有别，但密切相关。教学方式是教学方法的具体细节，是实施各类教学方法的技术手段。每一教学方法均由一系列教学方式组成，又可分解为多种教学方式。此外，教学方法是一系列有目的的活动，能独立完成特定的教学任务，而教学方式仅在教学方法中运用，旨在促成教学方法所要实现的教学任务，本身并不能完成一项教学任务。

（三）大学英语课程教学方法的运用

教师选择教学方法的目的，是要在实际教学活动中有效地运用，具体包含以下五个方面。

第一，不断丰富和调整教学方法。在高等教育的英语教学实践中，各类课程和问题均具有独特性。教师根据自身教学实践，不同程度地积累了切实有效的应对策略。这些策略或源于学习，或源于创新，但均具备一个共性，即契合个人特质。教学方法的选择取决于其是否适应现有学生、是否符合新型教材和大纲要求，以及是否适用于其他年级、班级、教师等。若不适合，则需探讨如何调整和改进，这也是教学策略积累过程中务必考量的因素。

第二，积极采纳卓越的教学策略。在大学英语教学实践中，每位教师都期望能借鉴和吸收行之有效的教学方法。当前，国内外有许多经过实践验证的教学方法，如电化教学法、引探教学法、发现教学法、建构主义教学法等，这些方法在不断应用和检验的过程中，相较于传统教学法有了许多创新与发展。根据教学需求，教师应适当采纳现有教学方法，并遵循教学策略的要求，使之适应高校英语教学的实际环境。

第三，合理搭配教学方法。在大学英语教学活动中，解决某一问题或完成一节课的教学任务，往往需要多种教学方法的搭配或有机结合。可以以一种方法为主，辅以其他方法。例如，在运用演示法教学时，应考虑加入谈话法作为补充；或者利用其他方法弥补某种方法的不足。在搭配和组合教学方法时，应注意方法间的关系，以免影响问题解决的效率。具体教学中，应采用多种方法形成有机整体，以提高教学效果，这便是教学方法的有机组合，也是构建教学策略的重要途径。

第四，对已有教学方法的进行改造。由于实际中的主客观条件不同，原有的教学方法可能无法实现教学目标，那么要想更有效地完成教学任务，就必须改变原有的教学方法。在高校英语教学中，采用自学辅导教学法，是在教师的指导下，通过阅读教材的课文和例题，在已有知识的基础上通过自学、自练、自己批改作业等手段达到学习目的。在素质较好的班级中，教师就可以大胆放手，让学生按既定目标，自觉参与学习并完成学习任务，这时可以以学生自学为主，教师指导为辅。

第五，构建新型的教学方法。为了不断适应新的社会环境和新的教育观念，为了各学科知识体系的不断更新和教学条件的不断改善，教学方法也必须有新的发展。在高校英语教学实践中，在充分吸取原有教学经验的基础上，激发学生学习兴趣和求知欲，强调教学应该教学生如何学，促进学生个性的发展。

四、大学英语教学的课程模式

随着教育质量的改革，高校英语教师必须创新自己的教学方法和全面提升英语教学质量，选择最有效的教学方法来提升教学质量，帮助学生的英语水平进行的全面提升。

（一）内容型教学模式

内容型教学模式与交际法共享相同的心理学与语言学理论基础，可视为交际教学法的一种变体。相较于交际法，内容型教学模式侧重于对学习输入内容的关注，主张依据学生需掌握的课程内容来组织语言教学。因此，内容型教学模式可以定义为：一种以学生所学学科内容为核心，强调围绕学生需获取的内容或信息展开教学的交际语言教学模式，旨在实现内容教学与语言教学相互促进、共同提升的目标。内容型教学模式的语言观主要包括以下三个方面：①语言是获取信息的工具，信息在语篇中建构与传递，因此，语言教学应以语篇为基础；②在现实生活场景中，听、说、读、写四项语言技能难以分割，语言教学应综合培养学生的这四项技能；③语言运用具有目的性，学生需明确所学语言材料的目的，并将其与个人目标相结合。内容型教学模式强调在关注语言技能的基础上，进一步提升学生其他方面的能力和素质，因为语言本身是一个符号系统，其深度与美感源于所“承载”的内容。

1. 内容型教学模式的主要原则

内容型教学模式的核心理念在于，语言学习并非仅限于语言本身，而是作为一种获取信息的途径，唯有如此，语言学习方能取得成功。基于此，内容型教学模式提炼出以下三大原则：第一，学习的语言习得成效取决于所学内容是否富有趣味性、实用性和是否能达成预期目标。因此，为确保学习效果，必须强化学习内容与学习者实际需求的关联性。第二，针对性的高校英语教学乃是优质教学，亦为满足学生需求的教学，从而实现良好的教学效果。内容型教学模式强调，教学内容应具有针对性，且符合学生实际需求，尤其是在特定用途或学术用途的培训课程中，更要充分考虑到学生的具体行业需求或学术需求。第三，教学应基于学习者的既有经验展开，教学过程中需充分认识到学生入校时已具备一定的高等英语知识。

2. 内容型教学模式的具体应用

内容型教学模式的倡导者开发了多个中国企业品牌竞争力指数（CBI）[①]项目，探索出多种教学模式，并将内容型教学理念描述成一个连续体，一端是内容驱动型教学；另一端是语言驱动型教学，在两极之间存在多种教学模式，使语言与内容有着不同权重。在完全和部分沉浸式教学过程中，内容是主导，而语言是媒介，正规的学校课程是教授内容，它的有效性更多地取决于学生对内容的掌握，而语言的掌握是一个副产品。保护式教学的授课对象是非本族语者，由学科领域专家担任教师，但在授课过程中需要关注学生的英语水平，调整教学话语使教学内容更容易被学生理解。

内容型教学模式秉承“做中学”的教学理念，鼓励学生进行自主学习、合作学习和体验学习，要求学习者扮演积极的角色，积极地理解输入材料，有较高水平的歧义容忍度，愿意探索新的学习策略，多角度阐释口头或书面语料。学习者可参与学习内容和活动方式的选择中，为学习内容提供资源。

① 中国企业品牌竞争力指数（CBI），是能够反映中国自主企业品牌整体竞争力水平的体系，涵盖财务、市场、潜力及客户四个指标，对中国自主品牌建设评估和预测具有重要作用。

学习者要对内容型教学有十足信心，积极适应新的角色，成为一个合作型、参与型的自主学习者。内容型教学模式通常选择真实语言材料作为教材，真实性一方面指本族语学习者所使用的教材；另一方面指源于报纸或期刊文章，并非为语言教学目的而编写的材料。

（二）交际型教学模式

英语教学水平和研究水平的提高，既得益于语言学理论研究的进步，也是人们进一步认识语言本质的结果。人和人之间交流的是语言信息，语言属于信息系统，也是人类在交际过程中必不可少的工具。有了交际才有了语言，语言教学的目的不仅在于提高交际能力，还在于解决交际问题，因此，“高校英语课程教学既要传授给学生语言知识，也要培养学生的语言交际能力和交际能力”①。大部分语言教学理论都说明让学习者具备良好的语言交际能力，才是语言教学的目标，因此，交际是高校英语的教学方向，即在交际过程中提高学生的口语运用能力。

在高等教育的英语教学领域，学生的交际能力涵盖了策略技巧、语法知识、话语运用以及社会语言素养等方面。要求学生不仅具备适当的交际手段和优秀的语言表达能力，还需掌握一定的交际规则。人们通常运用口语和书面语两种方式进行交际，而两者之间的差异在于交际形式的特性。书面语能力通常被视为英语交际能力，但其特点包括无准备性、视觉情境的依赖性、交际的直接性、手势及面部表情的运用以及相对独立性等。因此，口语交际的特征独具特色，其交际过程中尤为强调互动性。

1. 交际型教学模式的主要原则

教学的场景和内容、教师和学生共同构成英语口语交际的教学系统。教学信息通过这些构成要素，实现在教授系统和学习系统之间的切换，因此也推动这个系统的发展。信息在英语交际教学过程中并不是一直存在，师生在这个过程中要遵循相应原则，并且创造良好的交际环境。

（1）意义为本原则。作为交际教学法的核心，意义在英语交流过程中的重要性不言而喻，教师应注重意义的传达，而非过分强调语言的正确性。在教学过程中，教师应更具包容度，认识到语言学习和其他学科学习一样，都

① 王璐．高校英语交际教学模式浅谈［J］．西部素质教育，2017，3（22）：184.

是在错误中不断进步。因此，不宜对学生的每处语法错误都予以纠正，而应关注意义的表达。

（2）互动导向原则。英语交际的本质在于口头交流，因此，“交际”应与“听说”并重，成为口语交际教学的核心。教师应确保课堂教学信息的双向或多向互动，以学生为中心，维护他们在交际活动中的主体地位。同时，教师也应将自己视为平等的参与者，实现师生之间的平等交流。

（3）平等尊重原则。在口语交际教学中，教师与学生均为交流的主体，均需具有自觉性和能动性。保证师生之间的平等，教师需以学生为中心，强调学生的主体地位。首先，教师应及时鼓励学生，发挥他们的资源优势，实现师生共同参与信息交流。其次，教师要充分尊重学生的情感、个性和认知方式，以实现公平和平等的教学环境，为双向或多向的交际奠定基础。

2. 交际型教学模式的具体应用

（1）掌握听的技巧。听是英语交际的重要组成部分，交际的双方可以选择和调整自己的说话方式，却不能改变别人的说话方式，无论对方是怎样说的，从交际和沟通的角度而言，都要求听话者能听懂。在课堂教学中，学生要听教师的讲授、回答教师的提问，倾听同学的发言，这些都要求学生掌握听的技巧。因此，口语交际教学要教会学生成为一名合格的“倾听者”，只有听清楚、听明白，才能提高说的质量。

（2）掌握说话的技巧。听和说在口语交际过程中不可分离。说话不仅为了传达信息，还为表达思想。成功的口语交际需要高超的说话技巧，而说话技巧也体现在说话的连贯性上。训练学生说的能力，应从敏锐的感知力、高度的注意力、快速的记忆力、深刻的理解力、丰富的想象力、正确的品评力等方面着手。

第三节　大学英语翻译教学思考与重要性

一、大学英语翻译教学的有效思考

大学英语翻译教学是培养学生语言应用能力的重要环节。随着全球化的深入发展，翻译技能在跨文化交流中的重要性日益凸显。然而，当前大学英语翻译教学中存在一些问题，如教学内容与社会实际需求脱节、教学方法单一等。为了提高翻译教学的效果，教师需要关注以下方面。

（一）完善英语课程设置体系

无论对哪个学科开展教学活动，将学科知识传授给学生，都必须以宏观、科学合理的课程体系作为指导，在开展课程活动时发挥宏观指导作用。我国教育部最新修订并颁布的《大学英语课程教学要求》中，用“一般要求”“较高要求”“更高要求”对非英语专业本科大学生所具备的能力进行划分，并且规定了听说读写译等各方面的量化标准，体现出大学英语翻译教学的选择性、灵活性和层次性，让各个高校结合本校的需求和实际情况将教学大纲制定出来。但是，大学英语翻译教学科目大纲的制定存在设计和整体规划不足的问题，让教师在实际教学操作中存在一定困难。所以，要对大学英语课程体系进行完善。

英语课程体系的构建需紧跟时代步伐，与经济社会发展相适应，课程设置应充分考虑市场对人才需求的多样性，着重提升学生的实际应用能力。大学英语课程不应仅局限于将课程划分为读写课和听说课，而忽略翻译课程的设置。通常而言，大学第一学年为英语基础阶段，有限的学时旨在为学生奠定扎实的基础，因此无须单独开设英汉翻译课程。到第二学年，可通过设置翻译选修课及组织翻译讲座等形式，向学生传授基本的翻译技巧与理论。对于热衷于翻译的学生，可鼓励其开展深度学习和自主训练，进一步提升翻译水平。

（二）重视英语翻译教材编写

英语翻译教材编写的重要性不容忽视，它对于提升非英语专业学生的翻译能力和教师的教学水平具有积极推动作用。非英语专业学生的翻译教材与针对英语专业学生的翻译教材存在显著差异。因此，在编写大学英语翻译教材时，须紧守难易程度适中与保持教材系统性的原则，使之成为集技能训练、知识与理论于一体的教材，凸显其科学性和针对性。

教材内容应以英汉对比和应用翻译为核心，涵盖修辞与翻译、篇章翻译、文化与翻译、各类文体翻译以及赏析不同题材和风格的译文等。翻译课程的关键在于理论与实践相结合，非英语专业学生的翻译教材应提供简洁明了的翻译理论、简明清晰的翻译技巧、基本知识及翻译原则，着重培养和提升学生的实际反应能力。因此，在每个章节后附上翻译练习，通过课堂讨论和实践方式促进学生翻译技巧的提升，使学生的实际应用能力得到培养，以便在未来的工作和学习中得以更好地应用。

（三）更新英语翻译教学模式

英语翻译教学模式的核心任务在于培育学生的翻译技能并深化其对翻译的认识。翻译能力涵盖以下五个关键层面：语言分析与运用、文化辨识与呈现、审美判断与表达、双向转换与传达、逻辑分析与修正。在大学英语翻译教学中，翻译理论与实践技巧的融合至关重要。英汉互译的方式丰富多样，教师应向学生传授基本方法，以提升其翻译技能。常见的翻译包括直译、意译、直译与意译结合、增译、删略、词类转换、长句拆译、替代等。这无疑对教师的教学水平提出了更高的要求。教师须先致力于丰富自身的翻译理论及技能知识，从而提高教学品质与效果。翻译理论的指导价值在于降低实践的盲目性与因循性，提升科学性与实效性。我国的许多翻译理论源于实践，具备宝贵的经验价值，对指导实际操作极具成效。同时，诸多国际翻译教学理念也为我国翻译教学提供了有益借鉴。

在翻译训练的体裁上，除传统的文学翻译外，还应加大应用文翻译的比重，包括科技论文、新闻报道、商贸信函、产品说明书，等等。

在教学过程中，以学生的需求为中心，使教学内容多变，教学方法灵活、多样化，最终使学生在整个的学习过程中主动并且积极地掌握翻译的基本理论和技巧，提高自己的翻译能力。

（四）科学培养学生语言能力

语言理解能力和表达能力共同构成语言能力。翻译是在理解原文的基础上，用另外一种语言创造性地将原文再现。其中，表达的前提是对原文的理解。基于此，大学英语翻译教学的主要目标之一是对学生语言能力的培养。在翻译教学过程中，促进学生语言能力提升的方式主要有以下三个方面。

第一，借助互联网平台进行自我提升，不断提高个人的语言感知能力。引导学生利用互联网或其他途径构建个人语料库，体验优秀范文和名篇佳作中的用词措辞，掌握文章布局谋篇的技巧。教师需定期或不定期与学生交流，分享阅读感悟与收获。

第二，课堂教学中运用翻译欣赏课程，让学生领略翻译之美，或让学生尝试翻译名家名篇，并与名师译文进行对比，总结心得体会。

第三，组织小组合作翻译活动。教师将学生分为若干个小组，开展翻译实践。在课堂教学中营造轻松愉快的氛围，鼓励学生发表观点，相互评价和修改译文。通过比较译文、讲评领悟的方式，启发学生深入思考翻译，提升其翻译能力和译文欣赏能力。

二、大学英语翻译教学的重要性

（一）翻译有助于英语写作能力的提高

翻译有助于英语写作能力的提高，特别是“汉译英”对于学生的写作能力大有帮助。例如，“我们通常在家和地铁之间来往，这是他上班的必由之路。无论什么样的天气，无论自己的身体状况如何，他都坚持上班，从不旷工。在别人不能坚持的情况下，他也会到办公室去工作，因为这对他来说是一种自豪。”翻译成：“We usually stay at home and the subway between，this is the route one must take him to work。No matter what the weather is like，regardless of their own physical condition，he insisted to go to work，never absenteeism。In the case of others can not insist on，he will come to the office to work，because it is a kind of pride.”

此外，在教师讲解完毕之后，要求每位学生就环境主题撰写一篇作文。学生们通常采用的写作方式是：首先，运用中文将作文内容大纲式列举，如阐述环境对人类生存的影响；其次，分析当前身边所存在的环境恶化现象及问题；剖析各种现象或问题的成因；最后，得出结论：地球是人类共同的家园，且独一无二，因此倡导全社会及全体公众共同维护环境，珍惜资源，从点滴做起，从身边出发，切实保护环境。随后，让学生将各部分内容用英语进行翻译，并根据框架结构补充相关内容，使文章显得更加丰满。母语因素是学生在英语学习方面所面临的主要挑战，英语学习并非与母语毫无关联，而是要将英语与母语相结合，以便为学习英语提供更优质的服务。

（二）翻译能够提升大学生的阅读能力

在大学英语教学过程中，翻译教学所涉及的主要内容包括准确表达、文本校验及深入理解等三个方面。其中，准确表达的基础在于对原文的深刻理解。

在文本检验方面，大学英语教学实践中，它意味着在精确翻译原文的基础上，通过口语表达的方式，对学生在课文理解程度方面进行评估。例如，“Wherever they occurred，inefficiency and waste were attacked and nonessential projects were brought swiftly to an end.” “他们的出现，我们要反对效率较低与浪费的现象，还要控制工程项目。”这个例句中出现了翻译错误的问题是因为，学生没有结合文章内容准确理解句子中代词“他们”的含义，只是翻译了字面内容，同时句子中出现的“效率较低与浪费的现象”译文与英语的表达习惯比较适合。在英语语言中，名词一般充当主语，如果主从复合句拥有相同的词语，则用代词来代替从句的主语。以这个语言习惯作为依据，可以发现，句子中的代词是指一件事物。与语境相结合将英语翻译成汉语时，要对西方英语语言的语境和用词习惯进行考虑做出相应的调整。所以上面的句子的准确译文应该是——无论浪费和效率不高两种现象发生在哪里，始终持反对的态度，另外将那些不必要的项目予以终止和结束。

因此，可以说，英语翻译的基础在于拥有良好的阅读理解能力，在英语翻译的作用下，有利于培养学生良好的阅读习惯，认真推敲关键的词语和句子，有利于提高学生的阅读效率和阅读水平。

第四节　大学英语翻译教学的原则与特征

一、大学英语翻译教学的原则

大学英语翻译教学的原则主要涉及以下方面。

（一）以学生为中心原则

当今时代，英语教学领域的传统教师角色发生了显著转变。教师职责的本质诉求已不再局限于知识传授，而在组织和实施课堂教学时，更加注重凸显学生的主体地位，构建起的教学模式应为和谐的师生互动型。这种教学理念强调英语教学的语言创新性，涵盖诸多教学内容，如语言学习、思维训练、心理调适及文化教育等，进一步凸显学生的主体地位。英语教学日益重视培养学生的实践能力，注重创建互动式课堂，以培养学生的语言应用及创新能力。因此，背景性知识在英语教学过程中显得尤为重要，同时有助于提高学生的文化素养。

在教学过程中，强调学生的主体性，认为教师仅作为引导者，学生才是创造的主体，具有主动性。新的教学观念突出学生的个性发展，使他们在课堂中培养良好的思维习惯、独特的学习风格及系统的学习策略，充分发挥非智力因素在学习中的作用。总体而言，强调学生主体性有助于培养学生的自我能力，激发其内在积极性，让学生获得自主学习的动力，并形成独特的学习风格。

在传统教学模式下，教师具有权威地位，学生往往与教师保持距离，教师主讲，学生被动听讲。这种模式本质上呈现出强烈的传统思维和“填鸭式”教育特征。然而，在新型教学模式下，角色转换成为关键，课程的主导者和主体者需明确。教师的角色在于引导学生，而学生则是课堂的主体，教师应协助学生将所学知识应用于实践，提升其英语素养。

在传统教学模式中，以教师为中心，而在新型教学模式下，学生地位上升，获得更高的价值和关键地位。从认知学角度看，教学交互性明显，知识应由学生主动获取，而非教师强制传授。在课堂中，师生应相互合作，形成合作共赢的关系，而非一方压制另一方。

“以学生为中心”的教学思维并不否认教师过去的权威地位，而是调整教师身份，使其充分发挥引导作用。在传统课堂中，教师具有绝对话语权，而学生独立性较低，表现为消极被动，思考能力受限。教师难以深入了解和有效回答学生心中的疑问。

“以学生为中心”的教学模式重视培养学生技能，同时兼顾基础知识掌握。让学生将所学知识应用于社会实践是提升实训技能和理论水平的主要目标，从而提高学生的知识应用能力。

对学生而言，学习英语翻译过程是重建专业知识框架，总结经验的学习过程。教师并非知识灌输者，而是引导者和协调员。学生需重新定位，摒弃被动身份，成为主动参与者，自主探索知识，构建意义，成为知识的主人。

坚持以人为本，“以学生为中心”的教学理念，并非要求教师顺从学生意见，而是提升教师教学水平。总体而言，教师需具备以下三个方面能力。

第一，转变自身角色。学生通过教学过程获取知识来源并非只有教师；教师的职责使命也并不是单纯地传授知识，而是引导学生探索学习方法、解决学习问题、达成学习目标。

第二，着力增强学生的创新意识，提升他们创造性、发散性思维。

第三，开展教学活动时要讲究方式方法，使其兼具灵活性、趣味性和可操作性，有效利用生活环境，使课内外相互配合，并适当开设专家讲座传授经验。

（二）激发学生学习兴趣的原则

兴趣是最好的教师，是推动学生学习的动力。学生只有对学习充满兴趣，才会积极探求新事物。可见，学生英语学习成功与否，在很大程度上取决于他们对英语的学习兴趣，翻译教学工作也是如此。另外，作为一项复杂且难度较高的双语转换工作，翻译练习对于任何一位学生而言是枯燥的，尤其是对语言基础不牢、专业知识不精的学生而言，更是难上加难，种种原因成为无法激发学生学习兴趣的阻碍。因此，教师需要把激发热情、培养兴趣当作引导学生主动学习的基石，如教师可以结合以下三点建议进行学生兴趣培养环节的开展与实施。

第一，实施情境教学。翻译教学需摒弃传统教学方式，明确学生为教学主体，深入落实“以学生为中心”的教育理念。教师在教学过程中，不应仅局限于讲解翻译的基本理论和技巧，而应注重活跃课堂氛围，引导学生成为课堂的主人。为此，教师可设计一系列情境活动。如在商务翻译教学环节中，教师可为学生构建商务翻译活动情境，让学生在模拟场景中，既掌握实际工作所需技能，又体验到翻译工作的艰辛。通过团队合作与协商完成翻译任务，使学生认识到团队合作的重要性，从而培养其团队意识与合作精神。

第二，充分发挥多媒体及网络教学优势。随着多媒体技术的不断发展，各类多媒体教学手段已广泛应用于英语教学。教师借助网络资源，有助于激发学生对翻译课程的兴趣，提高学习动机及自主学习能力。

第三，实施案例教学。以商务英语翻译教学为例，教师可根据课程需求，挑选与某一单元主题紧密相关的翻译案例，将学生带入实际场景，重现案例，从而提升学生的实际翻译能力。需要注意的是，所选案例应具有新颖性，最好与学生的专业或社会实际密切相关，以切实激发学生的翻译兴趣。教师将翻译教学巧妙地融入案例讲解中，既可传授翻译相关知识，又能渗透翻译技巧，使课堂教学变得生动有趣，从而提高英语翻译的教学效果。

（三）循序渐进的原则

循序渐进的原则在英语翻译教学中发挥着重要作用。翻译是一项复杂的双语转换活动，涉及语言自身差异以及其他因素，如文化等。因此，学生翻译水平的提高并非一蹴而就，而是需要通过系统的、逐步的教学方法来实现。相应地，英语翻译教学也不能急于求成，而应该遵循循序渐进的原则，稳步进行。为实现这一目标，教师需要在以下三个方面做好工作。

第一，教师应从基础入手，关注学生语言能力的培养。这意味着教师要关注学生对源语言和目标语言的基本语法、词汇、句型等方面的掌握，以确保他们在翻译过程中能够灵活运用所学知识。此外，教师还应着重培养学生的语言表达能力，使他们能够在理解和表达原文意义的基础上，运用恰当的语言手段进行翻译。

第二，教师应引导学生逐步深入地了解翻译技巧和方法。在学生掌握了基础语言知识之后，教师可以向他们传授一些实用的翻译技巧，如词义选择、句式转换、语篇衔接等。通过这些技巧的运用，学生可以提高自身的英语翻译质量，更准确地传达原文的意义。在此过程中，教师应鼓励学生多进行实践，通过实践来检验和巩固所学技巧。

第三，教师还需关注学生跨文化交际能力的培养。文化差异是翻译中不可忽视的因素。教师应帮助学生了解和掌握不同文化背景下的语言使用习惯和表达方式，以便在翻译过程中能够准确地传达原文的文化内涵。

二、大学英语翻译教学的特征

大学英语翻译教学的主要特征可概括为以下四个方面。

第一，体现循序渐进的教学原则。英语翻译能力的提升是一个持续积累的过程，无法一蹴而就。因此，英语翻译教学也需遵循循序渐进的原则，由浅入深地进行教学。选用的教学素材应从简单的内容开始，以帮助学生逐步提升翻译能力。在选择教学篇章时，应优先选择学生熟悉的内容；在选择教学题材时，应以学生了解的内容为主；在选择原文语言时，应首先考虑易于被学生理解的文章。循序渐进的教学原则有助于增强学生翻译的信心和学习的兴趣，并逐步提升翻译技能。

第二，教学内容丰富多样。当前社会对综合且实用型的翻译人才需求较大，因此，翻译练习材料应系统化、多样化，以满足社会对翻译人才的需求。教师在教学过程中应尽量丰富教学题材，使学生广泛接触各类文体，并开展针对性训练。广告、影视、文学和科技等实用文体均应纳入翻译教学。此外，教师需注重各类文体的相互结合，避免孤立讲解。在课后总结学生翻译中的常见问题，针对频繁出现的问题，及时为学生提供针对性翻译训练。

第三，强调学以致用。翻译学习的首要目标是实现交际，因此，教学过程中要关注学生实践能力的提升，为他们提供充足的实践机会。例如，教师可安排学生参与实际翻译工作。译文质量的最终评价标准是读者的反馈，以及客户需求是否得到满足。这意味着翻译教学具有很强的实践性，而非封闭式教学。学生在经历一定的社会实践锻炼后，正式从事翻译工作更能确保顺利进行。

第四，注重文化传承。外语学习本质上是跨文化交际活动，翻译学习亦如此。学生应了解不同文化背景下的风土人情和思维习惯。教师在多元文化语境下的翻译教学过程中，要重视培养学生的文化信息转换能力。

第五节　大学英语翻译教学的阶段分析

在表达习惯方面，英语和汉语有很大的区别，所以，翻译过程的本质也是对两种语言差异进行充分理解和妥善处理的过程。翻译主要包括理解、表达和校核三个阶段，其中第一个阶段的理解是翻译的重要基础；第二个阶段的表达是翻译的核心内容；第三个阶段的校核是深化前两个阶段的内容。

一、大学英语翻译教学——理解阶段

要想翻译准确，最关键是要正确理解，这也是表达的重要基础和前提，具体是指在阅读原文时，译者要深入思考原文所要表达的内容，这是掌握和认识原文内容、行文风格和其中所包含的思想情感的重点。

理解原文也是解码原语的过程，为了更加准确地解码，译者要对原语的文化背景和表达习惯充分了解，并结合这些内容阐释原文，才能获得完整的原文信息，对原文的理解才能够更加准确和透彻。理解原文并不解释获取的原文信息，还要结合上下文内容对特定词汇的不同含义进行了解，同时要深入了解原文习惯使用的表达方式和句法结构。

（一）理解原文词汇含义

在汉英翻译过程中，理解词汇是基础，对词汇含义的把握则决定了翻译的准确性。首先，要成为一名合格的译者，必须对原文的词汇有充分的了解，才能在翻译时避免望文生义的现象。由于英语和汉语的词汇含义存在差异，有时一个英文单词可以表示两个汉语词语的含义，而同一个汉语词语在不同的语境和语法结构中，含义也不尽相同。因此，在翻译时需结合内容理解词汇，才能确保翻译的准确性。其次，在理解词汇的表层含义之后，还需深入挖掘其深层含义，并结合上下文语境进行翻译。理解原文不应仅局限于字面和浅层含义，而应更多地关注字里行间所隐含的信息。在表达时，译者需选用适当的方法。语境在语篇中的作用主要体现在五个层面：一是具体化含义；二是为词语赋予更多的社会文化内涵；三是实现修辞意义与词语的融合；四是单一化含义；五是赋予词汇、句子或短语临时含义。在翻译过程中，译者应对这些层面有清晰的认识，以确保翻译质量。

（二）理解原文语法结构

在汉语和英语之间互相翻译时，译者一方面要对两种语言语篇包含的意义进行了解，另一方面还要对汉语语法和英语语法之间存在的差异十分了解，由此促使英汉翻译水平和翻译质量的提升。

第一，对汉英两种语言的句法结构十分熟悉、非常了解，特别是两者之间在结构上存在差异。“形合法”是英语句子常使用的结构，其特征主要包括：拥有多样化的句子形式、拥有紧凑严密的句子结构、重视稳定的句子结构，但是句子的主要架构还是由主语搭配谓语组合而成，具体来说又包括六种句型。与英语句子构成的结构相比较，汉语句子构成的结构更加复杂多变，“意合法”是汉语句子常使用的结构，主要目的是表达含义，结构比较简洁明了。英汉互译时，译者要使用不同的处理方式对待两种语言的句子，将汉语翻译成英语时，译者要对汉语句子的含义进行确定后再解析句法结构；将英语翻译成汉语时，处理英语句子的顺序和汉语相反，先解析句法结构再理解句子。

第二，汉英互译的过程中，一方面要关注和重视两种语言句法的差异，另一方面还要特别注意如何对句法进行转换。在大多数情况下，汉语与英语在主语和谓语的搭配上具有一定的相似性。然而，需要注意的是，汉语中流水句的出现较为频繁，而英语句子则严格遵循主谓搭配的原则，即在一个句子中仅存在一个主谓搭配组合，非谓语动词则负责展现其他句子成分。因此，在将汉语译为英语时，译者需重新组合句子成分，充分考虑译文的主语，并运用英语的句法搭配谓语。结合两种语言的句子特征，相互翻译，充分发挥句子结构的优势。在将英语译为汉语时，需将“形合”的句法结构转换为“意合”；而在将汉语译为英语时，则需将意合的句法结构转换为“形合”。

第三，译者进行翻译时也要重点关注词汇的形态。这是因为英语词汇和汉语词汇的差异还体现在形态方面。与汉语相比，英语词语存在形态变化，词汇的差异还体现在词类区别和不同类型词汇的使用频率上，如介词和名词在英语中使用较多，动词在汉语中使用较多。所以，在汉英互译过程中，翻译不能完全对照原文的词性，而是要与目的语的特征相结合，让词类灵活变化，如此一来，翻译出来的句子才能与目的语的语言特征相符合。

（三）理解原文逻辑关系

原文的深入理解需结合情感意义与逻辑关系进行分析。由于个体思维方式及语言逻辑的差异，译者须始终保持严谨的态度，结合具体语境，深入理解原文的逻辑关系，并在此基础上理解原文的语言风格。此外，译者还需理解原文的情感意义，即作者所欲表达的态度与情感。译者应精准把握译文细节，确保原文的态度与情感在译文中得以保留。因此，对原文语义的充分理解与把握至关重要，以便选择合适的句子结构和词语准确表达原文的含义与情感。

同时，译者需关注汉语与英语在修辞使用方面的差异，以防止因修辞不当导致语段逻辑矛盾。语段作为句子与篇章之间的单位，可以是一个句子，也可以是一个句群。汉语原文通常运用多种修辞手法，以生动、形象的文字、情境和情感表达。在翻译过程中，译者需结合实际情况进行处理。从汉语表达习惯来看，使用修辞与语言逻辑相符，但当译者将其翻译成英语时，需考虑这些修辞在英文中的适用性，以及是否可能引发逻辑混乱。

二、大学英语翻译教学——表达阶段

在大学英语翻译教学中，理解和表达属于两个不同的阶段，并且发挥的作用有所区别，但是两者之间存在紧密相连的关系。理解要求准确性，表达要求充分性，理解是表达的基础，在表达的基础上才能更加深入地理解原文，所以两者之间相互促进、相互依存。

表达的充分性是指，译者在翻译过程中，能将原文包含的情感、作品风格和内容进行充分的展现，这对译者掌握某目的语的能力和素养提出一定要求。在表达过程中，译者要将表达的尺度把握好，一方面要避免表达过度，另一方面也要防止表达不够充分。表达过度是指在翻译过程中，译者忽视了原文本意，任意添加内容；表达不够充分是指，译者对原文本意不够尊重，任意删减内容。译者理解原文含义的程度和所具备的语言修养程度决定了译文的表达成效。充分表达的前提和基础在于深入理解原文含义，但是理解正确不代表表达也能够正确。因为不同的语言在句式、表达方法和语法方面存在许多区别，所以，在翻译过程中要与语言特点相结合，使用不同的方式，灵活处理翻译。

三、大学英语翻译教学——校核阶段

校核工作主要涵盖核实原文内容和悉心推敲译文。翻译的最后一个阶段为校核，它是前两个阶段深化过程的重要组成部分。校核的职责并非仅限于粗略阅读原文，纠正其中显而易见的错误，而是对译文进行再次加工。优秀的译文犹如一件精美的艺术品，需译者投入大量时间和精力精心雕琢。在校核前，译文犹如毛坯，有待创作者悉心修饰和完善，其中可能存在严重错误。因此，译者需充分认识到校核工作的重要性，并对该环节秉持严谨的态度。

校核的主要内容包括：①查漏补缺，即检查翻译过程中是否存在遗漏之处；②审视译文，确保关键信息（如数据、时间等）的准确翻译，并对易被忽视的低级错误进行排查。

在校核阶段，应注意以下五点：①发现并纠正翻译错误，进一步优化翻译不当之处；②尽量减少晦涩难懂的词汇出现在译文中，确保译文段落正确使用标点符号和标记；③精确翻译关键信息，如日期、时间、数字、人名、地理位置和地名等；④正确翻译重要词语和已问内容；⑤通常需进行两遍校核。第一遍重点关注内容，第二遍则针对译文文字进行润色和修改。若时间充足，应与原文对照，通读译文，并将最终修改和检查工作完成后，方可定稿。

综上所述，翻译的三个关键环节为理解、表达和校核，它们之间紧密相连。理解是表达的基础，表达质量受理解准确性影响。因此，译者需充分了解文化背景以理解原文。翻译质量取决于表达，译文需保留原文意义和风格，同时符合目标语言表达习惯，这要求译者具备高超的翻译能力和素养。校核环节则起到把关作用，即便译者具备高超翻译能力和技巧，深刻理解原文内容，恰当表达原文意义，但仍可能出现疏漏和错误，因此译者需多次润色和校对，以确保翻译作品质量。在翻译过程中，理解、表达和校核各司其职，发挥不同功能。

第二章　大学英语翻译教学中的对应关系

随着国内外交流活动的日益频繁，翻译人才的需求逐年攀升，如何提高大学英语翻译教学的质量已成为一项紧迫的任务。在这个过程中，探讨大学英语翻译教学中的对应关系显得尤为重要。本章重点围绕思维与能力的关系、教师与学生的关系、知识与能力的关系、测试与教学的关系进行探究。

第一节　思维与能力的关系

“人类的大脑是思维的物质载体，思维是大脑的功能”[①]。思维是人类对客观事物间接的、概括的反映，它产生于人类的感知但高于感知。换言之，思维是人类认识现实世界时动脑筋的过程，因此，就必须进行比较、分析、综合、推断。尽管全世界有多个民族，但各民族无论使用怎样的语言，他们的大脑在生理结构上是相同的，所以人类的思维有共性可寻。之所以思维存在差异，是由于各民族使用的语言不同，影响了人们的思维方式。众所周知，英语使用者与汉语使用者的思维方式有所不同。英汉两种语言属于两个完全不同的语系，加上使用这两种语言的人所处的国家有各自不同的发展历史、文化背景等，使英汉两个民族的思维方式产生差异。

① 阿日贵．高校英语翻译教学研究 [M]．北京：北京工业大学出版社，2021.

一、中西方思维方式的差异分析

第一，模糊性与精确性的差异。中国传统思维方式的显著特征在于其模糊性，这与西方传统思维追求的精确性形成了鲜明的对比。从语言角度来看，汉语中的形容词没有比较级，动词也不存在时态和单复数形式，因此其确切含义需要根据具体的语言环境和前后文内容来理解。

第二，悟性直觉与理性逻辑的差异。中国传统思维与西方传统思维在思维方式和语言运用上存在显著差异。中国重视经验和悟性直觉思维，而西方则更注重理性逻辑思维。这种差异在汉语和西方语言之间产生了独特的语言现象。首先，中国的形容词和成语非常丰富，几乎每个词都与一个特定的意象或抽象概念相关联。然而，相比之下，抽象名词在汉语中相对较少。这种语言特点使在将优美且富有意境的汉语诗歌、散文翻译成西方语言时，往往难以保留原有的韵味。同样地，当西方的科学论文被翻译成中文时，由于中文中缺乏相应的词汇，翻译家们不得不创造新的词汇来适应西方科学著作。其次，中国传统思维强调内省和顿悟以及类比推理。人们首先通过直觉感知某个真理，然后使用多种具体比较和形象寓意来阐述这一真理。而西方思维则重视实验验证和归纳与演绎推理。综上所述，中国传统思维与西方传统思维在思维方式和语言运用上存在显著差异，这种差异在翻译过程中表现得尤为明显。

第三，有机性与机械性的差异。在中西方思维方式上，一种显著的区别在于，中国传统思维注重整体性，表现出强烈的有机性和辩证性，而西方传统思维则侧重于具体性，机械性较为明显。因此，翻译教学有必要研究英汉两种语言使用者在思维上的差异。

翻译活动是一项多层次的心理过程，主要包括语义层次、文化层次、思维层次和美学层次。在进行翻译教学研究时，以上各个层次均应纳入考察范围。此外，还需对这些层次之间的关系进行对比研究，并针对不同专业方向的翻译活动与一般翻译教学进行对比、分析和研究。例如，商务翻译、科技翻译和文学翻译之间的对比研究。

在商务翻译中，一方面“专业层次”具有明显特点，表现为各行业专业语言的专业特征，与国际商务环境中的语言存在差异。另一方面，“美学层次”在文学翻译中具有重要地位，而在商务翻译和科技翻译中则相对较为次要。

翻译活动涉及译者的心理和认知过程，其中翻译思维起着关键作用。作为一种深层次的思维活动，翻译思维通过大脑的思考将源语言信息转换为目的语言信息。尽管翻译思维主要表现为抽象思维，但思维分类的相对性不容忽视。在翻译过程中，形象思维有助于对翻译思维进行验证或修正。

对于科技翻译而言，由于其主要涉及抽象思维，与文学翻译不同，无须译者运用形象思维进行再创作。然而，在翻译过程中，译者的认知活动占据主导地位，同样离不开思维。因此，为更全面地研究翻译活动，有必要深入探讨思维问题。

二、处理思维与能力关系的方法

（一）培养学生的思维能力

任何一种民族的语言与该民族的文化都有着千丝万缕的联系，而语言的各种语义都作为集体的思维成果巩固在语言单位之中，语言和思维有着辩证统一的关系。思维是指用概念、判断、推理等形式反映客观现实的过程。语言与思维是相互依存和相互促进的。一方面，从语言对思维的作用看，语言使思维物质化。另一方面，从思维对语言的作用看，思维是构成语言单位的必要条件。只有通过大脑的反映活动，语言单位的形式方面才能与客观世界的事物、现象和关系发生联系。

语言具有民族特点，但思维的规律是全人类的。一个民族用自己的语言所形成和表达的思想；另一个民族也可以用自己的语言来形成和表达。语言可以表达任何思想，无论这个思想是属于哪一个民族，或者先用何种语言形成和表达的。“在学生接受大学阶段教育的过程中，英语学科是一项非常重要的学科之一，而学好英语的关键就是培养学生具有较强的英语思维能力”[①]。但是，在目前的英语教学中，思维能力培养是一个常常被忽视的问题。英语翻译教学课程量大、技能操练多，没有给学生保留足够的思维空间和拓宽知识的空间。但实质上，英语翻译教学过程始终贯穿思维的运用和发展过程，这是由语言和思维的辩证关系决定的，合理的英语翻译教学对学生思维能力的发展有重要作用。结合英语翻译教学特点发展学生的思维能力需做到以下方面。

---

① 董璐．浅析在英语教学中培养英语思维的重要性［J］. 家庭生活指南，2018（10）：186.

第一，翻译教学内容和教材的选择与合理运用。目前，我国有多种英语教材可供选择。在选择教材和安排教学内容时，我们需要综合考虑学生的年龄、教育背景、学习动机、水平、目的、期望、语言技能的弱项、学习方法的偏好等因素，以及任课教师的专业基础、语言水平、教学经验、语言技能的强项、教学方法的偏好、对教学效果的期望等因素。同时，不同性质的学习材料（如文字材料、语音材料、多媒体教学课件等）为各种类型思维的发展创造了不同的可能性。英语教师应当充分利用材料的内容和学习目标，有针对性地锻炼学生的思维，并为自己的单元教学设定具体的思维培养目标。这样的综合考量将有助于更严谨、稳重、理性、官方地选择教材和安排教学内容，从而更好地满足学生的学习需求和教师的教学目标。

第二，采取灵活多样的教学方法和教学模式。由于教学任务和教学内容的多样性，教师需要灵活运用各种教学方法和教学模式，以适应不同学生的需求，并促进学生发散性思维的培养。在英语翻译教学过程中，教师需要注重培养学生的独立思考能力、多角度分析问题的能力以及运用各种思维方法解决问题的能力。同时，教师也应该充分重视结论的推理过程，使学生能够理解并掌握英语知识的内在逻辑和思维方式，从而提高其思维的深刻性和广阔性、独立性和批判性、逻辑性和灵活性。这样，学生才能真正学会如何去学习英语，并在英语学习过程中取得更好的成绩和进步。

总而言之，翻译能力的培养是英语翻译教学的出发点和归宿，英语翻译教学活动应围绕这一目标展开。一种教学方法和教学模式的优劣，主要看它是否使学生的英语翻译能力有所提高，即需要有正确的英语学习策略、良好的语言意识、正确的文化意识和较强的跨文化交流能力。只有思维能力有所提高，学生的英语实际翻译能力才会真正提高。

（二）有效培养学生运用正确的翻译策略

在培养学生的翻译策略方面，我们必须认识到，学习者在学习英语的过程中呈现出显著的个体差异，涵盖学习目的、动机、情感以及学习经历等多个方面。这些差异使他们在翻译策略的选择上存在差异，从而影响到翻译的效率和效果。从认知学习理论的视角来看，学习者和教师角色的认知发生了根本性的转变。该理论强调将学习者视为积极的信息加工者，强调他们能够根据任务和教学类型选择适当的翻译策略，从而提高语言习得的速度。

在培养学习者的翻译策略方面，主要有两种观点：直接讲授和间接训练。

直接讲授方式明确告知学生训练目的，使他们有目的地学习翻译策略。而间接训练方式则将学习策略融入各种活动或练习材料中，旨在让学生在实际练习中无意识地掌握这些策略。选择何种培养方法取决于教学目标和学生的个体特点。

对成功英语学习者的研究能为教学提供重要启示。通过深入分析这些学习者的特点并总结其学习策略，可以为其他学生提供更好的英语学习指导。这种个案研究不仅有助于了解学习者如何有效地运用翻译策略，还能够为教师提供有针对性的教学方法。

在实际教学过程中，学生的口头交际能力和书面表达能力的差异可能源于他们采用的学习策略的不同。一些学生可能更倾向于通过翻译来理解和应用新知识，而另一些学生可能更愿意通过直接使用目标语言进行交流。因此，教师在设计课程和教学活动时应充分考虑学生的个体差异，采用多样化的教学方法，以促进学生在口头和书面表达方面的全面发展。通过关注学生的翻译策略选择，教师能够更好地满足学生的学习需求，提高教学效果。

（三）科学培养学生的语言意识与文化意识

在英语翻译教学中，教育者需全面考虑两个关键层面：语言符号层面与文化层面。首先，语言符号层面涵盖语音、语法、词汇及修辞等多方面知识，不仅为学生提供语言技能基础，而且在英语翻译过程中起到关键作用。其次，文化层面强调语言与文化间的紧密联系，学习者需深入理解目标语言文化，包括制度规范、礼仪习俗及行为方式等内容。忽视语言所承载的文化将直接影响语言掌握的准确性，因此，培养学生的文化意识成为英语教学的重要任务。学生需通过文化层面学习，增进对目标语言文化的理解，避免交流中的误解或尴尬。在英语翻译教学中，语言使用与文化因素的相互作用常被忽视，导致学生在适当场合使用适当语言的能力不足。

语言不仅是工具，更是思维的一种表达方式。语言词汇承载着文化信息，反映社会文化生活。因此，培养学生的语言意识需理解母语与外语间的差异。通过深入学习语言符号层面与文化层面知识，学生可全面了解语言本质，并在实际运用中游刃有余。

在培养语言意识过程中，阅读大量语言材料至关重要。这不仅有助于提高学生的“语篇水平”“交际能力”，而且能增强“信息传递能力”“文化知识”。阅读使学生接触不同领域知识，拓宽视野，培养综合素养。此外，文学及语言学内容对培养学生的批判鉴赏能力亦具有重要意义。这不仅能提高学生对语言的敏感性，还有助于他们更深入地理解和应用所学知识。

为适应当前“英语＋方向”培养理念，学生所需翻译能力水平更高。学校应提供相关专业知识课程，满足学生需求，助力他们提高实际应用能力。这不仅包括语言符号层面和文化层面知识，还需注重培养学生的实际操作能力，使他们在职业发展中更具竞争力。

（四）积极培养学生的跨文化交流能力

英语教学的跨文化性决定了跨文化交际能力的关键性。在这一背景下，英语教师的责任不仅是传授语言技能，更是引导学生深入理解、洞察和分析文化的抽象层面。为了培养学生成为具有跨文化交际能力的文化交流使者，教师需要采用多元的教学方法。

比较法在跨文化语言交际中被证明是一种重要的方法。通过对比母语和目的语在结构与文化上的异同，学生能够更好地理解语言背后的文化蕴含，从而提高跨文化交际的效果。为了确保教学的全面性，需要平衡鼓励学生了解外民族文化与重视本民族文化的重要性。本民族文化并非仅限于一种特定的观念，而是应被视为与外族文化对比的工具。通过比较，学生不仅可以深化对外族文化的了解，还能更清晰地认识到本民族文化的独特之处。因此，教师应该引导学生通过对本民族文化的深入研究，培养他们对外族文化更全面、更包容的认识。在教学过程中，调节学生的本民族文化心理至关重要。通过培养积极态度，教师可以调动学生学习英语和外族文化的积极性，从而增强学习动机。这不仅有助于提高学生的语言水平，还能促使学生更好地适应和融入跨交际文化环境。

第二节　教师与学生的关系

在教育实践中，教师与学生的互动构成了教学活动的基础，而这一关系对于教学的组织和实施具有重要意义。教学的组织形式涵盖诸多方面，如教师的教学方法、师生的互动安排、教学时间和空间的分配以及教学资源的有效利用等。在我国，英语教学的主要组织形式为英语课堂教学，其核心环节包括备课、授课、作业布置、课外辅导以及成绩评估。

为确保英语教学的质量，教师应全面审视教学过程，明确教学目标，合理编排教材，灵活运用课堂教学策略，并妥善处理师生关系。通过这些措施，将有助于提升英语教学的整体质量。

“互动”较早出现在英文中，常以“interplay”“interaction”来表示，解释为“相互作用、相互影响”。在中文里，“互动”原属社会学术语，指人与人之间的相互作用，强调人际之间相互影响的方式、过程和相互关系。计算机科学中交互技术的出现和互联网的普及使得“互动”一词在教育领域逐渐广泛运用开来，例如，人机互动。对上面的释义进行综合发现，互动需要突出相互作用、相互影响的特征，简而言之，“互动”是互动主体间在内容和动作中体现的一种相互交流与沟通形式。英语教学属于语言教学范畴。语言是人类最重要的交际工具，要交际必然会产生互动。因此，互动对于英语教学具有重要的意义。

师生互动，又称课堂互动，是指在课堂教学环境下，教师与学生、学生与学生之间进行的互动活动，作为课堂教学活动的基础和常态，它是教学过程中不可或缺的组成部分。关于师生互动的核心观点认为：其目的在于确保学习者能够积极参与信息交流，实现有效的话语互动。在课堂上，所有活动皆为生动活泼的人际互动过程，师生互动则特指教师与学生之间的交流与互动。从多个视角来看，师生互动呈现出不同的特点。简而言之，师生互动可以理解为师生之间因教学关系所产生的相互影响的社会交往活动。在高校英语课堂教学中，高效的课堂师生互动至关重要。

近些年，基于计算机网络的信息技术与英语课程整合的理论研究和方法已经引起了教育界的关注，慕课、微课等辅助教学手段也走进了英语课堂。由于传统的英语课堂师生互动研究主要注重的是人与人之间的互动，而基本不涉及人与技术、人与环境、人与资源等维度的互动。建构主义认为，语言学习实际上是学习者的主动建构，学习者不是被动地接受输入，而是通过原有语言知识系统与新的语言输入间的相互作用建构的语言能力，信息技术和互联网的发展为英语教学提供了新的契机。

“教学模式是一种范式或计划，涵盖课程和作业、教材甄选、教学活动设置等基本架构”①。语言学习的最优方式在于真实语言环境的沉浸体验。在

---

① 薛雨．教育信息化背景下大学英语教学模式研究综述［J］．商洛学院学报，2021，35（5）：87.

网络环境下开展英语教学时，教学设计应遵循建构主义理论与输入、输出理论的指导原则，对教师的课外行为进行适度的调控，创设富有意义的英语学习场景，从而为学生提供更多语言实践的机会。在互动过程中，教师应根据学生的课内课外参与程度及其反馈，不断调整教学策略，最终实现教师与学生之间的认知互动和情感交流，共同主导英语学习的效果。学生在互动中磨炼和修正自己的英语表达，确保英语知识从顺应到同化的过程得以实现。由此可见，在互联网环境下的英语教学活动呈现出师生互动、生生互动以及人机互动的动态交互影响过程。

一、教师与学生的交互反馈分析

（一）交互反馈的现实意义解读

对交互反馈的现实意义进行解读，首先，交互反馈是语言学习的基本要求。语言学习的终极目标在于运用和沟通，涵盖听、说、读、写、译等能力。首先，在网络英语教学中，人机交互与反馈的形式和质量相较于其他网络课程更为重要，其目的在于为学习者提供更多的语言互动和运用机会。其次，交互反馈是网络自主学习的核心要素。网络自主学习是指学习者独立运用网络媒体，主动调控元认知、动机和行为进行网络课程学习。只有通过学习者与计算机的交互，才能实现学习者对学习内容、进度和时间的自主选择与调控。我国教育技术协会制定的《语言学习网络平台规范》明确要求，语言类网络平台的系统功能应包含自主学习系统，即学习者对文本、音频、多媒体语言资料的自主学习。最后，交互反馈是网络协作学习的体现。网络协作学习是指学习者通过网络，以小组形式共同完成学习目标的过程。简言之，网络协作学习就是学习者之间通过网络进行交互的结果。在信息网络英语教学中，学习者之间的交互一方面旨在实现语言的交际功能，另一方面也有助于培养学习者的团队精神和协作能力。

（二）交互反馈的主要特点分析

第一，延迟性特点。网络传输所带来的延迟无疑是在线交流中的一项不可避免的挑战，尤其是在文本信息的传递过程中。文本的产生和接收速度较慢，这会直接影响信息的加工、理解以及反应的效率。然而，延迟也可被视为异步交互的基础，尤其是在解决复杂问题时，这为参与者提供了足够的时间来深入思考和仔细考虑。因此，延迟既是一种挑战，也是在线交互中促成深层思考的有益因素。

第二，动态性特点。网络教学赋予学习者个性化设置交互的能力，包括交互速度、时间、地点和方式。学习者的交互行为和反馈不可预测，这对于在线交互的设计和教学提出了更高的要求。在这种动态环境中，教育者需要灵活地调整教学策略，以满足不同学习者的需求。因此，动态性不仅带来了挑战，也为创新和个性化教育提供了机会。

第三，多样性特点。动态性的特点导致了在线交互的多样性，包括信息的形式、内容、交互手段和对象的多样性。网络教学可以借助多种视听材料，涵盖广泛的主题和辅助信息，为学习者提供更为丰富的学习体验。因特网工具作为一种新的教学途径，不受传统限制，可以跨越国界，扩大教学的对象范围。这种多样性不仅激发了学习者的兴趣，也为他们提供了更广阔的知识视野，为全球范围内的教育提供了前所未有的可能性。

二、教师与学生互动的具体建议

（一）变革教师教育理念

为强化课堂教学中的师生互动，我们需高度重视学生主体地位的尊重，并积极引导学生积极参与课堂活动。因此，核心在于转变教师的教学观念，并实质性地践行“以学生为中心”的人本主义教学理论。学生的主体性主要体现在与教师互动交流的积极主动性和独立思考能力。充分尊重并发挥学生的主体性，有助于他们更为有效地吸收、分析和处理外部信息。

学习并非仅限于知识积累，更是“学会学习”的过程，即在现实世界中学习并运用知识和经验的技能。在课堂教学中，教师不仅关注知识素养的培养，还应基于学生及社会实际需求，构建高效的师生互动交流模式。针对学生个性和智能差异，教师需善于因材施教，合理规划课堂活动方案，并确保每一位学生获得均衡发展的机会。

（二）构建平等与互相尊重的和谐师生关系

构建平等与互相尊重的和谐师生关系在高等教育英语课堂中，师生之间的交流不仅是知识传授的过程，更是平等地位与情感沟通的实践。教师主导的教学模式虽能迅速构建系统化、基础扎实的知识体系，但其对学生创造性思维培养及实践能力提高的局限性亦不容忽视。在这种模式下，师生之间难以产生情感共鸣。因此，教师需重新审视自身角色，定位为学生的引导者、交流者和课堂活动组织者。

教师应引导学生搜集并分析相关学习资料，加强学生之间的整合与交流。在课堂上，鼓励学生勇于质疑，鼓励他们对感兴趣的内容和话题与教师和同学分享见解，深入探讨特定课题。师生之间的合作是一种双赢的交流过程，通过共同探索和分享新知识，师生在互动中增进理解与认同。这不仅有助于学生创造性思维的发展，也能使教师在指导学生过程中得到启示，更新知识体系，提升自身素质。

（三）积极倡导学生进行主动参与课堂

在课堂师生互动环节，我们应积极倡导全体学生主动参与，以培养他们的探究性学习能力。教师需在互动中实施分层策略，确保提问的设计能够引发学生的共鸣，并充分考虑学生英语水平的差异。提问的难度应具备梯度性，以便不同层次的学生都能够勇于并有机会发言，参与互动。此外，开放式提问应尽可能多地被采用，鼓励学生根据信息输入和自身思考，自由发表观点，并创造性地回答问题。只要学生的陈述合理，就应给予高分评价，以更好地发挥学生的主动性。

教师还应根据学生的现有能力水平和个体差异，制定合适的课堂活动，确保全体学生的有效参与。团队合作意识的培养和人际关系沟通的重要性应被强调。在教学中，教师根据专题分组进行活动，为学生提供更多语言实践的机会。在交流和讨论中，学生应学会表达自己的想法并尊重他人的观点，从而在合作中形成最佳方案，充分激发学生的学习兴趣，并积极自愿地参与课堂活动中。

（四）合理调控提问等候时间与课堂提问频度

教师在调控课堂提问等候时间与提问频度方面，需展现巧妙的技艺。针对问题难度，他们应妥善把控等候时间，确保学生有充足的思考空间，进而提升其回答问题的精确度。对于开放性问题，等候时间应延长至 10 秒，以便学生有足够的时间进行思考组织。教师还需确保课堂提问覆盖全体学生，避免一对一的个别化问答，使每位学生都能积极参与其中。

在提问频度方面，教师应精心设计具有思考价值的问题，注重问题的质量和效率。这种方法有助于培养学生的独立解决问题的能力，而非仅仅追求提问的数量。通过合理的提问频度，教师能在课堂上引导学生深入思考，从而提升他们的学习体验。

（五）创设提问的课堂氛围，引导学生尝试提问

教师应认识到教学过程本质上是解决问题的过程，学生参与提问是关键。通过改变学习方式，培养新的经验，学生能够在提问中更好地理解和吸收知识。教师应该通过启发式教学，创造问题情境，引发积极的思维活动，激励学生开阔思路。

在培养学生提问能力方面，教师可以引导学生在教师的帮助下掌握提问的思路，提出思考性问题。通过利用生产和生活中的问题，教师可以激发学生的兴趣，培养他们的观察和思考能力。更进一步，教师应该鼓励学生自主提问，根据实际情况设置问题，体验科学知识在生活中的应用，从而培养学生的问题意识和创新精神。通过这样的方法，创设积极的提问氛围将有效地促使学生主动参与学习过程。

（六）优化课堂教学评价的机制

优化课堂教学评价的机制，教师应以发展的视角担任学生学习的评价者。根据学生个体差异，选择适宜的评价指标，并为不同指标赋予相应权重，引导他们发现自身学习过程中的问题，进而开展深层次的学习，提升学习积极性。教师评价应关注以下方面。

第一，评价内容应丰富多元化。教师对学生的评价除关注知识掌握准确性外，还应考查学生综合能力提升情况。学生的团队协作能力、创新能力及知识应用能力等均应在评价中占有一定比重。

第二，评价应以正面、积极为主。教师应以积极评价为主，辅以消极评价，与学生展开互动交流。挖掘学生答案中的优点，并以恰当的方式指出错误。如避免直接批评，在后续交流中，用正确表达替换错误说法。通过问题设置，给予学生再次表达的机会，引导学生自行发现并修正错误，减轻学生在英语使用过程中的焦虑感。

第三，评价过程中需注重情感投入。教师既要尊重学生的情感和精神世界，在课堂互动中，也要与学生开展平等的情感交流，给予积极情感反馈。积极评价和肯定用语是激发学生参与课堂交流的最佳推动力。关注学生情感

有助于拉近师生距离，增强互动交流。在评价学生表现时，教师可避免仅使用“good”“not bad”“great”“excellent”等简单词汇，尽管是正面评价，但过于单调。评价方式应力求“多元化”“丰富化”。

第四，英语课堂互动具有重要意义。教师作为互动设计者和实施者，应摆脱形式主义，制定实际且有意义的互动内容，结合“分层互动”等全体学生参与的互动形式，同时关注纠错、评价等细节，才能真正发挥英语互动课堂的积极性和有效性。

第三节　知识与能力的关系

在高校英语翻译教学中，知识与能力是两个核心要素。知识是翻译的基础，能力则是翻译的实践表现。要想成为一名优秀的英语翻译者，必须具备扎实的英语基础知识、广泛的中文文化背景知识、丰富的专业知识以及良好的翻译技巧。

一、知识与能力在英语翻译中的重要性

（一）知识在英语翻译中的重要性

第一，语言知识的重要性。英语和汉语作为两种截然不同的语言，它们在语法、词汇和表达方式上有着明显的差异。要想成为一名优秀的翻译者，掌握这两种语言的基本知识是至关重要的。这不仅包括词汇量和语法规则的熟练运用，还包括对两种语言表达习惯的深入了解。只有在此基础上，才能在翻译过程中准确地传达原文的含义。

第二，文化知识的重要性。翻译不仅是两种语言之间的转换，更是两种文化的交流。因此，了解中西方文化差异，熟悉不同文化背景下的语言表达方式，对于提高翻译质量具有重要意义。这就要求译者在翻译过程中，不仅要充分理解原文的语言表达，还要深入挖掘其中的文化内涵，确保翻译出来的作品能够准确地传达原文的文化信息。

第三，专业知识的重要性。翻译涉及的领域广泛，如商务、医学、科技等。要想在这些领域取得优异的翻译成果，译者必须具备相关领域的专业知识。

这样，译者在翻译过程中才能够准确地理解和表达原文的专业术语和内涵，为客户提供高质量的翻译服务。

（二）能力在英语翻译中的重要性

第一，语言运用能力。翻译工作不仅是简单的文字转换，更是对语言运用的极致挑战，它要求译者在精通两种语言的基础上，能够灵活运用各种语言技能，如口语表达、听力理解以及写作能力等。这些技能的提高，将有助于提升翻译的准确性和流畅性。准确性是翻译的生命线，而流畅性则是翻译的艺术所在。

第二，跨文化交际能力。翻译不仅是文字的转换，更是不同文化之间的交流与互动。在翻译过程中，译者需要具备跨文化沟通技巧，能够理解和尊重源语言和目标语言背后的文化差异。此外，提高文化敏感性也是至关重要的。这样，译者在面对不同文化背景的文本时，能够更好地理解其内涵，从而提高翻译的质量和效率。

第三，翻译中的创新能力。随着社会的发展和科技的进步，新的词汇、表达方式和文化现象不断涌现。这就要求译者具备较强的创新能力，包括对新事物的敏感度和接受度。只有紧跟时代步伐，不断丰富自己的知识储备，才能在翻译过程中准确地传达原文的含义。此外，创新能力还包括在翻译实践中发现和解决问题的能力，这将有助于提高翻译的时效性和准确性。

综上所述，要提高翻译水平，要关注语言运用能力、跨文化交际能力和创新能力这三个方面。只有全面提升这些能力，才能在翻译工作中游刃有余，为社会提供更高质量的翻译服务。而对于个人而言，不断学习和实践，积累经验，才能在翻译这条道路上越走越远。

二、英语翻译教学中平衡知识与能力的策略

第一，对于课程设置的优化，我们应当注重知识教学与实践操作的紧密结合。语言知识、文化知识和专业知识是翻译学习的基石，但仅仅停留在理论层面上是远远不够的。为了提高学生的实际操作能力，我们应增加实践环节，如模拟翻译、实地翻译等，让学生在实践中掌握知识，将理论应用于实际，从而更好地提升翻译技能。

第二，教学方法的多元化是激发学生学习兴趣和主动性的关键。案例分析、小组讨论、角色扮演等多种教学方法，可以让学生在参与中学习，从实践中

掌握知识。同时，教师应着重培养学生的自主学习能力，引导学生通过不同渠道获取新的知识和信息，以提高他们的学习效果。

第三，实践教学是提升学生能力的重要手段。学校可以与企业或机构建立合作关系，为学生提供充足的实践机会。此外，还可以举办各类翻译比赛、研讨会等活动，让学生在实践中提高自己的翻译水平和综合素质。

第四，教师素质的提升也是教学质量和学生能力培养的关键。教师应不断提升自己的专业知识、教学方法和跨文化交际能力等，以满足教学需求。同时，学校应加强对教师的培训和考核，确保教学质量。

第五，引导学生树立正确的学习观念至关重要。学生应认识到知识与能力的重要性，并树立正确的学习观念。在学习过程中，他们应注重知识的积累和实践能力的提升，学会将两者有机结合起来，以更好地完成翻译任务。

综上所述，优化课程设置、多元化教学方法、加强实践教学、提升教师素质以及引导学生树立正确的学习观念，这五个方面相互配合，共同为提高翻译教学质量和服务于社会需求作出贡献。在今后的教学工作中，我们应着力推进这些方面的改革与实践，为培养高素质的翻译人才不懈努力。

第四节 测试与教学的关系

英语教学的核心任务不仅在于对语音、词汇、语法等语言符号的传授与记忆，更着重于培育学生对目标语言文化、风俗习惯的认知与认同。在此过程中，每位学生均会摸索出独特的英语学习策略与应用技巧。英语测试则是评估英语教学成效及学生语言习得状况的关键工具。

在英语教学这一复杂体系中，语言符号的记忆、语言技能的培养以及相关的英语测试彼此关联、相互影响。若将三者割裂开来，那么它们各自的价值与意义将不复存在。因此，英语测试是英语教学的重要组成部分，也是该体系中的一个子系统。该子系统涵盖以下环节：①组建命题组；②确立试题范围、难度及测试方法；③实施测试；④确立阅卷原则并组织阅卷；⑤对试卷进行分析和评价。这些环节的共同目标在于确保英语教学的有效性，评估学生的语言习得状况，进而推动英语教学的持续发展与提升。

一、英语测试及重要内容

英语测试研究是一门跨学科领域，其汇集了心理语言学、语言习得理论、语言学和系统论等多个学科的研究成果。该领域的核心关注点是科学地测量语言能力以及语言测试对英语教学与学习的深远影响。在语言行为这一复杂过程中，各种因素共同作用，其基础依赖于一个共同的语言知识库。语言使用者的大脑具备预期语法判断的能力，这不仅有助于思考、理解、阅读和写作，还在语言测试的理论框架中扮演着关键角色。语言测试应当致力于检验整体语言使用能力，其基础在于对语言知识库的深入考察。这意味着测试的设计需要关注语言学科的多个方面，确保评估的全面性和准确性。

英语测试可以分为纵向测试和横向测试两大类。纵向测试包括初始测试、过程性测试和终结性测试。初始测试的目的是了解学生的语言基础，以便因材施教，促进个性化教学。过程性测试则包括学生自测和教师测试，旨在促进有效学习。而终结性测试的任务则是检查学生在学习阶段的成果，为进一步的学习提供反馈和指导。考试内容的设计应当基于英语教学大纲和教材，同时考虑到英语教学的目标和任务。这意味着测试不仅需要贴近教学实践，还需要反映语言学科的最新发展，确保与时俱进。横向测试包括语言技能性测试和语言基础知识测试。前者涵盖听、说、读、写、译五项语言技能的综合评估，旨在全面了解学生在不同方面的语言表达能力。而后者涉及语音、词汇、语法和篇章结构等方面，有助于全面发现学习者的优势和不足，为后续的训练和教学提供有针对性的建议。在英语测试过程中，应关注以下四个方面。

第一，结合阶段性测试与经常性测试。阶段性测试如期中、期末考试以及大学英语四、六级考试，是教学过程中的关键环节。为确保测试的准确性与有效性，需要在阶段性测试期间进行经常性测试，如平时测试、单元考试等。这些测试不仅有助于评估学生的学习进度与掌握情况，还可以及时发现并解决教学中存在的问题。通过系统性地安排测试，将测试与课堂教学紧密结合，使其成为教学活动的有机组成部分。这不仅有助于提高教学效果，还可激发学生的学习积极性和主动性。因此，应高度重视每一个测试，充分发挥其在教学活动中的作用。

第二，综合性测试与英语专项技能测试相结合。综合性测试是对教师教学效果和学生学习效果的全面检验。由经验丰富的教师组成命题组，对教学难点、重点进行科学分析，并根据教师和学生的实际情况进行命题。根据考卷反映的问题，进行分析和总结，及时发现学生的薄弱环节，改进教学方法。

第三，定量性测试与定性测试相结合。在英语考试中，部分考试采用定量性分数进行评估，如期中和期末等综合性考试。这些考试旨在综合评价学生一个学期的学习表现，同时检验学生的语言基础知识掌握情况。然而，并非所有考试都可通过分数进行定量评价。对于英语专项技能，如听、说、读、写、译五种基本技能，使用分数表示并不科学。因此，应采用优、良、中、差等定性用语来判断学生的技能水平。

第四，客观性测试与学生自我测试相结合。由学校和教师组织的各类考试属于客观性测试，根据教学目标、任务等进行考试和评价，对学生而言是外在的。为保证测试更为准确、客观、科学，在进行客观性考试评价的同时，必须伴有学生自我测试。客观性测试与学生自我测试相结合，有利于避免考试评价中的片面性。

二、英语测试的在教学中的过程

第一，命题组的建立。任何的教学活动都是以人为中心的。命题组成员的素质直接决定测试的成败。在选择命题人员时，应考虑到命题人员的学历、教学经历、科研水平等情况。

第二，试题范围、难度、测试手段的确立。由于生源的不同，学生英语水平有很大的差异。例如，在边远山区，因教学设备和教师水平的限制，学生的英语整体水平比较低，尤其是听力和口语比较差。如果针对所有学生都用同样的试题，其结果既不能真实地反映所有学生的英语水平，又挫伤了部分学生学习英语的兴趣和积极性。因此，在命题时必须针对不同专业、不同英语水平的学生采用不同范围和难度的试题。力争做到以下方面：①评分能够真实地反映学生的英语水平；②对英语教学具有正确的指导性；③分数具有可比性；④考试内容以语言交际能力考核为核心；⑤减轻学生学习英语的压力。这样既可以充分调动学生学习英语的积极性，又可以促进英语教学的良性发展。

第三，测试。在教育过程中，测试是评估学生学习成果的重要手段。为了确保测试结果的公正性和准确性，教师有责任组织学生在规定的时间内独立完成考试题目。这样做不仅可以检验学生在某一阶段的学习成果，还可以培养他们的时间管理和自律能力。首先，组织学生在规定时间内独立完成考试题目有助于检验其学习成果。通过设定时间限制，可以让学生在压力环境下展示自己的能力，从而更真实地反映出他们在课堂所学知识的掌握程度。同时，这种测试方式也有助于教师了解教学效果，为后续教学调整提供依据。其次，规定时间内的独立答题可以培养学生的时间管理和自律能力。在有限的时间内，学生需要合理分配精力，对所学知识进行快速梳理和运用。这有助于他们养成高效学习和解决问题的习惯。同时，独立完成考试题目可以让学生体会到自律的重要性，培养他们自觉遵守规则、诚实守信的品质。此外，在实际操作中，我们还需注意一些事项。例如，在设计考试题目时，要充分考虑题目的难易程度和覆盖范围，确保测试结果能全面反映学生的学习状况。此外，教师还需关注学生的心理状况，为他们提供必要的支持和鼓励，帮助他们树立信心应对考试。

第四，确定阅卷原则和组织阅卷。阅卷评分必须保持客观准确性，特别是对于主观性试题，必须制定明确具体的评分标准，以确保评卷的公正性和一致性。在评卷过程中，评卷人员需要始终保持一致的评分标准，避免因个人心理状态、卷面整洁情况以及客观环境等因素对评卷质量产生影响。因此，我们需要建立严格的评卷制度，确保阅卷评分客观、公正、准确。

第五，试卷评析。在阅卷后，我们应对试卷进行全面的评析，以评估试题的范围、难度、主观题与客观题的比例、题量与题型、分值的分布以及试卷用语的准确性。通过对这些方面的分析，我们可以形成一份详细的材料，并编写一份总结报告，为下一次的考试出题提供有价值的依据。在总结报告中，我们将详细分析每个方面的得分情况，并提出改进意见和建议，以促进考试的公正、公平和有效性。

考试是教师和教学管理者系统地获取学生个体发展和教学反馈信息的重要手段。通过考试，教师和教学管理者可以了解和检查学生掌握课程教学大纲所规定的语言知识和语言技能的深度、广度和熟练程度，使学生能了解自己的学习情况。考试也是对教师的教学活动以及教学计划、教学大纲所体现的教育目标的检验，同时是检验教师的教学工作、了解教学效果、总结教学经验、改进教学方法的重要途径。因此，每一位英语教师都应该重视英语测试在英语教学中的重要地位。

第三章　大学英语翻译教学的常用技巧

在当今全球化的大背景下，英语作为国际交流的通用语言，其重要性不言而喻。我国高校英语教育正逐步从传统的应试教育向素质教育和实际应用能力培养转变，翻译教学成为英语教育的重要组成部分。本章重点探讨直译法与意译法翻译技巧、增译法与减译法翻译技巧、转译法与分译法翻译技巧、倒置法与重组法翻译技巧。

第一节　直译法与意译法翻译技巧

一、直译法的翻译技巧

英语直译法翻译技巧，是指在英语翻译过程中，依照原文的词序和语法规则进行翻译的一种方法。尽管英语直译法能够降低翻译过程中的语言误解与歧义，但并非所有原文都适用于直译。“直译就是既要全面准确地阐明原作的含义，又无任何失真或随意增加或删除原作的思想，同时还要保持原有的风格，有时甚至连原来的情绪或情感都不应该忽视”[①]。合适的英语直译法翻译需要具备一定的技巧和经验，英语直译法翻译应做到：①忠于原文内容；②忠于原文形式，要求在保持原文内容的前提下，力求使译文与原文在选词用字、句法结构、形象比喻及风格特征等方面尽可能趋同（无限接近）；③通顺的译文形式。

① 赵泽凡．英语翻译中直译和意译新探［J］．青春岁月，2019（5）：46.

直译法的翻译技巧主要包含以下方面。

第一，习语的直译运用。

例 1：crocodile tears.

直译：鳄鱼的眼泪。

例 2：chain reaction.

直译：连锁反应。

例 3：fish in troubled waters.

直译：浑水摸鱼。

例 4：special economic zone.

直译：经济特区。

例 5：green food.

直译：绿色食品。

第二，句子的直译运用。

例 1：Pie is said to be a rough diamond.

直译：人们说他是浑金璞玉。

例 2：I would draw a further conclusion，which I believe is central to assessing Chirm's future place in the world economy.

直译：我想进一步得出结论，我认为这个结论对于评估中国今后在世界经济中的地位是至关重要的。

总而言之，直译方式不仅能够保留原文的独特之处，同时有助于读者逐渐适应原文的文学风格，推动语言的多样化，丰富目标语言的表达形式，从而有利于跨文化沟通与交流。

二、意译法的翻译技巧

“人们在对英语进行翻译的时候，一般都会采用直译和意译两种方式”[①]。英语意译法翻译技巧，即在翻译过程中对原文意义进行阐释与传达的能力。在现代英语翻译实践中，英语意译法发挥着举足轻重的作用。这是因为某些表述方式在不同语言和文化背景下存在差异，意译法有助于翻译者在遵循建设性原则的基础上实现灵活表达。

第一，理解语境。翻译者应该重视语境，因为它是理解原文和表达出译

① 王秋媛．英语翻译中的直译与意译［J］．文渊（中学版），2020（5）：487.

文的基础。在翻译时，要注意原文的句子结构、词汇、语气和文化背景等因素。此外，还要考虑到上下文的环境、隐喻、特殊术语、典故等因素。翻译者必须充分理解语境，才能正确地把握原文的意思，进行有效的意译翻译。

第二，寻找译文中的类比和连贯性。英语和汉语十分不同，它们有着不同的文化和语言背景，这意味着同样的表达方式，在不同的语言环境中，可能需要运用不同的翻译策略。在进行英语意译法翻译时，翻译者需要寻找译文中的类比和连贯性。通过寻找英语和汉语之间的类比和连贯性，可以更好地传达文化差异和语言表达方式之间的内在联系，有利于构建更加通顺自然的翻译。

第三，把握逻辑关系。在进行英语意译法翻译时，把握句子的逻辑关系是非常重要的。对于那些在语言和文化上有明显差异的原文，翻译者必须抓住其逻辑关系，以保持其本质特点。此外，翻译者应该根据原文的文风和表达方式进行意译，以确保译文传达的思想和情感是准确、自然和流畅的。

第四，灵活运用罗列、拆词和倒装等手段。在英语意译法的翻译过程中，译者需巧妙地运用罗列、拆词和倒装等手段。中文中有丰富的罗列表达，而英文相应表达方式相对较少。因此，在英语翻译过程中，有时需通过调整句子结构来实现罗列效果。同时，翻译过程中应运用汉语拆字技巧，将复杂英文单词拆分成多个单元，以提高翻译精确度和准确性。此外，在特定场景下，倒装也可应用于英语翻译，以保持原文的表达风格和语气。

第五，注重文化背景和情感色彩。英语意译法翻译还需要注重文化背景和情感色彩。同一种表达方式可能在不同的文化和社会背景中产生不同的情感和意义。因此，在进行英语意译翻译时，翻译者需要仔细分析原文所讲述的社会背景和文化背景，以及其中体现的情感色彩和语气。通过合理使用意译，可以在译文中表达出原文所包含的情感和文化元素，从而使翻译结果更加准确和自然。

第六，不断积累和学习。英语意译法的翻译过程要求译者进行长期的学习与积累。在此过程中，译者需不断提升自身的语言能力，包括对语法、词汇及表达方式的熟练掌握，以便更深入地理解原文，并实现高效的意译翻译。此外，译者还需密切关注各行各业以及社会的发展变革，了解各种语言和文化的新动向与变化，从而更好地适应不断涌现的翻译场景和需求，以便提高翻译的质量和效率。

总而言之，英语意译法翻译技巧是现代英语翻译过程中不可或缺的环节。

通过对语境的理解、逻辑关系的把握、寻找类比和连贯性、灵活运用罗列和拆词等手段、注重文化背景和情感色彩，以及不断积累和学习，翻译者可以更好地进行有效的意译翻译，更准确地传达原文的意思和情感，从而满足不同领域和不同文化背景下的翻译需求。

第二节　增译法与减译法翻译技巧

一、增译法的翻译技巧

在英汉翻译过程中，增译法是一种在保持原文意义和语感的基础上，通过添加专业术语、背景知识、逻辑表述等手段，使译文更加精确、全面和专业的翻译策略。与直译法相比，增译法更注重翻译的完整性和准确性，能够更好地传达原文的细微之处和内涵。在学术翻译领域，增译法具有尤为重要的地位，对于专业领域的文献和论文翻译极具适用性。在这些领域的翻译实践中，增译法能够更好地体现翻译的专业性，符合学术翻译的相关要求和规范。增译法的运用主要涉及意义和修辞层面的增译以及句法层面的增译。

（一）修辞层面中的增译

在翻译过程中，修辞层面的增译策略起着至关重要的作用。它有助于使译文更具表达力、生动性和通顺性，同时保持与原文意义的忠实对应。在英汉互译中，以下六个方面的增译策略在修辞层面具有具体表现。

第一，增加形容词。为了使译文更加形象生动、易于理解，译者有时需要在译文中添加适当的形容词。这些形容词应源于原文的含义，并能使译文更加贴近原文的修辞风格。例如，“美丽的风景”可以翻译为“a beautiful scenery”。

第二，增加动词。英语和汉语在词汇使用上存在一定差异，尤其是在使用动词方面。英语中较少使用重复词汇，而汉语则善于运用重叠句或排比句来达到修辞效果。在翻译时，译者应在名词前增加动词，以再现原文的修辞特点。例如，“勤奋学习”可以翻译为“study diligently”。

第三，增加副词。在某些情况下，根据原文的上下文，译者可以适当增加副词以准确表达原意。这些副词应能够体现原文的语气、程度等方面的细微差别。例如，“非常喜欢”可以翻译为“extremely fond of ”。

第四，增加时态表达的词。在英语中，动词的变化与时态直接相关，通过不同的时态形式来传达动作的发生时间。相比之下，汉语的动词在时态方面并无明显的变化，而是通过上下文和其他语言元素来确定动作的发生时间。因此，在翻译过程中，译者需要巧妙运用时态词汇，例如，将“过去常常”翻译为“used to”，以准确传达原文的时态信息。

第五，增加复数表示的词。在汉语中，名词的复数形式并不发生变化，而在英语中，复数形式直接影响动词形态。为了正确表达原文中的复数概念，译者常常需要通过增加“们”“各位”等后缀，或者采用数词来明确表示。例如，“学生们”可以翻译为“the students”，以准确传递原文中的复数含义。

第六，增加语气词。相较于英语，汉语富含各种语气词，能够有效传达说话者的情感和语气。在翻译过程中，译者需要准确理解原文的语气，并适当添加相应的语气词，以确保译文不仅在语法上准确，也在情感和语气上保持一致。例如，“真的吗？”可以翻译为“really?”，以保留原文中的疑问和惊讶的语气。

（二）句法层面中的增译

第一，增补原文句子中所省略的动词。

原文：Reading makes a full man；conference a ready man；writing an exact man.

译文：读书使人充实，讨论使人机智，写作使人准确。

第二，增补原文比较句中的省略部分。

原文：The footmen were as ready to serve her as they were their own mistress.

译文：仆人们愿意服侍她，就像愿意服侍他们的女主人一样。

总而言之，运用增译原则能使译文自然流畅，契合原文。这种方法通常在译者斟酌译文或校对译文时采用，与译者的母语语感密切相关。本质上，这是关于译文的可读性问题，关键在于实现译文与原文在深层结构上的对应，而非在词语形式上追求机械对应。

二、减译法的翻译技巧

在翻译过程中，减译法被定义为一种简化译文的手段，以使其更为清晰、准确。这一方法通过有选择地省略原文中的部分词句，如介词、冠词、名词和连词等，以达到简洁明了的效果。减译并非个例，而是一种普遍存在于翻译实践中的现象，符合语言运用的经济原则。在交际中，人们追求用更少、更简洁的语言单位传达丰富信息，因此减译在翻译中得以广泛应用。

减译法的实施在英、汉两种语言的差异中找到了源头，其中包括汉语不需要冠词和不定式标记，代词、连词及介词在汉语中使用频率较英语低这些特点。这种差异性导致了减译法在英汉翻译中的广泛应用，涵盖了修辞和语法两个方面，包括省略修辞性的元素和调整语法结构以适应目标语言的变化。

（一）基于语法层面的减译翻译

基于语法层面的减译翻译主要包含以下方面。

1. 名词的减译

名词的减译是一种语言翻译的手法，其主要特征在于对原文中名词的精简表达。这种翻译方式旨在保持句子的流畅性和简洁性，同时更加突出句子的主题。以提高表达的效果为目标，名词的减译往往通过将原文中详细描绘的名词进行概括，以实现在表达上的简练与紧凑。

这种减译的方法在一定程度上减轻了语言表达的冗长，使句子更具有紧凑性。需要注意的是，名词的减译并非适用于所有场景，因为有时详细的描绘可能是必要的，特别是在强调具体细节或进行详尽解释时。因此，在实际应用中，翻译者需根据上下文和表达目的来灵活运用名词的减译手法，以确保翻译贴合原文的语境，并达到更好的表达效果。

2. 副词的减译

副词的减译通常指的是将一种语言中的副词在翻译成另一种语言时，不运用直译而是选择更贴近目标语言表达习惯或语境的方式。这样做有助于更自然地传达原文的意思，避免直译导致的生硬或不自然的表达。有时候为了更好地适应目标语言的表达习惯，会选择减译而非直译。

3. 介词的减译

介词的减译通常指的是在翻译过程中对介词进行简化、省略或减少的现象。介词是连接词语、短语或句子成分的词类，用来表示词与词之间的关系，包括时间、地点、原因、方式等。在不同语言之间，介词的使用和表达方式可能存在差异，因此在翻译时可能会进行一定的减译，以保持自然流畅的表达。

例如，中文和英文中的介词使用方式有时并不一致。在翻译中，为了使句子更符合目标语言的表达习惯，可能会对介词进行一些调整。这可能包括省略某些介词、使用不同的介词，或者调整介词的位置。

4. 代词的减译

代词的减译是指在翻译过程中对代词进行简化或缩减的一种手段。在翻译中，有时会遇到一些复杂的句子或短语，特别是涉及代词的使用时，为了更好地传达原文的意思，翻译者可能会选择减少或明确代词的使用。

这种代词的减译可能包括以下四个方面。

（1）明确指代。在原文中使用了较为模糊的代词，翻译时可能选择使用更具体的名词或代词，以确保读者能够清晰理解。

（2）重述或重组句子。翻译者可能会重新构造句子结构，以避免过多使用代词，从而使句子更加清晰易懂。

（3）使用完整的名词短语。将原文中的代词替换为完整的名词短语，以避免歧义或混淆。

（4）适当使用上下文。利用上下文信息来解释代词的指代，以便读者能够正确理解。

5. 动词的减译

动词的减译指的是将动词在翻译过程中进行简化或缩减的处理。在翻译中，有时为了更清晰、简练地表达意思，可以对动词进行减译。这可能涉及选择更简单的动词或省略一些细节，以使翻译更贴近目标语言的表达习惯。

举例来说，英语中的动词“consider”可以被减译为中文的“考虑”，而不是使用更复杂的同义词。这种减译可以使翻译更易于理解，尤其是在口语或简洁的写作风格中。

6. 连词的减译

连词的减译是指将一种语言中的连词翻译成另一种语言时，由于语言结构、语境或表达习惯的不同，需要进行一定的调整或减少。在翻译过程中，有时候某些连词在目标语言中并不需要直译，而是通过其他方式来表达相同的逻辑关系。

7. 形容词的减译

形容词的减译是指从一种语言转换到另一种语言时，尽量保留原始形容词的精神和含义，同时对其进行适当的缩减或简化。这种减译的目的是确保信息传达的简明扼要，避免翻译过程中产生冗长或过于复杂的表达方式。

（二）基于修辞层面的减译翻译

1. 省略重复的短语或单词

在英语翻译成汉语时，可以通过省略重复的短语或单词来使语言更加简洁和流畅。这种省略通常是为了避免冗余，使句子更加紧凑。以下是一些常见的省略方式。

（1）主语的省略。

原文：I like pizza，and my brother likes pizza too.

译文：我喜欢比萨，我弟弟也喜欢。

（2）动词的省略。

原文：She can sing，and he can sing too.

译文：她会唱歌，他也会。

（3）形容词或副词的省略。

原文：The book is interesting，and the movie is interesting too.

译文：这本书有趣，电影也有趣。

（4）连接词的省略。

原文：I like coffee，but my sister likes tea.

译文：我喜欢咖啡，我妹妹喜欢茶。

（5）重复信息的省略。

原文：He is a doctor，and he works at the hospital.

译文：他是医生，在医院工作。

2. 省略不必要的短语和单词

当进行英语到汉语的翻译时，省略不必要的短语和单词可能取决于上下文和表达的清晰度。以下是一些常见的省略情况。

（1）冠词省略。在英语中，有时可以省略冠词“a”或“an”的翻译，特别是在一般陈述句中。

原文：I have a car.

译文：我有车。

（2）主语 / 谓语省略。当上下文已经明确时，有时可以省略主语或谓语。

原文：He is coming to the party，and she is too.

译文：他要来参加聚会，她也是。

（3）代词省略。有时可以省略重复的代词，因为在汉语中，可以通过上下文理解。

原文：I like this book，and she likes that one.

译文：我喜欢这本书，她喜欢那本。

（4）动词省略。当上下文清楚时，有时可以省略一些动词，尤其是在口语中。

原文：I can swim，but he can't.

译文：我会游泳，但他不会。

第三节　转译法与分译法翻译技巧

一、转译法的翻译技巧

转译法，亦称转换法，在翻译技巧中具有重要作用。此法能巧妙地将英语词汇的词性转换为汉语中相应的词性，同时能将英语原句转化为不同类型的汉语句子。因此，在英译汉的过程中，转译法既涉及词性的转换，又包括语态和句型的转换。

（一）词类的转译技巧

“词义的转换主要是说词类的转换，指的是在并不改变原文意思的前提下，为了使表达更加通畅准确，对词汇进行相互转换，比如名词与动词的转换，形容词与动词的转换，副词与动词的转换，介词词组与动词的转换，介词词组与副词的转换，名词与形容词的转换和副词与形容词的转换”[①]。译文：The strict training made them tired，both physically and mentally.（名词—副词）由于英汉两种语言表达方式的差异，在现代英语翻译过程中，有些句子可以

① 程宵．浅析英语词汇翻译技巧［J］．校园英语，2017（25）：243.

逐词对译，需要根据具体情况适时改变原文的词性，以符合译入语的表达习惯，使译文通达自然。这也就是翻译中的词类转换现象。归纳而言，词类转译主要涉及以下方面。

1. 名词转译

（1）名词译成动词。词类的转译技巧在翻译中非常重要，特别是在涉及不同语言和文化的情境下。将名词转译为动词是一种常见的翻译技巧，可以增强翻译的流畅性和自然性。以下是一些将名词译成动词的技巧。

第一，添加动作或过程。将名词描述的实体或概念转化为一个动作或过程。例如，将“decision”（决定）翻译为“make a decision”（作决定）。

原文：The discussion led to an important decision.

译文：讨论导致了一项重要的决定。

第二，使用动词形式。有时，将名词直接转化为相应的动词形式是有效的。例如，将“communication”（沟通）翻译为“communicate”（沟通）。

原文：Effective communication is crucial in business.

译文：在商务中，有效沟通至关重要。

第三，引入动词短语。利用动词短语来传达名词的含义。这可以通过使用相关的动词和介词来实现。

原文：The development of new technology is essential.

译文：发展新技术是至关重要的。

（2）名词译成副词。名词转译成副词是一种常见的转译方法。这种方法可以使翻译更加自然流畅，符合目标语言的表达习惯。以下是一些名词转译成副词的技巧。

第一，添加后缀。在目标语言中，可以通过添加特定的后缀将名词转译成副词。例如，将英语名词“strength”转译为副词时，可以使用后缀“-ly”，得到“strongly”。

原文：The team demonstrated great strength.

译文：团队表现出色强大。

第二，使用相应的副词形式。有些名词在翻译时有直接对应的副词形式，可以直接使用这些副词。

原文：He showed courageously in the face of danger.

译文：面对危险，他表现得勇敢。

第三，变换词性。在目标语言中，可以通过变换词性来完成名词到副词的转译。例如，先将名词转换成相应的动词，再将动词转译为副词。

原文：The company made a significant investment.

译文：公司进行了一次重大投资。

2. 动词转译

（1）动词译成名词。

原文：我想强调我们必须尊重彼此的意见。

译文：I want to emphasize the necessity of respecting each other's opinions.

（2）动词译成形容词。

原文：他们在听到好消息时感到高兴。

译文：They are happy upon hearing the good news.

（3）动词译成介词。

原文：我们对他的成就感到自豪。

译文：We are proud of his achievements.

3. 副词转译

（1）副词译成动词。

原文：She occasionally stops by our house for tea.

译文：她偶尔来我们家喝茶。

（2）副词译成形容词。

原文：She sings beautifully in the choir.

译文：她在唱诗班里唱得很美。

（3）副词译成名词。

原文：He swims daily to keep fit.

译文：他每天游泳保持健康。

4. 形容词转译

（1）形容词译成动词。

原文：Sheila is very interested in literature.

译文：希拉对文学很感兴趣。

（2）形容词译成副词。

原文：The car moved slowly along the winding road.

译文：汽车沿着蜿蜒的小路缓慢行驶。

（3）形容词译成名词。

原文：Her speech was full of passion and sincerity.

译文：她的演讲充满了激情和真诚。

（二）语态的转译技巧

在语言表达中，语态是一种用以表明句子中谓语与主语之间关系的重要语法手段。相较于汉语，英语中被动语态的使用频率更高且范围更为广泛。因此，在进行现代英语翻译时，通常需要灵活运用语态转译的技巧，以下是一些主要的应用方面。

1. 转译成无主句

原文：The factory should be equipped with advanced facilities to improve production efficiency.

译文：为了提高生产效率，必须配备先进设施的工厂。

2. 转译成因果句

by 后面如果是没有生命的事物，有时，就不是一般意义上的施与者，而是表示一个原因，翻译时可以用“由于、因此”等词带出。

原文：Do not let yourself be discouraged or embittered by smallness of the success that you are likely to achieve in trying to make life better.

译文：不要因为你为改善生活所做的努力只取得小小的成功而气馁或伤心。

总的来说，在翻译过程中，通常会将英语的被动句转译为汉语的主动句，这是一种常见的规律。只有当特别想突出被动动作或者特别需要强调被动句时，才会考虑译成汉语的被动句。在实际的翻译工作中，需要综合并灵活运用多种翻译方法来处理被动语态。需要选择一种既符合汉语表达习惯，又能保持上下文连贯性的翻译方式。同时需要留意语态转换的一般规则以及可能存在的例外情况。这样的处理方法能够确保翻译得既准确又自然。

（三）句子成分的转译技巧

在语言翻译中，除常见的词性转换外，有时候需要对句子成分进行转译，以便使译文更贴近目标语言的表达习惯，保持通顺流畅。在进行句子成分转换时，常常会涉及将英语句子中的主语、宾语、状语等成分转换为汉语中相应的成分。具体包含以下四个方面。

1. 主语的转译

（1）主语转译为谓语。

原文：The research team discovered a new species of marine life in the depths of the ocean.

译文：在海洋深处，研究团队发现了一种新的海洋生物。

（2）主语转化为宾语。

原文：Renewable energy sources play a crucial role in reducing our dependence on fossil fuels.

译文：可再生能源在减少我们对化石燃料依赖方面发挥着至关重要的作用。

（3）主语转译为定语。

原文：Climate change poses a serious threat to global biodiversity.

译文：气候变化对全球生物多样性构成了严重威胁。

（4）主语转译为状语。在英语翻译中，当主语用于说明行为的原因、条件或时间等时，可考虑将其转换为状语(从句)。此种情况通常出现在简单句中。通过这种方式，可以更加简洁地表达句子的含义，同时保持语言的稳定性和严谨性。

原文：The history of literature is marked by various movements and trends that shape the way we perceive and create art.

译文：文学的历史由各种运动和潮流所标志，塑造了我们感知和创作艺术的方式。

2. 谓语的转译

谓语动词转译成名词，并且在句子中充当主语成分。

原文：The internet connects people from all over the world.

译文：网络的连接使来自世界各地的人们得以交流。

3. 宾语的转译

宾语可以转译为主语和谓语。

（1）宾语转译为主语。

原文：With the arrival of the weekend，release yourself from the stressful work. A quiet walk in the park will refresh your mind.

译文：随着周末的到来，摆脱紧张的工作吧。在公园里散步会让你的思绪变得清晰。

（2）宾语转译为谓语。

原文：Upon encountering challenges， do not be afraid. Confront them with a positive attitude， and you will find solutions.

译文：在面对挑战时，不要害怕。用积极的态度去应对，你就会找到解决办法。

4. 定语转译

（1）定语转译为谓语。定语转译为谓语是一种巧妙的修辞手法，它在文字表达中发挥着重要的作用。它的核心目的在于将原本用来修饰名词的定语，转化为动词的形式，从而使句子更具生动性和形象感。在汉语中，定语通常被用来进一步说明名词的性质、特征或状态等内容。一旦定语被转译为谓语，它们就获得了新的生命力和表达方式，从而使句子更加丰富多彩，表达效果也更加突出。

原文：The man's face bore a scar from a childhood accident.

译文：那个人的脸上有一道童年时期意外事故留下的伤疤。

（2）定语转译为状语。

原文：The politician delivered a speech to the eager crowd.

译文：政治家向那群热切的人群发表了演讲。

（3）定语转译为“是”的宾语。同转译为谓语情况一样，转译为“是”的宾语也多半是为了突出其表达的内容。

原文：The artist used the same techniques that masters employ to create timeless works of art.

译文：画家使用的技巧是大师创作永恒艺术作品时所采用的相同的。

二、分译法的翻译技巧

（一）单词分译的技巧

单词分译是一种翻译策略，其主要特点是将原语中的一个单词翻译为一个小句或句子。此种翻译方法主要服务于两大目标：一是满足句法需求；二是满足修饰需求。具体而言，单词分译可细分为以下五个方面。

第一，单词词义分译。单词词义分译是一种翻译策略，旨在更准确地传达英文单词的多重语义。通过这一策略，翻译者将综合语义的单词分解为不同的词义，以便读者更清晰地理解原文。举例来说，英文单词“bank”可能指银行、河岸或一系列其他意义。采用单词词义分译策略时，翻译者会根据上下文选择合适的词义，确保译文准确传达原文意思。

第二，灵活对等分译。灵活对等分译是在翻译过程中的一种策略，不拘泥于原文的形式，而是注重意思的准确传达。通过这一策略，翻译者会根据目标语言的表达习惯和语境，灵活选择相应的对等词或短语，以确保读者能够准确理解原文的意思。例如，在翻译“apple pie”这一英文短语时，翻译者可以选择用汉语中的“苹果派”来传达相同的意思，而不必拘泥于直译。

第三，单词搭配分译。单词搭配分译是在汉译过程中常用的一种策略，旨在使译文更贴合汉语语言特点。通过这一策略，翻译者会拆分英文中的词汇搭配，并结合汉语表达习惯，使译文更具流畅性和可读性。例如，英文中的“breakfast”常常与“have”一起使用，形成“have breakfast”这一固定搭配。而在汉译过程中，翻译者可能会将其分译为“吃早餐”，以更符合汉语的表达习惯。通过单词搭配分译策略，译文能够更好地传达原文的意思，同时保持汉语的自然流畅。

第四，修辞需要词语分译。修辞在翻译过程中扮演着至关重要的角色，其需求之一是将词语进行分译，以达到特定的效果。通过分译词语，如将“hate”译为“恨”“嫌”，能够增强文本的生动感，使读者更加贴近情境，从而更好地理解原文所传达的情感和意义。分译不仅是一种语言转换，更是一种文化交流和情感表达的载体。

第五，突出语言重点。有时，逐字翻译虽然通顺，却可能无法准确地传达原文的语义重点。举例而言，将英文和法文的“light literature”分译为“轻松的读物”，强调了其内容的特性，凸显了作品所具有的轻松、愉悦的特质。

因此，适当地进行分译可以使译文更加贴近原意，让读者更加深入地理解文本所传达的信息，实现跨文化交流的有效传递。

（二）句子分译的技巧

1. 简单句的分译

简单句的分译是一种翻译技巧，它旨在将一个复杂的句子分解为若干个较简单的句子，以便读者更好地理解和消化原文的含义。在进行简单句分译时，我们需要根据具体的语境和句子结构，灵活地处理翻译方法。

原文：A peasant and his family were working in a little field beneath the singing larks.

译文：农夫一家人正在一小块地里干活，头顶上云雀在唱歌。

2. 并列句的分译

并列句是一种常见的句子结构，它在英语中起着连接不同分句的作用。在翻译并列句时，我们常常需要在分句连接处进行适当的切分，以便将原句句意准确地传达出来。这个过程可能会导致原句被译成两个或两个以上的句子，从而使整个译文更加清晰易懂。

原文：In the small garden at the doorstep，spring blossomed into a beautiful sea of flowers，with red roses，purple lavender，and white lilies.Meanwhile，in the yard across the street，it was desolate，with overgrown weeds，and the old fence was still littered with winter leaves.

译文：在家门口的小花园里，春天绽放出一片美丽的花海，有红色的玫瑰、紫色的薰衣草，还有白色的百合。而在对面的院子里，却是一片荒芜，杂草丛生，破旧的篱笆上还残留着冬天的落叶。

3. 长句的分译

在英语中，有些句子的复杂程度几乎与复句相媲美，而且长度也相当可观。如果没有适当的翻译技巧，要把这样的句子翻译成汉语确实颇具挑战性。这类长句通常包含多个短语和其他修饰成分，所以在翻译时，需要采取“化整为零”的策略。具体而言，就是先把意思相对独立的部分尽量译为汉语分句，然后根据意义或者借助语法手段进行组织。这样一来，译文就会呈现出清晰的层次和简洁的语句。

原文：The company aims to expand its market share by introducing innovative products and enhancing customer satisfaction.

译文：公司旨在通过推出创新产品和提升客户满意度来扩大市场份额。

解析：将原句中的“by introducing innovative products”译为“通过推出创新产品”，将“and enhancing customer satisfaction”译为“和提升客户满意度”，保持了长句的分译形式。

4. 主从复合句的分译

根据所提供的材料，主从复合句在英语中是一种常见的句子结构，它由一个主句和一个或多个从句组成。在进行汉译时，为了使译文更加清晰易懂，通常需要在分句连接处进行切分，将主从复合句分译成两个或两个以上的句子。这样的翻译方法不仅符合汉语的表达习惯，还能够保持原文的含义和逻辑结构。

原文：The development of artificial intelligence relies on the collaboration of interdisciplinary teams，who bring together expertise from computer science，neuroscience，and psychology.

译文：人工智能的发展依赖于跨学科团队的合作，他们汇集了计算机科学、神经科学和心理学方面的专业知识。

总而言之，英、汉两种语言之间存在很大差异。在进行英汉翻译时，译者必须灵活运用不同的翻译技巧与方法。在众多的翻译技巧和方法中，分译法是改变原文句子结构的重要变通办法。

第四节　倒置法与重组法翻译技巧

一、倒置法的翻译技巧

倒置法通过适度调整原文词序，使译文更符合目标语言表达习惯。当原文的词序与目标语言不一致时，倒置法成为译者的利器。通过倒置法，译者可以更自然地传达原文的意思，避免了生硬或别扭的表达。这种技巧在翻译文学作品、法律文件等领域尤其常见，因为这些领域的翻译要求不仅要准确，还要符合语言风格和表达习惯。

（一）词组或短语的词序倒置

在英汉互译中，词组或短语的词序倒置是很常见的现象。这是因为英汉两种语言的语法结构和表达方式存在明显差异，译者需要灵活地调整词序，以确保翻译的准确性和流畅性。

例如：We study hard in the classroom every day.

译文：我们每天在教室努力学习。（状语词序倒置）

（二）英语句子结构的倒置

英语句子构造呈现前轻后重的特点，先表达结论再详述，形成“尾重型”结构。这种结构反映了英语表达者的思维习惯，通常先给出总体观点或结论，然后再通过详细阐述或例证来支撑这一观点。与之不同，汉语句子构造方式较为灵活，逻辑结构也有显著差异。在英汉互译中，需要倒装处理句子结构，以符合目标语言表达习惯。例如，英语的“结果—原因”转为汉语的“原因—结果”“结论—解析”转为“解析—结论”，“假设—前提”转为“前提—假设”。这种倒装法不仅是一种语法上的转换，更是一种与语法、修辞、用法、逻辑和思维方式密切相关的翻译技巧。由于英、汉两种语言句子结构和语序普遍存在差异，译者在进行翻译时需重新编排原文信息，以确保目标语言的表达能够准确传达原文的含义和逻辑关系。

二、重组法翻译技巧

重组法是一种翻译策略，其目的在于确保目标语言表达的准确性与流畅性。在英汉翻译中，由于语法结构和表达方式的差异，翻译工作者常常需要对原语句子进行重组和调整。当面对英语长句时，翻译者可以采用原序译法、换序译法和拆分译法等不同技巧。在实际的翻译过程中，译者往往需要灵活地运用多种技巧来达到最佳效果。有时候，直译可能会导致表达不自然，这时候就应该采用重组法。重组法主要用于英译汉，但也偶尔适用于汉译英。其具体步骤包括对原文结构进行分析，理解原文的意义，然后根据目标语言的习惯重新编排信息，以传达原文的内容和情感。通过这种方式，翻译者能够更准确地传达源语言的含义，并使译文更符合目标语言的表达习惯，从而实现翻译的最终目的。

在运用重组法进行英汉翻译时，需要遵循以下原则，以保证翻译的准确性和流畅性：①语法和句子结构的匹配。英、汉两种语言在句子结构和语法规则上存在差异，翻译时需要注意将源语言的句子结构与目标语的句子结构进行匹配。例如，英语的主谓宾结构与汉语的主谓宾结构并不完全相同，需要进行适当调整。②表达习惯的符合。不同语言有不同的表达习惯和习语，翻译时需要考虑到目标语言的表达习惯并进行相应的调整。例如，英语中常用主动语态表达，而汉语则更倾向于使用被动语态，因此在翻译时需要根据目标语的表达习惯作出调整。③内容准确性的保持：重组法在调整句子结构和语序的同时，必须保证原文中的信息保持准确无误。翻译者需要理解源语言句子的含义，确保在进行重组时不会改变原文的意思。现代英语重组法翻译技巧主要包含以下方面：

第一，主谓宾结构重组。英语中的主谓宾结构与汉语的主谓宾结构有所不同，翻译时可以根据语言习惯进行改写。例如，英语中的“She reads a book.”可以翻译为“她阅读一本书”，重组了句子结构以符合汉语的表达方式。

第二，倒装结构的转换。英语中的倒装结构在汉语中并不常见，因此在翻译时需要进行适当的转换。例如，英语中的“Only by working hard can you achi-eve success.”可以翻译为“只有通过努力工作，你才能取得成功”，将倒装结构还原为正常语序。

第三，被动语态转换。英语中常用被动语态表达，而汉语则更倾向于使用主动语态。在翻译时，可将英文的被动语态转换为汉语的主动语态，并对句子结构进行相应调整。

第四，知识结构的调整。翻译过程中，有时需要根据目标语的知识结构和文化背景对信息进行调整，尤其是涉及特定领域的术语和概念翻译。翻译者需熟悉目标语言的专业术语和表达方式，以在重组时保证准确性和专业性。

第五，词汇选择和补充。英语与汉语的词汇差异较大，翻译时可能需要进行适当的词汇选择和补充，以使译文更符合汉语的表达习惯。同时，应确保不增减原文信息，保持翻译的准确性和完整性。

第六，代词的引用。英语中经常使用代词来引用前文的名词，而汉语中一般需要明确指明代词所指的对象。在翻译时，可以通过重组句子结构或者添加必要的说明来保持句子的完整性和准确性。

第七，文化背景的考虑。英、汉两种语言具有不同的文化背景和习俗，翻译时需要根据不同的文化背景进行调整。涉及对译文的适应性和可理解性的考虑，避免因文化差异而导致的误解或混淆。

总而言之，在实际应用中，现代英语重组法翻译技巧需要结合具体的翻译任务和文本内容来灵活运用。翻译者需要具备扎实的语言素养、广泛的知识背景和文化意识，以及对目标语言特点和表达习惯的深入了解。只有通过实践和不断的学习，翻译者才能不断提升自己的翻译技巧和水平，以实现准确、自然、流畅的英汉翻译效果。

第四章　大学英语翻译教学与审美维度

在当今全球化的背景下，大学英语翻译教学在我国的高等教育体系中占据了举足轻重的地位。随着国内外交流活动的日益频繁，翻译作为一门沟通桥梁的课程，不仅要求学生具备扎实的英语基本功，还要求具备较高的审美素养。因此，本章重点论述大学英语翻译教学的内容层次、大学英语翻译的美学体系构建、大学英语翻译语言的审美维度、大学英语翻译审美的主客体及再现。

第一节　大学英语翻译教学的内容层次

一、英语词汇翻译教学

（一）英语词汇翻译的类别

句子和篇章都是由词语组成的，要想做好翻译，必须重视词语的翻译。有所不同的是英语中有冠词，而汉语中有量词和语气词。

1. 名词翻译

英汉名词特点基本相同，都表示人、地方和事物的名称，但英语倾向于运用名词来表达某些在汉语中常以动词表达的概念。因此，就词类而言，英语中以名词占优势，即英语倾向多用名词。

（1）英汉专有名词翻译。专有名词是指人名、地名、机构团体名和其他具有特殊含义的名词或名词词组。

第一，人名的翻译。

一是，汉英姓名的顺序不同。在中文中，姓氏通常排在名字前面，而在英语中则是名字在前，姓氏在后。这种差异在跨文化交流中可能造成一些误解，因为人们可能会根据他们所熟悉的命名顺序来理解姓名的先后顺序。因此，在跨文化交流中，正确理解姓名顺序的差异至关重要。

二是，英汉姓名的组成差异。汉语姓名由姓和名构成，包括单姓、复姓以及单名、双名等形式。而英语中通常有两个名字，但第二个名字往往较少使用，一般只在正式场合或者个人非常熟悉的情况下才会被提及。这种差异反映了不同文化对于姓名构成方式的认知和传统。

三是，人名翻译的原则。通常，人名翻译遵循“名从主人”的原则，即按照所在国语言的发音来翻译。同时有一些固定的译法，经过长期使用而形成，因此一般不轻易更改。这种原则和约定俗成的固定译法在跨文化交流中起着重要的作用，可以帮助人们更好地理解和认知不同文化背景下的人名。

第二，地名的翻译。

一是，地名的翻译原则。地名的翻译原则是对地名进行翻译时的基本原则，其中包括两个重要原则。首先是“名从主人”，即翻译应当遵循原名的读音。例如，法国的首都 Paris 被翻译为“巴黎”，这是因为“巴黎”能够准确地反映出原地名的发音。其次是“约定俗成”，即一旦一个地名已经被广泛接受并被社会所认可，就不宜轻易更改其译名。比如，“莫斯科”“格林威治”都是已经被公认的译名，在使用和表达上都已经具有了稳定的地位，因此不需要进行改动。

二是，地名的翻译方法。

音译法是一种常见的翻译方法，其重点在于保证翻译后的名称与原名称的音准相近。在这种方法中，通常不会添加额外的音素，并且可以省略不明显的音。例如，英国的首都 London 被翻译为“伦敦”，这样的翻译既保留了原名称的音韵，又符合汉语的语音规律。对于汉语地名，一般采用拼音音译的方式进行翻译，比如，“山西”被音译为 Shanxi。

意译法是根据原地名的含义和特点进行翻译的方法。在这种翻译中，翻译者会尽量保持原名称的意思和特色。例如，Thursday Island 被翻译为“星期四岛”，这样的翻译不仅传达了地名的字面意思，还体现了地名的历史和文化内涵。

音意混译法是一种将音译和意译相结合的翻译方法。在这种方法中，地名的翻译一部分是按照音译的原则进行，另一部分则是根据地名的含义进行翻译。例如，New Zealand 被翻译为“新西兰”，其中“新”是音译，“西兰”则是意译，这样的翻译既保留了原地名的音韵，又传达了地名的地理位置和特色。

三是，其他问题。

首先，地名翻译。为了帮助读者更好地理解，常常需要在翻译中增加通用名词。例如，原句“He slipped out of the State Department and crossed the Potomac to Arlington，Virginia”，翻译为“他偷偷地溜出了国务院，渡过波托马克河到弗吉尼亚州的阿林顿县”。在这里，“波托马克河”“弗吉尼亚州”的加入，使读者更容易理解主人公的行动轨迹。

其次，增加国名或区域范畴词，以区分同名地点。例如，“圣路易斯”可能指的是巴西的圣路易斯、阿根廷的圣路易斯，或者美国的圣路易斯。这种区分对于文本的清晰度至关重要，因为同名地点可能在不同的国家或地区拥有截然不同的背景和含义。因此，在翻译时，需要根据上下文和语境来选择合适的国名或区域范畴词，以确保读者能够准确理解所描述的地点。

（2）英语名词复数翻译。在英语翻译中，名词的复数形式常见，然而在汉语中，有时候并不需要将其翻译成复数形式。当需要明确情况时，可以采用增词法或重复法来翻译名词的复数形式。

第一，省译名词复数。有些英语名词，比如“glasses”“trousers”等，本身就是以复数形式出现的，但在汉语中并不需要加以复数化。例如，“glasses”可以直接翻译为“眼镜”，而“trousers”可以直接翻译为“裤子”，而不必担心其英语形式是否为复数。

第二，增词法翻译名词复数。这种方法通常通过加上数量词或其他词来表示复数。例如，英文中的“apples”可以在汉译时翻译为“一些苹果”“许多苹果”，从而表达出英语中复数名词的含义。另外，也可以在汉译时加上定语或复数词尾来表达英语中的复数名词。比如，“students”可以翻译为“许多学生”“一群学生”，以便更准确地传达英语中名词复数的含义，让读者能够更加清晰地理解文本内容。

第三，用重复法翻译名词复数。在翻译过程中，我们常常会遇到一些具有特殊含义或表达方式的词汇，为了更好地传达原文的含义，翻译者需要采用一定的技巧。其中，用重复法翻译名词复数是一种常见的策略。这种方法不仅可以增强名词的表述力，还能使译文更加明确、通顺，避免逻辑混乱。

2. 冠词翻译

冠词是一种虚词，其本身不能独立，只是附着在一个名词前帮助说明这名词的含义。英语中的冠词有不定冠词 a（an）以及定冠词 the。汉语中没有冠词。

（1）不定冠词 a（an）的译法。在翻译中，不定冠词“a（an）”的译法是一个需要特别注意的知识点。虽然不定冠词在英文中具有一定的意义，但在汉语中并不需要一一译出。因此，在翻译时应当根据上下文的语境来判断是否需要译出不定冠词，而不是仅仅因为见到“a”就机械性地翻译成“一个”。此外，汉语中存在着多种量词，需要根据名词的特点选择合适的量词进行搭配，从而更准确地表达原文的意思。

（2）定冠词 the 的译法。定冠词“the”在翻译中更为灵活。在汉译时，常常可以省略定冠词，因为汉语中往往可以通过上下文来判断名词是泛指还是特指。有时候定冠词的作用是引导名词的特指，这时候需要特别注意。在指示性较强的地方，需要将定冠词译出来，以避免产生歧义或混淆。此外，在进行名称替换时，可能需要保留定冠词或物主代词。处理这种情况时，通常有两种方法可以选择，根据上下文和表达的需要来决定是否保留定冠词或物主代词，以确保翻译的准确性和流畅性。

3. 副词翻译

（1）英语副词翻译。英语副词的翻译方式多样。它们可以被翻译成汉语的副词、形容词、动词、名词、代词、独立句，甚至关联词等不同形式。副词在英语句子中的位置灵活，可能出现在句首、被修饰词之前或被修饰部分之间，而在汉语翻译中，这些位置通常可以保持不变。这种多样性使翻译过程中需根据上下文和句子结构综合考虑，以确保准确表达原文的含义。

（2）汉语副词翻译。汉语副词常用于表达不同情况下的程度、范围、时间、情态、频率、否定以及语气，通常充当状语的角色。这些副词可以被翻译成英语的副词、形容词、名词、动词、介词，具体取决于句子的语境和表达的意图。因此，在进行汉英翻译时，译者需要灵活运用语言技巧，结合上下文理解，选择最合适的翻译方式，以确保译文自然流畅且忠实于原意。

4. 动词翻译

（1）动词时态翻译。

第一，英语动词时态的翻译。

一是，一般现在时。在英语语法中，一般现在时用于描述经常性动作、现在的特征或状态，以及表达普遍真理。它还可以用于条件句和时间状语从句来表示将来的动作。一般现在时通常采用直接翻译，但有时也可以使用前置词语“可以”“会”等来强调。举例来说，可以说：“他每天都锻炼身体。”这句话描述的是一个经常性的动作，同时是一个普遍真理的陈述。

二是，一般过去时。一般过去时用于描述过去某时发生的动作或情况，包括习惯性动作。在句子中，有时可以根据上下文或时间状语来表达过去时态，也可以使用诸如“已经”“曾经”等词来强调过去的发生。例如：“昨天他去了图书馆。”这句话清楚地表明了过去发生的动作，而时间状语“昨天”则进一步强调了动作发生的时间。

三是，一般将来时。一般将来时用于表示将要发生的动作或存在的状态。通常，在动词前添加词语“将要”“会”等来表示将来时态。例如：“明天他将要去旅行。”这句话表达了一个即将发生的动作，即明天他将要去旅行的状态。

四是，进行时态。进行时态用于表示某一时刻或时段正在进行的动作。在翻译中，可以加入诸如“正在”“在”“着”等词来突出进行时。例如，“她正在做作业。”这句话描述了一个正在进行的动作，即她正在做作业的状态。

五是，现在完成时。现在完成时可通过在动词前加上“已经”，后加上“了”“过”“过……了”来表达。例如，“他已经吃过晚饭了。”这句话表明了一个与现在有关的动作，即他已经吃过晚饭的状态。

第二，汉译英中的时态表达。汉语句子的时态通过词来表示，其中包括副词、助词以及时间短语等。

一是，当提到汉语句子时态时，常见的特定词汇起到了重要的提示作用。例如，“着”“一直 / 不断 / 不停”“在”“从……来”“向……来 / 去”“边……边……”等词汇通常表示进行时态，表明动作或状态正在进行中。相反，“将要”“要”表示将来时态，预示着动作或状态将在未来发生。另外，“要 / 快要……了”则表示将来完成时态，指示动作或状态在未来某一时间点之前完成。而“已经在……了 / 呢”则表明完成进行时态，说明动作或状态在过去某一时间点已经开始，并且仍在进行中。与此不同，“了”“已经”“完”“好”“掉”“成”等词汇一般表示完成时态，表明动作或状态已经完成。

二是，汉语句子的时态翻译需要依赖于语境，不同的理解可能导致不同的翻译结果，与英语时态并不一一对应。因此，在进行翻译时，需要综合考虑句子的上下文，以确保准确传达句子的时态含义。这也意味着在翻译过程中可能需要灵活运用英语的不同时态和语态结构，以最好地反映原文中的时态信息。

（2）被动语态翻译。被动语态是英语动词的一种形式，其主要功能在于凸显动作的承受者，而非执行者。在英语中，被动语态广泛运用于多种情境下，包括未知执行者的情况，这时候动作的实施者未知或无须强调；另外，在强调承受者时，被动语态也是常见的应用，使承受者成为句子的核心。此外，被动语态在表达礼貌或进行措辞选择时亦发挥着重要作用，帮助讲话者传达信息而不显得唐突或冒犯。最后，被动语态也在确保上下文连贯性方面扮演着关键角色，有时候使用主动语态可能导致句子不连贯或不自然。相比之下，汉语中的被动语态相对狭窄，通常通过无主句的形式来表达。汉语的被动语态具有显性、半显性和隐性三种形式，具体表现在使用介词、特定句式或逻辑上的主动表示。

第一，英语被动语态的翻译。英语中的被动语态通常在汉语中被译为主动语态，这是一种常见的翻译策略。然而，也存在一些例外情况。在翻译过程中，保留原文主语是另一种常见的手法，以确保句子的准确性和流畅性。同时，将原文主语转换为译文的宾语也是一种常用的技巧，尤其是在语境需要时。当原文中缺乏明确的施动者时，译者常常会在译文中添加诸如“人们”“大部分人”等模糊主语，以使句意更加清晰。此外，将以“it”为形式主语的句子改写为主动形式也是常见的做法，以避免歧义。在某些情况下，译文可能会省略主语，以强调动作或事件的普遍性或泛指性，但在其他情况下，译者可能需要加入模糊主语，如“有人”“大家”“人们”“我们”等，以确保句子的完整性和连贯性。

第二，汉语被动语句的翻译。与英语反之，汉语常用意义被动式，少用结构被动式。翻译时，常用英语的被动式表达。

（3）虚拟语气翻译。虚拟语气表示说话人所说的话不是事实，或者不可能发生，而是一种愿望、建议、猜测或与事实相反的假设等。英语通过动词形态变化来表述虚拟语气，而汉语主要利用词汇手段来表述。现代汉语用以表示虚拟的词语范围比较广，主要有以下词语类别。

第一，在使用前置助动词时，人们能够表达出各种不同的意愿和可能性。当一个人表示愿意或有意向做某事时，他们可以使用诸如“愿意”“想要”“肯”等助动词。此外，前置助动词还能够用于推测和必要的情况。例如，当人们需要提出建议或者表达应该做某事时，他们会使用“应该”“当”等助动词来加强语气。

第二，在加强或限定谓语成分的副词方面，有几种常见的用法。首先，使用“就”及其搭配“就会”可以表示假设或强调。例如，“如果你学习得足够努力，就会成功。”此外，诸如“本来”“原本”等词语也常用于构成假设陈述，起到限定作用。例如，“他本来应该在这个时候到达。”另外，副词“竟”则用于加强表达出乎意料之外的意思，常与否定形式连用，例如，“他竟然没有来参加会议。”

英语中的虚拟语气是一种用来表达假设、愿望、建议等非现实情况的语气。它的使用取决于谓语动词的形态、连词、句子结构以及特定词语。虚拟条件句可分为与现在、过去、将来事实相反的形式。无论是条件从句还是结果主句，都需要使用虚拟语气来表达。例如，虚拟语气可以用来表达假设的情况，如“如果我是你，我会去旅行。”这里的“是”是一种虚拟语气的形式，表示与现实情况相反的假设。

5. 连词翻译

连接词在语言中扮演着重要的角色，它们以不同的方式将词、短语或句子连接起来，促进语言的流畅性和逻辑性。一种类型是并列连词，用于连接同等重要的词、短语或句子。这些连词强调了两个或多个想法之间的平等关系，使表达更加连贯且清晰。另一种类型是从属连词，用于连接一个主要的句子与一个或多个从属的句子。这些连词在句子中引导出不同类型的关系，如因果关系、对比关系或时间顺序，从而使句子结构更加复杂和丰富。

（1）英语连词翻译。在英语中，连词的翻译方式包括省略、照译和转译。

第一，省略是指在翻译过程中省略掉原文中的连词，使译文更加简洁和自然，但同时要确保句子的逻辑关系清晰。

第二，照译是直接将原文中的连词翻译成目标语言中对应的连词，保持句子结构和语法的一致性，这种方式通常用于正式和严谨的场合。

第三，转译是一种更自由的翻译方式，译者根据上下文和语境，灵活地选择合适的连词来表达原文的意思，这种方式能够更好地传达作者的思想和情感。

（2）汉语连词翻译。汉语具有灵活的语序和丰富的语法结构，有时候可以通过上下文或词语之间的逻辑关系来表达句子的连贯性。例如，在并列结构中，汉语可以通过逗号或者分号来分隔不同的词语或短语，从而实现并列的效果；在从属结构中，汉语可以通过词语的位置或者词语之间的关系来表示主从关系，而无须使用明确的连词。这种灵活性使汉语具有独特的表达方式，在表达思想和情感时更加丰富多样。

（二）英语词汇翻译的技巧

“语言与社会密不可分，它是社会的产物，并随着社会的变化而变化”[①]。汉语和英语在语法和表述习惯方面有着诸多不同，故把汉语词语译成符合英语语法和表述习惯的英语短语时，需使用一些翻译技巧。译者只有知晓并掌握了这些技巧，再凭借良好的英语语言基础，包括句法和词法以及足够的词汇量，才能轻松自如地进行汉译英活动。学生之所以会存在阅读的困难，一个最直接的原因就在于词汇量不足。词汇量掌握的多少与学生阅读水平之间有直接的联系。学生认识的单词越多，他们的阅读障碍就会越少；学生认识的单词越少，他们的阅读障碍就会越大，阅读中遇到的困难也就越多。因此，要想不断提升学生的阅读水平，先要掌握更多的词汇翻译技巧。

1. 符合英语语法与表述习惯的增词法

汉译英时，首先，时常需要根据英语的语法和表述习惯，在汉语原文的基础上增添一些单词或词组；其次，当汉语原文的真实含义隐藏在字里行间而并未明确地得以表达，这样的句子译为英语时，一般可通过增词法把句子隐含的意思清楚地表达出来，以帮助读者理解其深刻内涵。

用增词法的原则是“增词不增意”，即译出隐义时不能增加或是改变原句之意。当然，有时为保持原文的风格和句子的特色，译者不能违背作者意图、把所有的隐含之义都清楚地译出，从而使译文变成白开水而失去许多意趣，致使读者失去思考和探索之乐。因此，译者既不能漏译原句的隐义，又不能把原著作者刻意要含蓄表达的隐意统统说白。换言之，译者要恰如其分在“undertranslation”“overtranslation”之间找到平衡，避免走极端，避免使译文失去原文的风采。

（1）根据英语语法习惯增加冠词。汉语没有冠词，把汉语译成英语时要适当加上冠词，具体做法如下。

第一，增加不定冠词。

例如：我们在业务上有了良好的开端。

① 陈洁．英语新词汇的特点及翻译技巧［J］．校园英语（教研版），2011（6）：84.

译文：We have made a very good start in our business.

第二，增加定冠词。

例如：天空中开始闪烁着淡紫色、玫瑰红和琥珀色。

译文：Hues of lavender，rose and amber begin to pulsate in the sky.

（2）增加作主语和宾语的代词。

第一，增加作主语的代词。在汉语中，如果前文出现过一个主语，而后面一句的主语与前文一致，那么后句主语可以省略。但是，翻译成英语时，一般要将这个被省略的主语补上。

例如：这里到处可以看到枝繁叶茂的树木。

译文：Everywhere you can find lush trees here.

第二，增加作宾语的代词。汉语中，常常可以把动词后面的前文出现过的宾语省掉，以避免啰唆。但是，在译成英语时，由于及物动词后面必须跟宾语，故要保留这个宾语；同时为避免重复，就用代词来替代前文提到过的这个宾语。

例如：你越要掩盖自己的错误，就越会暴露。

译文：The more you try to cover up your mistakes，the more you reveal them.

第三，增加物主代词。

例如：一只鹭从远处的岸边飞起，轻轻扇动着翅膀掠过湖面。

译文：A heron rises from a distant shore and gently fans its way over the lake.

（3）增加表并列和从属关系的关联词。汉语复句之中，各分句之间的关联词常可不用，因为其前后的逻辑关系往往暗含于其中。而译成英语时，必须把这些关联词补充进去。

第一，增加并列连词。

例如：她瘦弱憔悴。

译文：She is scraggy and haggard.

第二，增加从属连词。

一是，增加表示因果的从属连词。

例如：他没有看过校长讲话的文本，不愿加以发挥。

译文：He declined to amplify on the principal's statement，since he had not read the text./ He had not read the text of the principal's statement，so he declined to amplify on it.

二是，增加表示条件的从属连词。

例如：你不参加这个比赛，那我也不参加。

译文：I won't participate in the contest if you don't.

三是，增加表示时间的从属连词。

例如：你明天去购物，帮我把这封信寄了吧。

译文：Please post the letter for me when you go shopping tomorrow.

（4）增加汉语中省略而英语中必需的介词。

例如：我家的屋后有一个果园。

译文：There is an orchard at the back of my house.

（5）增加表示特定文化的背景词汇。由于中西方文化间的差异较大，因此，关于中国特有文化的内容，如果简单而机械地译成英语，外国读者肯定会感到困惑。此时，就有必要在译文中适当加上解释性的词语，从而把该汉语词汇或短语所隐含的意思表达清楚。

例如：茅台是我爷爷的最爱。

译文：Maotai liquor is my grandpa's favorite.

“茅台”是中国一种知名白酒品牌，这里其实具体指的是“茅台酒”。考虑到多数外国人并不知道这是一种白酒，所以这里有必要添加“liquor”一词，予以说明。

2. 运用译文简洁流畅的省略法

把汉语译成英语时，可以省略不译出有些词汇和短语，以使英语译文更加简洁、流畅、地道。但是，使用省略法的前提是保持原文的意思不变，省略绝不等于漏译。

（1）省略汉语范畴词。在翻译汉语范畴词时，应注意到英语中抽象词的概括能力和词义范围的广泛性。为此，在将汉语名词性短语翻译成地道英语时，通常可省略汉语范畴词的翻译。

例如：visibility（能见度）；persuasion（说服工作）；emergency（紧急状况）。

（2）省略汉语重复词。在英语中，为了避免冗余和累赘，可以采取多种策略来处理汉语中的重复词汇。例如，当汉语中某个词汇重复出现以达到强调等特殊效果时，在英译过程中可以仅保留在第一次出现，或在第二次出现时采用代词替代，从而保持英语表达的简洁性和准确性。

例如：热能可以转化为电能，电能也可以转化为热能。

译文：Heat energy can be transformed into electric energy，and vice versa.

（3）省略意思相同细节描写。汉语中常常连续使用几个结构相同、意思相似的并列词组来达到一定的修辞效果。将其译成英语时，一般只需译出中心意思即可。

例如：她有着沉鱼落雁之容，闭月羞花之貌。

译文：Her beauty would put the flowers to shame.

（4）省略汉语语气助词。汉语中常使用语气词“吗、呢、呀、啊”等来表达说话者疑问、惊讶、感慨等语气，将其译成英语时，常可省略。

例如：类人猿能掌握类似于人类的语言吗?

译文：Can an ape master anything like human language？

3. 将抽象或含义模糊词语的具体化法

在汉语原文中，部分词汇较为抽象或含义模糊。在翻译过程中，可以考虑将这些词汇具体化，从而使英语译文更具生动形象，同时有助于读者更好地领会其中之深远内涵。

例 1：我们刚进入太空时代。

译文：We are at the dawn of the space age.

例 2：他精彩的演讲博得满堂彩。

译文：His remarkable speech brought down the house.

4. 将具象词汇或成语的抽象化

针对汉语中具有形象鲜明特点的词汇或成语，在英语中往往难以找到完全对应的表达。若直接按照字面意义进行生硬翻译，可能导致读者难以理解。为此，译者可以尝试将这类“具象”的词汇或成语进行“抽象化”处理，从而使英语译文更加流畅自然，并有助于读者领悟其潜在含义。

例如：流利的英语是她进入这家合资企业的敲门砖。

译文：Fluent English is her entree to this joint venture.

5. 词性的转化法

在汉语和英语的词性运用上，两者存在一定的差异。在通常情况下，汉语倾向于使用动态表达，动词的使用频率较高，连动式和兼语式等结构频繁出现。相较之下，英语则偏向静态表达，名词和介词的使用频率相对较高。因此，在将汉语动词翻译成英语时，需遵循英语的表达习惯，适当调整这些汉语动词的词性。同时，在其他词性的汉语词汇翻译成英语时，有时也需要进行词性转换，以使译文更加地道。

第一，根据动词转换为英语名词。

例如：采用这种新装置可以大大提高效率。

译文：The adoption of this new device will greatly improve the efficiency.

第二，根据动词加副词转换为英语形容词加名词。

例如：物价上涨得那么快，老百姓简直难以应对。

译文：Ordinary people simply cannot cope with such sharp rises in prices.

第三，根据动词转换为英语副词。

例如：他打开窗户，让新鲜空气进来。

译文：He opened the window to let fresh air in.

第四，根据动词转换为英语介词。

例如：教师捧着试卷走进了教室。

译文：The teacher entered the classroom with the examination papers in her arms.

第五，根据形容词转换为英语动词。

例如：这个湖很臭。

译文：The lake smellsterrible.

第六，根据名词转换为英语动词。

例如：女神狄刻是正义的化身。

译文：The goddess Dice personifies justice.

第七，根据名词转换为英语形容词。

例如：这名伤者被迅速送往医院。

译文：The injured was quickly sent to the hospital.（名词—形容词）

第八，根据名词转换为英语副词。

例如：严格的训练使他们身心疲惫。

译文：The strict training made them tired，both physically and mentally.（名词—副词）

6. 依据汉英各自表达习惯的视角转换法

鉴于汉英语言表达习惯的差异，部分汉语词汇在英语中难以找到对应词汇，此时需转变视角以寻求翻译的突破口。另外，根据汉语与英语各自的表达习惯，有时需将正面表述的汉语译为反面表述的英语，或将以反面表述的汉语译为正面表述的英语，此类译法类似于英译汉中的正反译法。

例如：她们虽是妯娌，但关系却不太好。

译文：Although their husbands are brothers，they are not on good terms with each other.

7. 改变形容词与副词语序结构的调整法

（1）名词前有多个形容词修饰时，这些形容词在汉语和英语中的位置是不尽相同的。因此，在汉译英时，要根据英语习惯改变这些形容词的前后次序。

例如：这本书介绍了优秀的德国现代建筑。

译文：This book gives an introduction of outstanding modern German architecture.

（2）汉语常把表示时间、地点等的定语置于被修饰名词之前，译成英语时，一般而言，要把这种定语后置。

例如：你看过《霓虹灯下的哨兵》吗?

译文：Have you seen *Sentinels under Neon Lights* ?

8. 选用英语同义词组的归化法

有些汉语词组恰好能在英语中找到意思极为相似的对应词组。此时，不妨将英语中与之相对应的词组作为其译文，以使英译文更加符合英语的文化背景、更易于被英语使用者接受。

例 1：丁字尺。

译文：T–square.

该汉语词汇以“丁”字来生动而形象地描绘了这种尺子，令人一目了然。但把该词组译成英语时就会出现一定的麻烦，因为许多外国人并不认识汉字。而且汉字“丁”是利用其字形来描述尺的形状，而并非利用其意。所幸，英语 26 个字母中的“T”恰好与汉语“丁”字极为相近，因此翻译时可用“T”来代替“丁”，以起到相似的表述作用。

例 2：一箭双雕。

译文：kill two birds with one stone.

该汉语成语恰好在英语中有个意思雷同的成语与之对应。尽管“箭”与“stone”，“雕”与“bird”概念并不等同，但两个短语所表达的含义却是如出一辙。所以可用英语成语来译汉语成语，保持原文的精彩妙趣。

例 3：咬紧牙关。

译文：Bite the bullet.

在得不到麻醉药的情况下，医生给伤员动手术时会让他们用嘴巴紧紧地咬住毛巾或皮带，以此保护舌头，以及帮助伤员缓解手术过程中的剧烈疼痛。于是该英语短语就沿用至今，并被赋予抽象的含义。这一英文短语无论是在具体的含义还是在抽象的含义上都可与此汉语短语相对应。

还有下列的例子可说明此译法。

例 4：挥金如土。

译文：Spend money like water.

例 5：得寸进尺。

译文：Give sb.an inch and he will take a mile.

例 6：这个踌躇满志的大学毕业生认为自己有点石成金的本领。

译文：The ambitious university graduate thought that he had the Midas touch.

根据希腊神话的描述，酒神狄奥尼索斯赐给了佛里几亚国王 Midas 一种力量，使他能把手触摸过的东西都变成金子。此英语短语恰好对应汉语之意，且形象又生动。

9. 使汉语文化内涵清晰的加注法

汉语中许多词汇具有本民族特有的丰富文化内涵。译成英语时，仅靠用增词法还不足以把相关的文化背景介绍清楚，此时就需借助详细注释，帮助读者明白汉语句子的真实含义及其相关文化背景。

例如：佛跳墙是一道福州传统名菜。

译文：Buddha Jumping over the Wall（Stewed Shark Fins with Assorted Seafood）is a famous traditional dish in Fuzhou.

Note：It is a name after a legend saying that even Buddha could not resist the temptation of the dish and jumped over the wall of the temple to taste it.

二、英语句式翻译教学

（一）英语句式翻译的类别

“中西方思维方式的差异在英汉两种语言中就明显体现出来”[①]。英语文体各异，句型复杂，长句的出现频率高，逻辑性强，给译者增添了许多困难。

① 黄宇．从中西思维差异浅谈商务英语句式的翻译——以产品推介翻译为例 [J]．海外英语（上），2022（3）：23.

然而，英语语言具有“形合”的特点，无论句子多长、结构多么复杂，都是由一些基本的成分组成的。译者首先要找出句子的主干结构，弄清楚句子的主语、谓语和宾语，其次再解析从句和短句的功能，解析句子中是否有固定搭配、插入语等其他成分。最后再按照汉语的特点和表达方式组织译文，这样就能保证对句子的正确理解。

1. 英汉句子类型

英、汉两种语言中的句子种类及类型有同有异，具体如下：

（1）英语句子种类及类型。英语句子包括四种基本类型：陈述句、疑问句、祈使句和感叹句。其中，陈述句用于陈述事实或观点，疑问句用于询问信息，祈使句用于表达请求或命令，感叹句用于表达强烈的情感或感叹。此外，英语句子的结构类型有简单句、并列句和复合句。简单句包含一个主语和一个谓语，表达一个完整的思想；并列句由两个或多个独立的简单句通过逗号、分号或连词连接而成，表达并列关系；复合句由一个主句和一个或多个从句组成，从句可以是定语从句、状语从句或名词从句，表达复杂的逻辑关系和意义。

（2）汉语句子种类及类型。汉语句子有四种基本类型：陈述句、疑问句、祈使句和感叹句。与英语相似，陈述句用于陈述事实或观点，疑问句用于询问信息，祈使句用于表达请求或命令，感叹句用于表达强烈的情感或感叹。不同的是，汉语句子的结构类型更为丰富，包括完全句、省略句、无主句和独语句。完全句是一种最基本的句子结构，包含主谓宾等要素；省略句通过省略主语或其他成分来简化句子结构；无主句是一种特殊的句子结构，没有明确的主语；独语句由一个独立的成分构成，常常用于口语或书面语中。

复句在英语和汉语中都具有复杂的结构和丰富的意义。复句分为联合复句和偏正复句两类。联合复句用于表示并列关系或递进关系，由两个或多个分句组成，分句之间通过逗号、分号或连接词连接。而偏正复句则更为复杂，由偏句和正句构成，其中偏句位于前面表示次要意义，正句位于后面表示主要意义。偏正复句可以表达转折、条件、假设、因果、目的等不同类型的关系，具有较高的表达能力和逻辑深度。

2. 定语从句翻译

在语法结构上，英语中的定语从句可分为两种：限制性定语从句与非限制性定语从句。限制性定语从句通常位于其修饰的先行词后面，用于限定先行词的范围，而非限制性定语从句则是对先行词作进一步说明，但其位置同样位于先行词后面。相比之下，汉语中的定语从句则通常置于修饰的词前面，并且没有限制性大小之分。因此，在翻译过程中，译者需要考虑到两种语言的表达习惯，以避免译文臃肿。这意味着译者在翻译时需要灵活运用语言，确保译文的流畅性和准确性。

（1）前置法。前置法指的是将定语从句放在先行词之前，并用“的”连接两者。这种语法结构适用于简单的限制性定语从句，以及部分描述性非限制性定语从句，但其应用范围相对较窄。通过前置定语从句，可以更清晰地表达句子中的修饰关系，使语言更加简洁明了。例如，在描述一个人时，可以使用前置法来表达其特征或属性，如“那个戴着眼镜的男孩”。“戴着眼镜的”作为一个定语从句，修饰了先行词“男孩”，用于描述他的外貌特征。前置法的使用使句子结构更加紧凑，语义更加准确。

（2）后置法。后置法是将定语从句置于先行词之后，翻译为并列分句。这种语法结构适用于复杂的定语从句，允许定语从句的重复和省略关系代词，有时甚至可以独立成句。后置法的灵活运用可以使句子更具变化和表现力。例如，在描述一个情境时，可以使用后置法来增加细节或补充信息，如“她买了一本书，书的封面是红色的”。在这个句子中，“书的封面是红色的”作为一个后置定语从句，进一步说明了“一本书”的特征。后置法的使用使句子更加丰富多彩，语言更加生动。

（3）融合法。融合法是一种翻译技巧，适用于合并主句和定语从句，将它们构成一个简洁的句子。特别是在翻译限制性定语从句时，尤其是那些带有“there be”结构的句子。通过这种方法，译者能够更有效地传达原文的含义，同时保持句子简洁清晰。

（4）状译法。状译法适用于部分英语定语从句并非修饰先行词，而是主句的谓语或整个句子的情况。这些定语从句在逻辑上起到状语的作用，用来表达原因、结果、目的、让步、假设等关系。译者需要根据逻辑关系将这些定语从句译为相应的状语从句，以更清晰地传达原文的逻辑关系，让读者更容易理解句子的含义。

由此可见，语言的表达具有一定的灵活性，因此在翻译定语从句时，译者需要根据原文的文体、内容以及上下文来灵活处理。在重组句子结构的过程中，译者需要确保译文与原文的信息达到概念等值，同时使读者对译文的反应与原文一致。这意味着译者不仅需要准确理解原文的含义，还需要在翻译过程中保持与原文相近的表达风格和语气。通过这样的处理，译文才能够准确地传达原文的意思，并且让读者产生与阅读原文相似的体验。

3. 状语从句翻译

英语中的状语从句可以表示时间、地点、原因、条件、让步、方式、比较、目的和结果等不同的意义。这些不同意义的状语从句由各自的从属连词引导。一般来说，英语中的状语从句通常位于主语、谓语、宾语之后的状语位置，但有时也会出现在句首以增强语气或强调。相比之下，汉语中的状语位置相对固定，通常在主谓之间，有时在主语之前以强调其重要性。在将英语状语从句翻译成汉语时，应该遵循汉语的表达习惯，适当调整语序，以保持句子的自然流畅，不要过度受制于原文结构，而是应根据汉语的特点和表达习惯来灵活处理。

（二）英语句式翻译的技巧

在了解掌握了汉译英中词（组）的翻译方法之后，就要应对句子的翻译。要将汉语句子译成通顺、地道的英语句子，译者也往往需要采用适当的句子翻译技巧和方法，以妥善处理不同类型的句子，这些技巧和方法主要包括合句法、分句法和变序法等。

1. 将汉语复句紧凑翻译的合句法技巧

汉语的句子或分句之间的关联主要依赖于语义逻辑，其语法逻辑关系则相对模糊，句子结构在形式上较为松散。因此，在将汉语句子翻译成英语时，首先需剖析汉语复句中各句子或分句之间的内在逻辑关系，明确主句与分句，进而运用介词短语、从句等手段，将其译为地道的英语句子。

例 1：在保险期限内，被保险人应采取一切合理的预防措施，包括认真考虑并付诸实施本公司代表提出的合理的建议。由此产生的一切费用，均由被保险人承担。

译文：During the period of this insurance，the Insured shall at his own expense take all reasonable precautions，including paying sufficient attention to and putting into practice the reasonable recommendations of the Company.

第二个汉语句子在译成英语时作为一个介词短语融入了第一句中，这种处理使英语句子的译文更加简明扼要。

例 2：地处人民广场的上海大剧院以其独有的建筑风格成为上海市的标志性建筑。它的存在使人民广场成为这座城市的政治和文化中心。

译文：With its unique style, the Shanghai Grand Theatre located at the Peopled Square has become a representative building in Shanghai，whose existence renders the People's Square the city's center of politics and culture.

英语译句中使用非限制性定语从句，把两个汉语句子合并为一句，使结构紧凑。

例 3：人的一生有多少意义，这有怎样的衡量标准吗？

译文：Is there any standard to evaluate the meaning of a person's life？

此例中的汉语复句由两个分句松散地联合而成。翻译时只要稍加解析就不难发现，这里“衡量标准”即指“衡量人一生有多少意义”的标准。故译成英语时用合句法把第一汉语句译成动词不定式短语，作后置定语修饰“standard”，从而把两句并列关系的汉语句译成一句“偏正关系”的英语简单句，使结构紧凑，重点突出。

由此可见，译者的英语水平越高，就越有可能自如地通过介词短语、动词的非谓语形式（包括独立主格结构）、从句以及插入语等手段，把连接关系相当松散的汉语复句，译成语法逻辑关系清晰、结构层次分明的英语句式。这样既符合英语的表达习惯，又能有效表达句子的含义。

2. 将汉语长句有机拆译的分句法技巧

汉语的句子只要意思连贯，其形式往往呈松散铺排，并无太多语法逻辑的拘泥。汉语句子可以很长，且一个复句中有时可能有多个主语。与此反之，英语则是结构分明、逻辑性很强的一种语言。有鉴于此，译者有时会发觉难以把一个汉语长句的全部内容浓缩于一个英语句中。此时，译者需根据汉语原文的内在逻辑关系，对整个汉语长句进行划分，有机拆开，予以分译，译成两句或两句以上的英语复句。这种翻译方法就是“分句法”。

3. 按汉英表达顺序灵活翻译的变序法技巧

汉语与英语的表达顺序不同。汉语中各分句的先后顺序往往是按照事件发生的时间先后、或先因后果、或先条件后结果、或先事实后结论等顺序来排列。与此反之，英语句子的排列顺序则相对要灵活得多。所以汉译英时，可按实际情况，或出于某种修辞手段之目的，有意识地改变原句中部分语法结构的语序，乃至全句和各分句之间的语序，以灵活表达原句之意，达到符合英语表述习惯之目的。“变序法”一般有下列情况。

（1）时间、地点、方式等状语的变序。汉语中往往把表示时间、地点、方式等的状语前置：而英语中状语的位置相对比较灵活，状语的位置可前可后。所以在进行汉译英时，常常需要使用“变序法”。

（2）句子语态转换时的变序。“变序法”还常常涉及句子语态转换问题。众所周知，汉语中被动语态的使用频率不是很高，因为汉语常使用主动句式来表达被动含义。较之于汉语，英语中被动语态的使用频率就高得多，因为欧美人习惯于使用被动句式以示客观。在科研论文写作中情况更是如此。此外，在不少情况下，汉语语法允许汉语句式为无主句。然而，译者在翻译汉语无主句时，一般可适当地补充句子主语，或可将句子译成被动句。

总而言之，由于汉语和英语在语法和表达习惯方面存在差异，所以译者在把汉语词语译成符合英语语法，以及表述习惯的英语译文时，需要使用增词法、省略法、具体法、抽象法、词性转化法、视角转换法、结构调整法、归化法以及加注法等翻译技巧。在把句子和文章译成英语时，需要合理使用合句法、分句法、变序法等技巧，灵活处理句子结构，使句子表达更符合欧美人的说话习惯，同时使句子逻辑清晰严密，突出主题思想。译者唯有掌握了上述技巧，凭借着良好的英语语言基础包括句法和语法的概念，再加上丰富的英语词汇量，才能自如地进行难度较高的汉译英翻译活动。

三、英语语篇翻译教学

英语语篇翻译教学：句子作为语法解析的适宜单位，在实际语言运用中，语言的基本构成单位应为语篇。由句子组合而成的语篇，是人们运用语言符号展开交往的意义载体，其长度可长可短。一部长篇小说可视作一个语篇，同样，一个句子、短语，甚至一个词汇，也能构建起一个语篇。因此，译者对语篇翻译的把握至关重要。

语篇作为高于句子的语言层次，是具备特定交际功能的语言单位，同时是语言结构和翻译的最大载体。语篇可以表现为对话形式，也可以是独白；可以是众人随意交谈的场合。然而，需注意的是，语篇并非必定呈现为长篇大论，只要能表达完整意义，一个词汇亦可视为一个语篇。

（一）英汉语篇结构

语篇结构是一种特定文化中的约定俗成方式，代表了文化因素在语言运用中的长期积淀。这种结构由段落组成，每个段落又由句子构成，要求内容一致、意义连贯。与孤立的句子不同，语篇是一个语义整体，其内部各部分之间存在着粘连性，包括连接、替代、省略和照应等手段。通常，整个语篇有首有尾，各句段反映的概念或命题呈现出连续性。每个句子都承前启后，句与句、段与段的排列一般符合逻辑顺序，从而构成了一个完整的语篇结构。

1. 英语语篇的结构

英语语篇一般是由几个相互关联的段落组成的，每一段落阐述一个要点。文章结构具有系统性、严密性的特点。一篇结构完整、脉络清晰的文章应具有三个主要的组成部分：引言段、正文和结尾段。

（1）引言段。引言段位于文章的开头，其最基本的作用是引导读者阅读文章的其余部分。引言在全篇文章中所占的比例较小，用于说明文章讨论的是哪些问题，将要谈哪些问题等。引言部分通常包含两部分：概括性陈述和主题陈述。概括性陈述旨在引出文章主题，简要提供相关背景信息，以引起读者关注，方便读者了解文章论题的来源，并对文章的意图和价值产生兴趣。主题陈述则类似于段落的主题句，明确文章主题。它涵盖了正文中具体论述扩充的内容，同时表达了作者的态度、意见和观点。相较于段落主题句，主题陈述更具深度和广度，传达文章的核心思想，并可能揭示全文的组织构思方式。主题陈述通常位于引言部分的末尾。

（2）正文。正文是文章的核心部分，其承载着作者的主张和论证。在引言段明确了主题之后，正文就负责深入探讨这个主题，并通过选取相关的细节和事实来进行论证和解释。每一段正文都围绕着引言段提出的主题展开论述，逐一阐述此主题，以达到对主题的全面论证。正文的内容通常包括对相关背景知识的介绍、具体案例的分析、相关数据的引用等，通过这些方式来支撑作者的观点，使读者能够更好地理解作者的论证思路，并最终被说服。

（3）结尾段。结尾段位于文章的末尾，是整篇文章不可缺少的组成部分，是要点总结。它总结归纳文章正文阐述的观点，并重申主题，与引言段首尾呼应。由于这是作者展示论点的最后机会，所以结尾段应该警策有力而又耐人寻味。

总而言之，英语语篇思维模式以其先总结后细节、先抽象后具体、先综合后解析的特点而著称。在英语写作中，作者常直接陈述论点，然后逐层展开，强调组织和理性。句子结构通常紧密有机，逻辑清晰。文章的结构常常是由一个明确的中心思想或主题引领，随后通过具体例子或详细解释来支持和论证。这种顺序使读者能够在理解总体概念之后，逐步深入了解细节，从而更好地理解作者的观点和论证。

2. 汉语语篇的结构

汉语语篇思维模式既有英语思维模式的特点，又有自身独特之处。与英语不同的是，汉语写作更加灵活，论点的提出常取决于文章的结构和性质。在汉语文章中，可以根据内容和论证方式在恰当的位置提出论点，这使整个文章更加灵活自如。论点的位置可以分布在文首、文中，甚至文尾等位置，取决于作者的意图和篇章结构。这种灵活性使汉语文章的表达更具变化和多样性，同时增加了读者对内容的理解和接受的可能性。

（二）语篇解析在英语翻译中的应用

语篇解析一词是由哈里斯于 1952 年首次提出的，其影响逐渐蔓延至多个语言学领域。在翻译学中，语篇解析的引入标志着对上下文的更深入理解，从简单的经验提升到了更为系统的理论层面。对于翻译工作者而言，掌握语篇解析理论可以在翻译过程中提供更为清晰的原文理解和更精准的译文表达。

语篇解析的核心内容涵盖了衔接手段、连贯性以及影响连贯性的因素。对于译者而言，理解和应用这些衔接手段以及保持连贯性至关重要。在句子和句群之间的组织中，遵循话题连贯性和话题展开的规律是必要的。而段落和篇章的连贯性则在很大程度上取决于语内衔接，连贯性被视为首要原则。

翻译工作者在处理衔接与连贯问题时必须确保译文的准确性和流畅性。在英译汉的过程中，译者需要深入理解原文，掌握作者使用的衔接手段，并且灵活地根据英、汉两种语言的差异进行处理。这意味着译者不仅需要准确地传达原文的意思，还需要注意保持译文的连贯性和流畅度，使其在目标语言中自然而又准确地表达原文所要传达的信息。

1. 语篇的衔接

衔接是篇章语言学的重要术语，是语段、语篇的重要特征，也是语篇翻译中的一个重要环节。衔接的优劣，关系到话语题旨或信息是否被读者理解和接受。所谓语篇衔接，就是使用一定的语言手段，使一段话中的各部分在语法或词汇方面有联系，使句与句之间在词法和句法上联系起来。句组中的各个句子之间、句组与句组之间需用不同的衔接手段来体现语篇结构上的黏着性和意义上的连贯性。语篇的衔接手段大体可分为词汇手段、语法手段两大类。

（1）词汇手段。语篇的连贯可以通过词汇衔接手段予以实现。英语词汇衔接关系可分为两类：同现关系和复现关系。此外，运用逻辑连接法也可实现语篇的连贯。

第一，同现关系是语言学中一个重要的概念，指的是词语在语篇中同时出现的倾向性或可能性。当我们阅读一段文字时，常常可以观察到一些词汇之间形成了密切的联系，这种联系就构成了同现关系。例如，当我们说到"thirsty"（口渴）时，往往会联想到"drink"（喝）或者"water"（水）等词语。这种同现关系不仅存在于相关词汇之间，反义词之间也可以构成同现关系，比如"hot"（热）和"cold"（冷）之间的词汇关系。这种同现关系的存在，丰富了语言的表达方式，使语言在表达时更加准确、生动。

第二，复现关系在文本中扮演着重要的角色，它体现在关键词、同义词、近义词、上下义词、概括词等的反复使用上。这种反复使用不仅可以使文本更加连贯，还能够突出文本的主题或者重点。通过使用不同的词汇或词语表达同一个概念，作者可以在文体或风格上展现出独特的特点。丰富多彩的复现关系使得文本更加生动，更具表现力，也更容易引起读者的兴趣与共鸣。

逻辑连接语在句子与句子之间起着桥梁的作用，有助于衔接句子之间的逻辑关系，使整个语篇更加连贯清晰。这些连接语包括表时间关系、因果关系、附加关系、转折对比关系以及位置、方向和地点意义的连接语等。例如，"consequently"（因此）、"because"（因为）、"however"（然而）等词语都是常见的逻辑连接语，它们能够帮助读者更好地理解作者的观点、论证或者叙述。逻辑连接语的运用不仅提升了语言表达的准确性，还能够增强语篇的逻辑性和连贯性，使读者更容易理解作者的意图和观点。

（2）语法手段。句子或句组之间的衔接可以通过语法手段予以实现。其中较为常见的语法手段有以下四个方面。

第一，照应手段。照应即词语与其所指对象之间的密切关系，包括语内照应和语外照应两种形式。在语内照应中，上指和下指是两种常见情况，前者通过替代上文内容，而后者则预指下文，有效地构建语篇的逻辑衔接。这种照应手段不仅在汉语中普遍存在，也是语篇结构和连贯性的重要保障。通过巧妙地运用照应，作者能够实现句子与句子之间、段落与段落之间的自然过渡，使整个文章更为流畅一致。

第二，替代。替代作为一项灵活的语法技巧，在实现表达精准性和语境连贯性方面功不可没。替代主要分为名词性、动词性和分句性替代。通过巧妙运用这些替代手段，作者能够避免过度重复，同时有效地连接上下文，使文章更具可读性。然而，由于在中英文表达中存在一些差异，尤其是在替代的使用频率上。在汉语中，词语重复较为普遍，而英语则更倾向于使用代词，如 so、do 等，以提升表达的简洁性。因此，在进行翻译时，需敏感地注意这两种语言之间的表达习惯差异，力求在保持原意的基础上，使译文更符合目标语言的语言规范和习惯。这样的努力不仅有助于确保翻译的准确性，也能使译文更贴近目标受众的阅读习惯，提升整体的语感和可理解性。

第三，省略。省略在语言表达中扮演着关键角色。它指的是在句子结构中省略某些成分，以保持语境的完整性，突出主要信息，同时避免冗余。省略主要分为名词性、动词性和分句性三种类型，其中，英语中的省略通常随着特定的形态或标记，这有助于减少歧义的产生，提高语言的经济性和表达效率。

第四，连接。通过连接词、副词以及介词等手段，连接实现了句子间的逻辑关系。特别是连接词，它们具有专门的衔接功能，能够明确句子之间的语义关系，从而促进整体语篇的逻辑表达。通过连接，人们能够更清晰地理解句子之间的逻辑联系，使语言表达更为连贯和流畅。

连接成分是构成语篇结构的重要组成部分。这些词语具有明确的语义含义，有助于人们理解句子间的逻辑关系。在英语中，连接词可以分为五种类型：添加、递进、转折、因果、时序，它们常常由简单的连词如 and、but、so、then 等来代表。这些连接词不仅使句子之间的关系更加清晰，也丰富了语言表达的多样性和灵活性。通过合理运用连接成分，可以使语言表达更加精准和生动，为交流提供更好的框架和支持。

2. 语篇的连贯

语篇的连贯性是话语的重要标志，其中语义连贯起着关键作用。衔接的实现可以通过词汇或语法使文脉贯通，但更基于双方共同了解的情景，通过逻辑推理来实现语义的连贯。在翻译过程中，译者需要深入理解句内、句间或段间的关系，以充分表达原作的题旨和功能。句子排列的逻辑违反可能会导致句与句之间语义的不连贯。此外，共有的知识和发句的前提也会对语义的连贯产生影响。对于诗篇而言，其连贯性往往依赖于读者的联想和想象力，因为诗歌的表达往往更加隐喻和抽象，需要读者通过自身的理解来建立语义上的连贯性。因此，无论是翻译还是创作，理解语境和逻辑推理都是确保语义连贯的关键因素。通过细致的分析和深入的理解，译者和作者都能够确保他们的作品在语义上连贯，从而更有效地传达信息和情感。

3. 衔接、连贯的联系

衔接是语篇中存在的语言元素间的语义关联的重要体现，其通过多种手段如照应、省略、替代、连接和词汇衔接等实现语篇的整体成型。这些手段被分为两大类，即语法衔接和词汇衔接，两者共同促使语篇结构更为紧凑，逻辑更为清晰，确保语义的连贯性。

连贯度是衡量篇章整体性的重要标准，它反映了篇章不仅是一系列无关语句的程度，而是一种组织严谨、内在联系紧密的体现。连贯度的评价涵盖了语篇内部意义的相互衔接以及语篇与语境的和谐统一。

衔接是一种客观存在，是语篇外在形式的必然产物，而连贯度则是读者主观感知的体现，其评价会因不同读者而异。衔接的实现必须建立在思维的逻辑性和连贯性基础之上，而连贯度则是实现交际成功的关键保证，构建了语篇无形的网络，潜藏着语义和功能的深层联系。

因此，衔接和连贯度相辅相成，共同构建了一个完整的语篇结构。衔接不仅是语篇形式上的要求，更是语言交际中信息传递的桥梁，而连贯度则是语篇的灵魂，是读者理解和接受的关键。在语篇创作和阅读中，重视衔接和连贯度的培养与提升，对于提高语言表达能力和阅读理解水平具有重要意义。

第二节　大学英语翻译的美学体系构建

一、大学英语翻译美学体系的性质

在当今全球化背景下，大学英语翻译美学体系的研究与实践日益受到广泛关注。作为一门跨学科的领域，英语翻译美学不仅涉及语言学、文学、文化研究等学科，还涵盖哲学、心理学、社会学等多学科知识。下面从不同方面对大学英语翻译美学体系的性质进行深入探讨。

第一，汉语具有较强感性。其文字结构为几何线条型，非回环线圈型，因而无形态发生机制。这是汉字及汉语的基本特征。汉语依托人类基本且奇妙的语言感性，生成并构建语言及意义结构，无须与繁复的形态（形式）程序“丝丝入扣”。汉语的语法范畴基本上是以意义为核心、以词汇为载体的表现系统，让意义“左右逢源”，无须形式或程序增添束缚。汉语文字系统奇妙，每个字具有表意功能，形成以“音—义”为轴心的句法程序，本质上为一个审美认知心理过程。

第二，哲学与美学的关联。中华文化具有显著的整体性（holistic，各民族文化基本统一于汉文化，称为华夏文化）和整合性（integrative，华夏文化为各民族文化与汉文化的有机融合，并未丧失各自特点）。在中国文史哲学中，哲学对“文”“史”的指导作用明显。这既是中华文化、翻译的源泉，也是其根本。

总而言之，应借鉴以“西学为体、中学为用”的经验，坚持以“中国价值”“中国国情”为依据，参考和借鉴优秀成果，构建和发展科学翻译美学，为英语翻译美学体系作出贡献。

二、大学英语翻译美学体系的价值

大学英语翻译美学体系的价值在于其相对性，这也正是人文性的普遍特征，尤其是在涉及文化和美的“价值观”问题上。虽然“翻译审美价值观”常成为研究对象，但各方对此往往各有见解。然而，价值观与价值原则并非等同，后者是指导、规范和约定人们价值观的基本准则，表现为观念形态，而非价值观本身。以金融市场为例，尽管每个人对金融价值都有自身观念，但其行为和价值观念仍需受到相关法规的约束，不能仅以个人心目中的“套现价值”为依据而随心所欲。同样，翻译领域存在特定的价值观和价值原则。就英语翻译美学体系而言，价值原则可概括为“有原则的相对性”，具体表现为目的语文化的适应性和目的语读者的接受程度。

第一，原语的语言形式。原语的语言形式是一项涵盖广泛领域的复杂设计工作。它涉及文字系统的构建、语言形体美的设计以及语音形式和句法结构上的审美考量。在文字系统方面，设计者需要考虑字形的美感与功能性，确保文字在传达信息的同时能呈现出视觉上的美感。语言形体美的设计则涉及字体、排版等方面的考量以及文字与图像的融合，从而营造出整体的视觉效果。此外，语音形式和句法结构的审美设计也是至关重要的，它们影响着语言的节奏和韵律，决定着听觉上的美感体验。在这些方面，设计者需要思考不同的变式和组合，以实现最佳的审美效果。

第二，文化审美观念的复杂性使简单的二元对立模式无法完全解决问题。文化审美观念既具有传承性又具有主体性，因而需要灵活的态度和处理方式。审美原则应该具备灵活机动性，能够根据不同文化背景和审美偏好进行调整。例如，在处理文化符号如“龙”的形象时，设计者可以采用柔性化、亲和化的手法，使其更具吸引力和可接受性。同时，文化审美观念也是可以优化、调节甚至完全转变的，因此设计者需要不断地思考和创新，以适应不断变化的审美趋势和文化需求。通过这样的灵活性和创造性，设计者可以更好地满足不同文化背景下人们的审美需求，实现语言形式的最佳设计效果。

第三，原语的语义内容。翻译的重点在于确保准确传达原文的意义，尤其是在正式文档中，必须避免歧义的出现。然而，由于受文化背景的影响，翻译过程中常常遇到意义理解上的难点，如典故、俗语等。在这种情况下，翻译者需要深入理解语言背后的深层结构，超越字面意义，以确保译文不失原意，不产生误解。这种理解要求翻译者不仅具备扎实的语言能力，还需要对源语言和目标语言所处的文化有着深刻的了解。

第四，对于“意”的把握。在中国哲学和美学中，“意”是一个复杂的审美心理范畴，涵盖了意义、意象、意境等多重层面。深层意蕴在不同文化中常常有着相通之处，比如诗歌中的情致、思绪、情味等。尽管语言表达的方式各有不同，但东西方人都能领会到共通的意象和情感。这表明了“意”在跨文化交流中的重要性，即使在语言描写手法不同的情况下，人们仍能从中感受到共通的美学价值和情感体验。因此，翻译者在处理这些抽象概念时需要敏锐地捕捉其中的情感和内涵，以确保译文传达出原作所蕴含的深刻意义，使读者能够真切地感受到作者所要表达的情感和思想。

在英语中，有许多富有深刻意蕴的句子，比如“Good friends are like stars you don't always see them but you know they are always there”。这些句子常常蕴含着丰富的情感和智慧，引发人们的共鸣与思考。文化差异造成了中国人和西方人对于“实”“虚”的理解和价值观存在着显著差异。这一差异根源于两种文化观念的根源不同：中国观念源于大陆农耕文化，而英语文化观念则源于城邦或岛国文化。这两种不同的根源导致了对于现实与抽象、实际与理想的不同诠释。尽管中西方艺术与观念存在着相通之处，但也常常存在着相悖之处。这种差异使译者在翻译过程中需要考虑审美主体态度、联想和理解，并进行文化要素的挖掘。译者的原则应该相对性，需要进行换位思考，以虚实相对、择善从优的对策思想进行文化阐释和转换。这意味着译者必须在保持原文意境的同时，灵活运用语言和文化的特点，以便更好地传达原作的内涵和情感。

因此，作为一名译者，需要具备敏锐的文化洞察力和跨文化交流能力，以确保译文能够准确、贴切地传达原文的意义和情感。这样的跨文化沟通和理解不仅能够促进不同文化之间的交流与理解，也能够丰富人们对于世界多样性的认识，从而促进文化的交流与发展。

三、大学英汉翻译美学体系的研究

（一）翻译美学体系的研究内容

对翻译美学体系的研究有两种可供选择的方式：其一是从美学理论出发，换言之根据美学理论的系统序列来选择课题，展开研究；其二是从翻译美学的要求出发，同时顾及学习者的翻译经验、理解水平或研究目标来选择美学课题。

1. 翻译的认知

（1）在对中西方美学理论进行全面梳理与分析时，研究者首先需要考虑语言审美及语际转换的审美理论需求。这意味着不仅要深入探讨不同文化背景下的美学观念和理论，还需要关注语言之间的审美差异以及跨文化翻译中的美学问题。例如，中西方文化对美学的理解方式存在差异，而这种差异在翻译实践中常常引发诸多挑战。因此，选择研究课题时，需要考虑如何将语言审美与翻译美学理论有机结合，以更好地理解和解决跨文化翻译中的美学难题。

（2）设立翻译美学旨在以美学为认识论与方法论审视翻译，并将审美理论与翻译实践相结合。这一举措的目的在于构建翻译美学的理论体系，而非将翻译作为一种研究美学的手段。通过将美学观念融入翻译研究的方方面面，可以更深入地探讨翻译活动背后的美学原理和价值取向。同时，将翻译视为一种审美活动，有助于提升翻译实践的艺术性和品质，从而推动翻译研究与实践的发展。

（3）在选择研究课题时，必须根据翻译学的实际需求对美学进行深入探讨。这有助于翻译学研究者理解美学的认识论与方法论意义，并且能够促进翻译学与美学的互相诠释与互补，实现互利共赢的局面。通过将美学理论与翻译实践有机结合，可以为跨文化交流提供更有效的框架和方法，从而促进文化间的理解与交流。因此，在研究课题时，必须注重实际问题的解决与理论的创新，以推动翻译学与美学的发展和融合。

2. 翻译美学基础研究

中西方美学的理论框架被广泛用于构建研究课题，这一方法的优点在于它考虑了美学理论体系的完整性和主体性。这种方法也存在一些缺点，其中最主要的是难以涵盖翻译学基本理论的需求，无法确保翻译基本理论的系统性。特别是，对语言审美的研究可能受到冲击，而语言审美恰恰是翻译美学的核心任务之一。从翻译美学的角度来看，美学的认识论和方法论意义远远重于本体论意义。此外，任何学科对美学的看法都离不开“相关性”的功利观。换言之，学者们往往会舍弃“本”追求“利”，但需要认识到，所得的“利”也是有限的。因此，在探讨翻译美学时，不仅需要考虑各种美学理论的引导，还需要关注其在翻译学基本理论框架内的适用性。这样的综合性考量将有助于建立更为全面和系统的研究视角，为翻译美学的发展提供更为坚实的理论基础。

（二）翻译美学体系的研究方法

翻译美学体系的研究方法是较为重要的，尤其是对初创的学科而言，优秀的方法可以使事半而功倍。翻译美学体系的研究方法主要包含以下四个方面。

1. 审美理论的时效性与先进性

从语言审美切入研究翻译美学有一个“预设条件”，即研究者已经具有相当程度的中西方美学基础知识，而基础知识则是完全可以依靠自学获得的。学习者如果自感眼下美学常识薄弱，也完全可以用两三个月的时间强化阅读，来弥补本身之不足。当然还可以带着问题来选择审美理论自学。如果是全程自学，制订一项计划是很有必要的。关键是理论结合实际，这里的实际主要是指翻译中的语言审美实际。在翻译审美的视角下，翻译过程中可能涉及以下实际译语审美调控问题。

（1）如何评判一个词汇的美与否，有何依据可循，“语感”是否可信。

（2）如何确定此种句式较之另一种句式更为适宜，如在何种场景下被动句式优于主动句式，涉及何种审美问题。

（3）如何展现文章中所蕴含的情感。译文分析未能充分传达原作者的欢愉、喜悦、忧愁、悲愤等情感的失误所在，计划如何重译。

（4）如何确保语言效果，如何判断采用此种语气而非另一种语气翻译某段文字更具成效，如原文使用第一人称描述，译者却改为第二人称描述，背后原因何在。

（5）如何确定译文的翻译风格，翻译风格选择有哪些原则可供参考。

为确保翻译质量，译者须解决此类语言的审美问题，须以跨语言审美为目标，以学以致用的理论学习为核心，筹划研究计划。

2. 相关性与选择性课题分析

针对相关性与选择性课题的分析，相关性与选择性是人们在探讨美学理论时所关注的关键词。其中，相关性指的是与翻译相关的领域，而在美学中涉及翻译的方面颇多，因此需要进行选择。简言之，就是进行比较，并在比较中筛选出对翻译意义重大或较大的理论观点。在筛选过程中，有以下具体原则需要遵循。

（1）类比性与类推性。审美标准与翻译标准的探讨为翻译学提供了丰富的启示。美学理论的基础概念可以在翻译实践中找到共鸣，从而拓展了翻译的认知边界。

（2）启发性。抽象的美学理论对翻译实践具有启发性作用，即使看似难以操作，也能够为翻译工作提供新的思路。美学理论的深度和广度为翻译者提供了一种超越表面意义的思考方式，使他们能够更加深入地理解文本背后的内涵和情感，从而实现更为精准的翻译。

（3）改建功能。深刻的美学理论具有改变人们认知偏见的功能。以中国文论对模仿的态度为例，它促使翻译学重新审视传统观念，并以全新的视角去解读和理解翻译活动的本质。这种认知上的转变不仅丰富了翻译学的研究范畴，也拓展了翻译实践的思维模式和方法论。

（4）适用性强。部分美学理论具有实用性，可以为翻译学提供实践指导和方法借鉴。美学理论的适用性使翻译者能够更加准确地把握翻译活动中的语言、文化和意义之间的关系，从而提高翻译质量和水平。这种理论与实践的结合不仅加深了对翻译本质的理解，也促进了翻译研究的深入发展和创新。

3. 翻译实践中联系翻译审美

在翻译实践中探究翻译美学：从语言审美出发，研究翻译美学相较于直接学习美学理论更为有效，更符合科学规律。翻译的根基在于实践，而翻译学则是建立在对于语际转换实务的理论阐述之上。翻译审美活动作为一种派生性活动，并非原生性活动，而是源于语言审美。翻译之美，实质上是语言审美过程的体现与成果，而非美学理论的组成部分。作为一门研究感性的科学，翻译美学亦然。为培养语言美感，应鼓励学习者深入研究自己钟爱的范文，尤其是双语对照的范文。

4. 落实对描写主义理论的研究

实践被认为是获取真知的途径，是人类不断开放的经验积累过程。在翻译美学中，人们必须直面语言文化的实际现实，并采取务实的态度来探索语言的审美属性，优化语言的形式和规律。描写性语言的优化规律需要经过谨慎地推敲，应当遵循描写主义的原则。在研究过程中，需要强调观察语言审美的普遍性和特殊性，区分常规现象和特殊实例。此外，还应关注文化审美价值观的历时发展和共时发展，意识到这些价值观是随着时间和环境的变化而变化的。对美学理论的权威性和相关性应以历史的、实事求是的态度来看待，不能脱离其历史背景和实际情境。因此，对美学理论的研究和应用需要结合当下的社会文化背景以及对历史演变的深刻理解，才能更好地理解和应用美学原理。

第三节　大学英语翻译语言的审美维度

语言使用与语言审美之间存在着密切的关系。语言审美要求语言使用符合一定的规范，这种规范在语言运用的交汇点上得到体现。自从人类语言进化至非原始形态以来，语言审美便一直存在于人类交流的过程中。在句法生成过程中，语言审美优化经验的认可至关重要。人类语言的审美认证根植于语言的规范之中。句法生成与审美认证之间的关系类似于“骨”与“肉”的关联，缺一不可。句法生成脱离审美优化的指导很可能导致句子的翻译质量不达标。在语言中，意义起着决定性的作用，因此，语言生成与语言审美应该相互关联、相辅相成。语言的美感不仅体现在词语的选择和句子的结构上，更体现在表达的深度和内涵上。只有通过审美的规范，语言才能更好地传达意义，让交流更加有效、精准。因此，审美不仅是语言使用的标准，更是语言生成过程中不可或缺的重要因素。通过与语言审美的相互关联，人们可以更好地塑造和理解语言的表达方式，从而提升交流的质量和深度。

第一，语言审美是学习主线。语言审美贯穿翻译实践的主线。从文字结构、语音结构、词和词句层面，以及语段和篇章层面，甚至到超语言层级，都对汉、英两种语言的美进行了深入的分析。这种分析方法采用了从“实”入手的方式，这样做不仅确保了翻译美学理论的实践性和可操作性，而且为读者提供了一种从感性认知出发、全面理解和鉴赏语言之美的途径，从而有助于塑造个人的语言审美观。在这个过程中，译者的角色至关重要。他们需要精通源语和目的语，同时对美学理论有深入的了解，尤其是美学思想和审美意识。更重要的是，译者必须具备翻译创作的灵感，以便将源语言的美妙表达转化为目的语言的精彩呈现。人的审美领悟始于审美经验，而从语言审美切入则符合美学和翻译学的原理。因此，对于翻译者来说，不仅需要熟悉语言的结构和表达方式，还需要培养自己的审美意识和审美经验，这将有助于他们更好地理解和表达源语言中的美，从而实现更精准、更富有表现力的翻译。

第二，使用不同方法突出重点。语言审美问题具有较高复杂性，往往难以一蹴而就，因此需要采用“曲径通幽”的策略。另外，可以针对不同部分和课题，从多种角度探讨一些关键问题，如翻译领域的“文采论”、审美价值的“文采论”、意象、意境、意蕴以及审美表现中的“择善从优”对策论原则等。在处理这些问题时，采取了分散与集中相结合的方法，循序渐进，层层深入，以便读者更好地把握相关内容。这种做法既符合认知理论的思维规律，也遵循循序渐进的教学原则。针对其他问题（如翻译的接受理论等），采取了集中突破、一气呵成的策略，力求突出重点，加深读者印象。

第三，语言审美与翻译审美的价值需求。语言审美被视为本书的基本特色，同时是翻译美学教学成功的关键所在。其价值被认为是主体需求与客体满足的关系，这种价值具有条件性。审美客体的美需要经过审美主体的观察、了解、体验等才能得以展现其价值。而翻译审美则因审美主体需求的不同而呈现出多样性。这种差异性使翻译审美具有一定的灵活性和开放性，使翻译实践在不同语境中得以发展和实践。

第四，坚持描写主义理论。这种坚持直面翻译和语言现实，提供了思考途径和操作策略。翻译审美的源头可以追溯至语言审美，其体现于审美表现，实践与理论在这一点上形成了统一。然而，现代生活的快速发展使语言现象不断涌现，审美要求和表现方式也随之不断更新。因此，翻译美学理论体系必须是开放的，需要思维的深化和对传统观念的突破，以应对新问题的挑战。只有通过不断地反思和创新，翻译美学才能在不断变化的语言环境中保持活力，并为翻译实践提供更加有益的指导。

第四节　大学英语翻译审美的主客体及再现

一、大学英语翻译审美的主客体

“对于翻译而言，其审美主体有两个方面，即译者和读者。而在具体的翻译实践过程中，审美主体主要是指译者，因为译者是再现原文审美价值的能动因素。一篇译作如何实现美的价值，这不仅与原文这一审美客体的审美构成有直接关系，而且还受到审美主体即译者自身审美功能的影响。只有审美主体与审美客体相互统一、相互作用，翻译才能实现最终的审美效果，才能得到一篇优美的译文。换言之，翻译审美客体的再现必须要以翻译审美主体的审美功能为基本前提”[①]。

（一）英语翻译审美的主体分析

1. 英语翻译审美主体的条件分析

英语翻译审美主体条件，其具有综合意义，指审美主体具备的能力、素养和发展潜势。英语翻译审美要求译者具有一定的语言艺术的经验。艺术气质包括先天和后天两种成分，关键在于后天的培养。在天生的基础上经审美经验培育，培育得越辛勤，品位就越高。

人的审美心理结构是后天建立的，由三个部分组成的：①智力结构；②意志结构；③审美结构。智力结构和意志结构都是理性的；审美结构则是

① 常燕．英语翻译多维视角新探［M］．北京：中国水利水电出版社，2016：155.

经验的、感性的同时是理性的。审美结构中的艺术气质，通常通过三个方面进行加强，即知识和教育、人文环境的熏陶和文化艺术的亲身实践。

审美经验的积累与审美心理框架的确定构成了翻译审美心理，它需要对源源不断的审美信息进行加工，而且还需要将以往的审美判断作为实例提供出来。翻译审美主体的形成，必须以审美经验的积累与审美心理框架的构建作为基础，这样才能形成审美能力的相关依据，才能更好地发挥出各种能力，那些积累起来的审美经验才能够发挥校正、引导和指引的作用。

（1）英语翻译的审美能力。审美能力是指有“才智”“智能”之意。翻译主体有了条件但如果欠缺审美能力，也同样不能投入富有成果的翻译审美活动。

认知能力主要就是智力。人的智力是多重的，不是单一的，主要包括：①语言智力；②空间智力；③音乐智力；④逻辑—数学智力；⑤肢体—运动智力；⑥人际智力；⑦内省智力；⑧适应自然智力。

第一，审美能力的统一性。这种统一性包括人们对于审美对象的记忆、感知、判断、理解以及推理等。基础是足够的审美经验，丰富的相关知识，健全的审美结构，审美以及创造美的效率都会受其直接影响。

第二，审美能力的特殊性。在人的智能结构当中，特殊能力是其中的重要组成部分，其自然基础是脑功能、感官以及神经系统等生理机制，这需要审美者在后天的生活中以及审美实践当中，经过不断的训练、汲取和学习才能积累和形成，这是接受审美信息、传导审美信息、储存审美信息、处理审美信息、加工审美信息、转换审美信息以及再生审美信息的一种能力。

第三，审美能力的表现。审美能力有一种直接的表现形式，那就是审美鉴赏力，也就是审美主体对于审美的敏锐性，对于情感活动的能动性，还有对于审美的判断、理解以及分析的精确性。具有较高审美鉴赏力的人能够深刻、迅速而完整地把握好审美对象的特质，并且对这些物质进行精准的解释与描写。培养审美能力的同时能够打造较好的艺术气质。

（2）英语翻译的审美感应力。人们对于语言的理解能力直接受到语言感应能力的影响。在对文字进行翻译的过程中，感应审美信息的能力是至关重要的。所以“语感”也被视作“语言直觉”。翻译审美主体所具有的审美感应力包含以下三个方面。

第一，对目的语中语意，进行“优化表现”，需要敏感性和追求，操控自如。

第二，对原语文本中的审美信息的理解能力，包括语义信息解码及审美解释能力，以及后续掌握能力，因此语感的基础是对意义的准确把握，没有准确把握意义时的语感有可能并不符合语言符号的所指。

第三，语言审美感应力是审美态度的初始性心理活动的启动者与审美感性的持续驱动者。翻译审美中所涉及的语言感应力实际上就是与语言审美相关的一种自觉性；翻译审美的对象就是原文文本。审美主体的态度会因为审美的直觉性而激活，并且当审美主体的审美进入理智层面时，也会受到直觉的驱动。语感对翻译审美的意义被忽视的原因是人们审美态度。态度决定了翻译的好坏。

（3）英语翻译的审美想象力。译者必须具备的审美条件是审美想象力。艺术创造都离不开在虚拟中的把握，超脱现实框架制约的现象呈现或意象构建。审美想象力来源是天赋予审美经验。尤其是审美经验，经验需要积累。想象在翻译中的作用具体如下：①根据原语文本描述，使读者在脑海中“描绘出”文字特定的场景、画面、情节、过程、事件、人物等；②根据原语文本作者的呈现，使读者在判断中“识辨出”语言文化特征，特别是能分析辨别出原作者与译者之间的文化差异，以利表现；③根据原语文本描述使读者在思维中“领悟出”文字的意义，包括潜在含义；④根据原作者的思路与想象，进行翻译想象。但这种想象是相对的、有选择的，译者不可能不受到语言文化差异的影响。

联想是人类想象力的基本表现形式，其根基植于记忆之中，激发着思维的丰富联想。然而，联想并不是一种无序的思维活动，而是具备着明确的路径和规律。它起始于感知，通过一系列特定的形式展开，如对比、类比、关联、推导以及模拟等，逐步引导着思维的流向。在翻译领域，联想扮演着重要的角色，它加速了理解过程，为译者提供了宝贵的助推作用。译者需娴熟掌握各种联想形式，尤其是在拓展可译性方面更是如此，这将为翻译工作注入新的灵感与启示。

联想的魅力不仅体现在思维的延展上，还具备着浓郁的艺术感染力。在艺术创作中，联想能够以其独特的方式完形形象，取代诗人、作家、画家的笔，为艺术形象赋予更加丰富的内涵和更多的魅力。通过联想，艺术作品得以呈现出更为丰富多彩的面貌，引领观者进入一个充满想象和探索的世界。因此，联想不仅是一种思维方式，还是一种源源不断的艺术灵感之源，它激发着人们对于世界的独特理解和创造力的无限追求。

（4）英语翻译的审美创造能力。审美创造能力是审美主体非常重要的一种能力。审美原创是审美活动的最终目的，审美原创能力的来源具体如下。

第一，审美态度中的情感、情志及情致的激发。由于有了审美经验的推动，审美体验的激发，审美主体会与客体进行对话，将自身所获得的艺术意象以及内涵加以聚集，当累积到一定程度，主体与客体的对象就会产生相应的结果。

第二，审美客体对主体的激发。要想激发出审美主体自身的审美意识，调动起情感的波动，引发审美的积极态度，审美客体的促进作用必不可少。

第三，审美主体的想象能力，实际上正是客体对主体的激发在后者身上产生的反应。审美主体的创作实施过程可以分为四个阶段：①虚静观览，这是对审美客体的一种观察和审视，其目的是促进审美的完成，是对审美对象的一种直观凝注，从翻译的角度来看就是对原文进行认真的阅读与理解；②主客互动，从翻译的角度来看就是针对原文来不断提出问题，解决问题；③意象形成，对形成的翻译初稿进行反复推敲；④艺术再现，就是对译文不断进行优化。

（5）英语翻译审美理解力。翻译学中的“理解”，把“意义把握”分为：基础层级、中介层级、综合层级。语言哲学上的“意义把握”指“语言符号的全部所指”，包括上下文可能赋予的暗含意义、引申意义和联想意义。翻译美学上的意义把握就是根据语言哲学上的这个意思。

第一，基础层级。文本理解是指把握了语言结构所承载的全部意义，常指词、句、段及整个篇章的字面意义。

第二，中介层级。超文本理解是指把握了文本语言结构及超语言结构（超文本）所承载的全部意义和意蕴。

第三，综合层级。审美理解是指整体把握了语言结构、超语言结构及文本审美结构共三个层级的全部意义（包括叙述的逻辑性）。

翻译的理解必须达到第三阶段，通透地把握了原语，可以进入翻译的过程。审美理解属于“整体理解”，所以是一种高层级的理解。与认知理解相比，审美理解具有特殊性，两者并不相同，理性与感性结合在一起才能构成审美理解，而认知理解只需要把握其逻辑性，领悟其理念。审美理解是审美主体对艺术的一种领悟，是对艺术的一种认知。

（6）英语翻译审美情感操控能力。审美的情感操控能力是艺术家所特有的审美情感，审美情感具有以下特点。

第一，审美心理的其中一种形式就是审美情感，这种情感是经过了长期的社会实践以及审美实践所产生的，是大脑特有的功能。

第二，审美主体与审美客体之间以及审美的内蕴与外感之间都会产生相互的作用，在此基础上审美实践的效果与目的会被统一起来，并且与人的理智以及道德交织在一起，建立起相互推动和制约的关系。审美情感是自发存在的，也具有自控性，还能进行转换，可以对审美对象产生作用，并且对审美对象的情感产生影响，同时能对他人产生作用，引发审美主体之间的情感共鸣。

第三，审情感情具有一定的审美价值以及效用。审美情感需要有一定的客观基础，那就是审美主体的需要以及审美对象所具备的审美物质之间的价值以及效用关系，这同样也是实践活动与现实需要之间的价值和效用关系：审美主体特有的自我意识会因审美对象的作用而被激发出来，然后对其价值进行评估，审美主体因此而产生情感方面的体验以及相应的情感表现。

第四，审美情感操控能力具有多种层次，多个维度，情感类型丰富多样，这些情感类型的层次还有着不同的深度与强度。由于有了情感层次的各种变化，人的情感色彩也变得更加丰富多样，也更加复杂，所以人类所创造的艺术品才会显得精彩纷呈，而且不会重复。

第五，审美情感操控能力具有全程性。审美情感处于直觉阶段时，就已经有了情感的融入，随后的想象以及理解阶段同时有情感的注入，这是开展审美活动最大的推动力，也使审美主体的个人意识变得更具多面性。当审美活动进入终端阶段时，情感就表现出了更强的定型功能。

2. 英语翻译审美主体的主要特征

翻译审美主体的完成品是“翻译”。作为一项复杂的跨语言文化认知活动，翻译审美主体具有的审美特征主要包含以下四个方面：

（1）敏锐的审美判断。主体在对客体作出判断时，必须与审美的物质相符，分析也要做到客观理性，这是审美判断提出的需求。对语言所进行的审美物质的理性分析实际就是对意义的分析。所以要对意义进行准确的理解，才能形成较为准确的语感。只有通过后天的积极努力，才能获得审美判断力，语言相关的审美判断尤其如此，必须进行语言审美和素养的专业培养和训练。只有具备了足够的审美经验，才能拥有敏锐的审美判断，要想对语言美具备足够的感知能力，需要经过异常艰苦的体验和习得。

（2）积极的审美态度。审美活动是人类精神生活的重要组成部分，它关乎个体对美的感知、理解和评价。在审美过程中，审美态度起着至关重要的作用。

（3）开放的审美意识。翻译主体还有一个重要的特征，那就是审美意识，这是一个与心理相关的系统。“意识”是人脑的一种特殊机能，这种“特殊物质”是高度发展的。从哲学的角度而言，“意识”同思维属于相同的范畴。按照心理学的概念，“意识”是一种自觉的特殊心理活动，其中包括情感、思想以及意志。“审美意识系统”还分为三个子系统，这三个子系统能够显示出审美取向，包括：①“知”，这是一种认识的过程，从审美意识上来看，可以表现为记忆、联想、想象、感觉、知觉、表象、分析、综合；②“情”，这是一种情感的过程，从审美意识上来看，可以表现为情绪、心境、心态、共鸣、移情、反感等；③“志”，这是一种意志的过程，从审美意识而言，可以表现为使命感、目的感，也是一种毅力与决心。翻译审美的成功与否，是由审美意识系统的功能是否完全发挥决定的。

（4）灵活的审美表现对策。世界上不存在两片完全相同的树叶，文本也都有着各自的表现手法和风格。有的语言淳朴，有的语言清淡，有的语言含蓄，有的语言典雅，有的语言充盈，有的语言明净。人们能够领悟铿锵的声韵之美，也有铺陈的平淡之美，这些美都被称为美的价值类型。在写文章的过程中，作者要懂得变通。在翻译的过程中还要对各种不同文体的文章进行处理。不同文体的文章在相同的审美标准下，存在差异，同中有异。相对于形式而言，文章内容就是目的。只要形式真正地表现了内容，并展现出来就可以说是美的形式，这是最基本的审美表现对策。

汉语这种语言非常感性，译者必须具备足够的审美自觉，也就是审美的自我意识，涉及汉语的翻译活动必须突出这种特殊的审美自觉，体现翻译者的艺术品位与人文气质，增强并提升自已的汉语与其他语言间互译的相应知识及能力。

3. 英语翻译审美主体的差异性

审美主体具有差异性，从艺术的角度出发，表现在一种常规性的差异，这也是事物发展的内部动因。审美主体在个体上存在着很大的差异性，所以审美表现也就会丰富多样。每个人都有着不同的气质，有着不同的能力，所以审美主体也必然存在着不同的个性，各异的气质。正因为每个人都有着不同的气质，所以他们的审美体验、感应以及价值观都各不相同。

（二）英语翻译审美的客体分析

1. 英语翻译审美客体的主要特征

（1）审美感性。这种审美客体属性是最普遍的，审美客体属性是美的外在表现，也叫形象表现性。例如，道德是理性观念的一种，所以道德本身并不具备美的特点，它具有的只是美的内涵，道德并不能通过外在的现象进行美的表达，只有和外在现象统一时，道德才是美的。自然界当中的景物很美，如朝阳，只有将朝阳这一个概念统一到自然界的美当中时，朝阳才是美的。物品的审美性是通过外在来表现的，审美客体属性最重要的表现则是形象表现。

（2）审美感应力与审美召唤能力。审美主体对审美客体的美感抱有期待，以此获得审美满足。这主要源于以下两点原因：第一，审美客体具备审美特质，引人入胜，使主体能够从中映射出自身的审美理想；第二，审美期待具有悬疑性，可能呈现出悲剧化或喜剧化的效果，这两种效果皆为戏剧性的体现，使主体得以获得满足感。

（3）审美价值承载能力。审美客体的本质决定了审美具有价值承载力，它能够承载审美价值。如果破坏了语言文学作品的内容，作品就失去了艺术价值。

（4）审美客体的美可以比较，但不可以量化。审美客体的美，尽管属于同一形态、同一类型，也是不可以量化的。一般而言，无论文体、题材，值得翻译的文本都可能成为审美客体。但是翻译的审美客体情况比较复杂，要求全面考察，翻译美学的两个审美客体：①原语具有审美价值的文本；②译语具有审美价值的文本。为了对文本意义中的审美价值进行准确把握，翻译者需要完整地审视原文作者，对作者的其他作品进行了解。

翻译者很有可能需要对以下审美客体进行一定的审美审视：原语具有审美价值的文本、互文参照、人文参照、社会历史参照、译语具有审美价值的文本等方面，对互文参照、人文参照、社会历史参照、译语进行审视的目的是全面地观察原文的审美信息。

2. 英汉翻译审美客体的结构分析

原文文本是审美的客体，任何一个原文文本都有相同的内在结构体系：逻辑关联、审美信息、语音文字结构。其中，审美客体的整个基础构架是语音文字结构，内容的实体结构是语义结构，语义结构能够带来语言美。语言美的哲学依据则是逻辑结构，文本需要具备逻辑规范。审美模块是翻译审美所要关注的重心，翻译审美对翻译操作的整体观进行提倡，不仅要顾及修辞的表面，还要考虑语言的结构和意义、逻辑等，也就是唯美派。

3. 英语翻译审美客体的具体作用

考察审美客体的不同功能时，要依据文本的不同语言体式和文体形式等因素。审美客体在进入翻译审美的审视范围之内时，主要作用包含以下四个方面。

（1）信息提供。这种信息可以涵盖各种事件、数据等内容，如新闻报道、公文等。其中，语言的美感在信息提供过程中起着普遍存在的作用，语言的风格和文体类别并没有明确的界限。审美主体与客体之间存在着对立统一的关系，审美活动需要仔细斟酌语言和词句的选择。这种审美活动既是主观的，又是客观的，通过语言的精准运用，文本信息能够更加生动、更吸引人。

（2）外貌描写。在中国文学中，对外部特征的描写一直是审美的重要特征。传统上，中国文学偏重于对外在形象和动作的描绘，而忽视了人物内在心理活动的呈现。然而，在翻译过程中，需要突破这种局限，注重内外双向描写，准确把握审美对象的特征。通过对内在心理和外在形象的双向描写，翻译可以更加贴近原作的审美意图，使目标读者能够全面理解并感受原文所表达的美感和情感。因此，在翻译过程中，对于文学作品尤其重要，需要细致揣摩原文，以确保翻译结果既准确又能够传达原作的审美内涵。

（3）观念剖析。观念剖析作用的文本大都是议论文，议论文的魅力在于其能够以严密的逻辑和确凿的论据，使人信服于真理之中。因此，语言的运用具有高度的解析力和说服力，感性表现可以对此加以强调。于是，审美焦点就变成了有利的用词和有气势的文句。

（4）启发感悟。“情”是感悟，启发表达为理念上的以及理性的感慨手段。审美主体如果有深厚的感悟，就会抒发情怀，往往能高屋建瓴，仿佛在与民族和历史人类进行对话。

4. 英语翻译审美客体的形态构建

一方面，物态审美客体。物态的审美客体包括：①进入人的审美观的自然景象与景物；②统称为“形式”的各种存在（如有美感的圆形、方形、线条、色彩、声音、节奏、气味、质地等）；③人体美学，特指人的面容、体型等。另一方面，审美化精神活动成果。这类客体包含艺术创作、文艺活动等，除此之外，人的高级精神表现也包括在内。翻译审美的客体——文本属于审美化精神活动成果。主体审美对象就是审美客体，审美主体的规定性也在这个客体当中体现出来，这个基本属性是所有审美客体都具备的属性。

5. 英语翻译审美的转换障碍探究

审美转换障碍是一项复杂的领域，涉及语际审美中的跨语言文化审美转换问题。语言所传达的审美信息涵盖了多个维度，包括“音、形、意、情、景、色、象、境”等八个方面，同时涉及语法形态和语法手段的表意问题。翻译美学在解决这一问题时往往无法提供硬性答案。因此，语言审美的跨文化转换障碍成为一个值得多方面研究的课题。

在理论层面，研究者们探讨着多种问题。首先是意义（意蕴）的跨文化转换条件及障碍，翻译实践中存在着多种应对策略，但并非总能完美解决。其次是比较审美价值观的研究，探讨不同文化之间审美标准的异同。同时，有关英汉审美情感的比较研究也备受关注，这些研究从价值观的角度广泛对比了英汉审美情感的差异与共通之处。最后，研究者们还关注着形式上表现翻译审美客体的方式，试图从形式和结构上寻求更好的翻译途径。

二、大学英语翻译中的审美再现

（一）大学英语翻译中审美再现的过程

翻译审美的创作实施过程可以分为四个阶段：①虚静观览，以审美为目标对客体的观察，对翻译而言就是潜心的阅读理解过程；②主客互动，对翻译而言表现为不断就原文提出疑难问题、解决疑难问题；③意象成形，反复推敲形成的译文初稿；④艺术再现，对翻译而言就是提出优化的译文。在英语翻译中，审美再现的目标是实现跨语言文化的审美传达。翻译审美表现的终极目标在于竭尽全力，以译语忠实再现原语之美。翻译美学致力于在译语中选择最优表达，以实现优美的审美呈现。

在英语中，“审美表现”与“审美表象”均译为“aesthetic representation”，但在汉语中，这两个词汇却承载着不同的含义。因此，“aesthetic representation”最贴切的汉语翻译是“审美再现”，这一术语强调了双语之间的表达转换及其结果。而“表象”一词源自哲学术语，它基于感知形成感性形象，即“审美表象”，在英文中被解释为“image vividly retained in memory”。表象可被视为审美心理活动中的一种过渡形式，从“意象或形象保存”到“意象或形象再现”，这一过程被称为“艺术再现”。审美再现则被视为主体审美观赏的终端，它始于头脑中的审美表象，并最终呈现为语言中的审美再现。无论采用何种翻译方式，最终都指向了审美表现这一概念，将主体的审美体验在语言或其他形式中加以表达和再现。审美表现承载了双语文化之间的交流和理解，它是审美经验的延伸，也是跨文化审美对话的桥梁。

（二）大学英语翻译中审美再现的策略

1. 英语翻译中的英语审美表现法

英语流通使用版图极为广阔，文化沉积相当深厚，审美价值标准与汉语的标准不尽相同。英汉同样是具有悠久历史的两种语言，存在差异的基本原因如下：

（1）“字”的字体结构方面。构成语言的基础单位是字，而且在英汉文化中，字体结构上的差异也非常大。虽然汉语的字和英语中的 word 都是字的含义，表示的功能也一致，但是两者地位却有着较大差异。从语言美的构建和生成角度而言，汉字作用是英语的 word 所不能比拟的。汉语中的字无论是在构造形态上，还是在结构美态上，都比 word 要具有优势，更容易形成对称美和对仗美。而且汉字本身具有非常独特的意象美，而英语的 word 仅仅是一个符号代码而已，是自然形成的一种约定。

（2）英汉文字的产生都经历了一个非常漫长的时期，其文化传统也都有着非常显著的差异，特别是历经各个时期语言美的沉淀和打造，虽然在表现手法上有所差异，但这两种语言都各具特色、各有魅力。这也就在翻译中出现了新的技巧即对策论思想，这种思想立足于英、汉两种语言各自的特色，从而体现出它们各自的魅力和审美意识。

英语语言美的形态有三个结构层次的表现，而且各个层次的表现方法各有不同，一般而言，词语级体现在第一个层面上；句法级体现在第二个层面上；语篇级体现在第三个层面上。对英语的审美表现手法，都是从这三个层面出发的。对这三个层面进行审美方法的研究和探索，对于翻译审美水平的提升具有重要的推动意义。

2. 英语翻译中的汉语审美表现法

中国文章对表现手法的运用非常重视，一些章法和观念沿用至今，其操作性和生命力都非常强大，这是中国数千年文化和审美意识的聚集，更是数千年文学创作中审美经验的传承和发扬。中国文章中采用的表现手法可以总结为七个模式，具体包括以下内容。

（1）立意。即明确创作的思想，厘清思路，这是创作的基础任务。而对于翻译工作而言，就需要先对原著的思想和意义进行整体把握，甚至是超文本的内涵也要有一定把握。除此之外，翻译的立意应当充分体现原著的核心意义与主题。在翻译之前，译者需对原著内容进行深入的理解和掌握。倘若译者无法准确把握原著的中心思想，那么便无法将这种主旨精神传达给读者，从而导致读者阅读后感到困惑。当然，译者不仅需理解原著的意义，还需领会作者的创作意图，同时对文章的逻辑思路进行梳理，从而有可能以目的语言的表达方式和思维习惯进行创作与翻译。

（2）辨体。体在汉语中主要是体裁的意思，而在英语中一般是指语言形式。在进行翻译之前要明确好两个问题：一是原著的功能、类别和等级均是什么，并确定好体裁是议论文或是叙述文，相较而言，议论文更为正式和严谨，至于其他文体就更容易区别了；二是明确原著体裁，翻译过程中不能忽略原著的这一项本质特点。

（3）谋篇。谋篇是要对句段进行结构性创作，保证文章的整体布局和组织结构都符合要求。译者若是发现原著中组织程序有所偏差的话，也可以进行恰当补充、删减或者修改等，使文章整体布局更为合理。英汉文化差异导致文章结构会出现结构形态差异，在翻译过程中没必要全部按照中国化的思维进行，最主要是把握一个度，让整体结构维持在一个平衡的状态。

（4）蕴意。蕴意要求对文章的含义进行深化和升华，使文章整体上更具可读性，避免过于粗俗，并对原著所创造的意境进行拓展和深化。文艺题材的文章，其本质就是意象的创作，但意境有时也会有所缺失。意境需要结合各种意象，从而达到一种艺术境界的体现，所以需要译者在翻译过程中对原著意境进行深入和细致的体会，这样才能在翻译过程中有所突破和创新，才能创造出有思想、有内涵的译文。

（5）炼字。用词是创作中最基础和前提的工序。在词语上要做到三个标准，即精、美和准。而在此基础上进行扩充的话，就是炼句，也就是要可以从句中看出中心思想来，看出意境来。若意境无法确定，那么用的句子也肯定会出现问题，从而造成语法结构上的错误和偏差。

（6）改疵。改疵主要是对文章中的错误和偏差进行修改和完善。翻译过程中，错误和偏差是不可避免的，因此这步工作也不能忽视。从翻译角度而言，这一步工作的主要目的是确定译文和原文的语义要一致，并要遵循的准则是：①文章用词要精练，一目了然；②表达要通俗自然；③要生动有趣。

（7）定格。定格就是风格、气韵和风味等，是文章所体现出来的功能和类别的不同，要求在翻译时坚持实事求是的原则。

第五章　大学英语翻译教学的方法创新

随着全球化日益增加，大学英语翻译教学已成为培养具有国际竞争力的人才的重要途径。然而，传统的翻译教学方法已无法满足新时代的需求，亟待进行创新。本章重点围绕英语翻译教学中语块教学法的运用、案例教学法视域下的大学英语翻译教学、逆向思维在大学英语翻译教学中的运用、任务型教学法在大学英语翻译教学中的运用、英汉对比视角下的大学英语翻译教学创新展开论述。

第一节　英语翻译教学中语块教学法的运用

随着英语教学的普遍和发展，人们发现有些单词组合起来会是一个固定的组块，并且通过语块这个比单词要大的单位，更利于学生的记忆和应用，这种通过固定组块的教学方法就是语块教学法。语块主要包括最简单的单词和短语、搭配词（人们在交谈中常用的单词组合）、交际口语和俚语、固定句式等。“充分结合语块教学模式，带领学生在翻译中，积极结合文化背景，开展系统化的语块教学培训，对于高校未来英语翻译教学质量提升可以发挥重要作用”①。

一、英语翻译教学中语块教学法的意义

第一，便于学生理解和接受英语学习。有很多学生在学习英语的时候会

① 许敏．大学英语翻译教学中应用语块教学的策略［J］．吉林省教育学院学报，2023，39（9）：116.

觉得很别扭，这是因为英语的学习与我们的母语有很大的差别。例如，说母语中人们的姓名就是姓氏加上名字，可是在英语中，人名却是名字加上姓氏，如果学生对于英语文化了解不全面，就会产生翻译错误。应用语块教学法还可以给学生提供完整的材料，更有助于他们理解和接受。根据语块，学生可以更快地分析好句子结构，也能很好地联系上下文，厘清整个句子甚至是整篇文章的思路，在做题的时候就会更简便快捷。如果将语块教学法应用到英语听力当中，教会学生使用语块，那么将会帮助学生解决英语听力中连读或者略读时漏听或者听不懂的难题，提高选择速度和听力的正确率。

第二，提高学生学习英语的兴趣。应用语块教学法还可以很好地提高学生学习英语的兴趣。语块学习可将每个句子划分成不同的板块，而这些板块都会有固定的意义，这样一来就会减少学生的单词翻译量，学生没了大量单词的困扰，自然就会提高对英语翻译学习的兴趣。

第三，使学生形成系统性的语言。在教学中，教师应该在确保自身已经掌握了语块教学法的前提下，善于运用这一教学方法，使学生能够理解并接受应用语块学习法。教师在运用语块教学法时，应当注重激发学生的学习兴趣，使其在学习过程中更加主动积极。通过引导学生在翻译实践中灵活应用语块学习法，教师能够培养学生的综合语言运用能力，使其在翻译过程中更加得心应手。教师需要帮助学生养成举一反三的学习习惯。通过教学引导，学生应该学会在掌握了某一语块的基础上，灵活运用类似的语言结构进行推广和拓展，从而实现举一反三的学习效果，这种学习方式有助于学生更好地理解语言规律和逻辑，形成自己的学习策略和方法。此外，在进行英语翻译做题的过程中，学生应当遵循英语本身的逻辑顺序，这对于构建系统性的语言学习方法至关重要。教师的任务就是引导学生在翻译实践中不仅能够熟练应用语块学习法，同时能够将其融入英语逻辑结构中，形成系统性的学习思维。通过这样的教学方法，学生将更加有自信心和能力去面对英语翻译的挑战，也为其将来的语言应用奠定坚实的基础。

第四，提高学生的翻译能力。每一个不同的语块都不再只是单纯的单词、短语、语法或者是短句，而是将它们都结合起来，形成的一个富有独特意义的语块，这样学生翻译起来就不会再那么生涩。此外，如果学生长期接受语块教学法，可以得知，其实每一个语块都会有其固定的意义和固定的结构框架，有时它还具有连接功能。

二、英语翻译教学中语块教学法的运用对策

第一，语块教学法巩固学生基础知识。语块有一定的连接作用，教师运用语块教学法可以帮助学生在翻译过程中更快地连接句子，就会减轻单词的困难度，有助于学生词汇量的积累。

第二，在长句和段落翻译中运用语块教学法。学生在学习过程中常常面临长句和段落翻译这一题型，如果掌握语块法，就能够显著提升学习效果，使其具备组合和拆分长句的能力。当学生能够灵活运用语块法时，对于长句的处理就变得更加游刃有余，同时能够更轻松地应对段落翻译的挑战。教师在运用语块教学法的过程中，应该注重培养学生对这一教学方法的深刻理解。首先，教师需要加强学生对语块教学的理论基础的理解，使其对这一方法的内在机制有着清晰而深入的认识。其次，教师应该引导学生逐步掌握语块学习的技巧，使其在翻译实践中能够熟练地应用各类语块，这样的培训过程有助于学生逐渐形成稳定而高效的语块应用能力。再次，随着学生逐渐掌握了语块学习的基本技巧，教师应该进一步引导学生学习长句的组合和拆分。通过有针对性的练习和指导，学生可以逐渐提高对长句结构的敏感性，使其能够迅速而准确地把握长句的主旨和结构，为翻译的准确性打下坚实的基础。最后，通过逐步引导，学生将能够自信地应对段落翻译。教师在这一过程中不仅需要注重技能的传授，更需要培养学生的独立思考和解决问题的能力。通过这样系统的教学过程，学生的英语翻译能力将会得到全面而持久的提升。

第三，运用语块教学法提升翻译速度。如果教师采用语块教学方法，学生在进行翻译时无需逐字逐句查阅资料，而是将重点放在语块的翻译上。语块通常具有固定的含义，并且简单易于理解。在汉译英的过程中，如果教师采用了语块教学法，学生翻译句子的任务就变得更为简单。因为学生可以直接应用语块并将其嵌入到句子结构中，从而确定句子的基本框架，且只需根据汉语填写相应的单词到这个框架中即可完成翻译，既有助于提高学生的翻译效率，又能够帮助他们建立起更为牢固的语言结构基础。通过培养学生对语块的敏感性和灵活运用能力，语块教学方法能够为学生提供更高效、更系统的翻译技能训练，使其在语言表达和翻译实践中更加游刃有余。

第二节　案例教学法视域下的大学英语翻译教学

“案例教学法是教师在进行英语翻译教学中最常用到的一种教学方法，案例教学法在高校英语翻译教学中的实施能够使翻译教学有条不紊地进行，并且取得令人满意的教学效果”[①]。在这种教学方法之下，教师不仅能够了解到学生对理论知识的掌握程度和对其的实践运用能力，而且能够激发学生的学习热情和积极性，进一步提高学生的思辨能力和英语翻译水平。

传统翻译教学法通常以教师为主导，教师在课堂上系统、详尽地讲解教材内容，传授英语翻译理论、方法、技巧等相关知识。此类教学方法侧重于课本教材，相对而言，案例教学法的优势更为突出。案例教学法通过展示实际案例并深入剖析，使学生受到启发，体验问题解决方法和思路。这些案例多数源自教材之外，旨在提高学生翻译能力的同时，强化学生学习与实际工作之间的联系。在此教学模式下，学生作为课堂主体，能充分发挥主观能动性，实现“身动、心动、神动”的学习成长。

一、案例教学法的主要特征

案例教学法主要通过呈现实际案例并深入研究分析，使学生从中获得启示，领悟问题解决的方法和思路，这些案例材料通常源自教材以外的实际情境，因此不仅能够提高学生的翻译能力，也能够加强学生学习和实际工作之间的联系。在这一教学模式下，学生成为课堂的主体，有更大的空间发挥主体性、主动性和创造性，使得学生在学习、进步和成长中能够实现“身动、心动、神动”的状态。简言之，通过激发学生的主观能动性，使其在学习过程中积极参与，从而实现进步和成长。

（一）教学目的鲜明

教学目标的明确性在英语翻译教学中显得尤为重要。随着社会从工业化向信息化的转型，英语翻译教学的目标变得更加突出。其核心在于塑造学生

① 祝全．案例教学法视域下高校英语翻译教学探讨［J］．现代英语，2022（22）：9.

坚实的英语基础，并逐步提高他们实际运用英语的能力，以适应时代的进步。教学的焦点集中在提升学生分析和解决实际问题的能力上。在此框架下，教师的角色是引导学生分析英文材料的整体结构，并通过翻译清晰地传达关键信息，同时融入个人的见解和思考。英语翻译教学的目标清晰而具体，强调学生在翻译实践中应具备周密的准备、规范的记录技巧和深刻的分析能力，这包括从记忆背诵到写作表达等一系列翻译技能的训练，旨在使学生能够熟练地运用这些技巧。

在翻译活动开始之前，学生必须进行周全的准备，这涉及对语言知识的深入理解和掌握，确保他们能够有效处理复杂的英文材料。教师在此阶段的职责是指导学生对英文材料进行全面的结构逻辑分析，培养学生对信息的敏感度和把握力。学生还需掌握有效记录关键信息的方法，以便在翻译时能快速准确地引用。通过教师的指导，学生将发掘出适合自己的记录系统，从而提升信息处理能力。此外，教师应鼓励学生深入探讨材料的内容、结构和逻辑，通过独立分析来更好地理解和转达信息。这种分析能力的提升不仅有助于学生翻译技能的增长，也锻炼了他们解决实际问题的能力。

（二）学生的主体性特征

在案例教学法的课堂中，学生的主体性得到了充分的展现与强调。相较于传统的教学模式，案例教学法将教师角色转变为课堂的组织者和协调者，凸显了学生在学习过程中的主导地位，教师扮演着引导学生把握正确讨论方向、解决讨论中困难疑惑的角色，以确保课堂讨论能够有序展开。在这一新的教学框架下，学生成为课堂的主体，其在讨论中的参与度和影响力明显提升。学生们通过积极参与讨论，不仅能够深入理解案例中的问题与挑战，还能够从与同学的互动中获取更广泛的观点和见解，这种学习方式不仅培养了学生解决实际问题的能力，更激发了他们内在的创造力。

教师由主导转变为引导，让学生在讨论中主动思考、提出问题，进而寻找解决方案，这种交互式的学习过程使得学生更加积极主动地参与到知识构建中，从而使得他们的学习更加有深度和广度。学生通过对案例的深入研究，逐渐形成独立思考和分析问题的能力，为将来面对各种实际问题时能够更加从容应对奠定了基础。

与此同时，学生在课堂中的主体性表现还体现在他们在解决问题过程中的协作与沟通能力。在案例讨论中，学生们需要相互合作，交流各自的观点和看法，从而形成共识，这种协同学习的模式不仅能够促进学生之间的团队意识，也能够培养他们在团队协作中解决问题的能力。

总而言之，在案例教学法的课堂中，学生的主体性能够得到有力的强调与发展。通过教师的引导与协调，学生在讨论中能够更好地培养解决问题的能力，激发内在的创造力，并且在协作中提升团队合作和沟通技能。以学生为主体的学习模式，为培养具有创新精神和实际问题解决能力的人才奠定了坚实的基础。

（三）明晰的实践性特征

“案例教学法视域下的英语翻译教学过程具有明晰的实践性，无论是教师还是学生都应共同参与到课堂中，对案例本身展开一系列讨论，教师鼓励学生独立思考，发现问题、提出问题、解决问题”[①]。在案例教学法的框架下，教师扮演着引导和激发学生学习兴趣的角色。课堂中，教师通过引入具体案例，激发学生的学习兴趣，引导他们主动参与到案例讨论中。教师不仅传授知识，更注重启发学生思考的过程，鼓励他们提出问题、发现问题，并逐步引导他们解决问题的能力。互动式的教学方式能够促使学生更深层次地理解和运用英语翻译理论。

学生在案例学习中通过对具体案例的分析和讨论，得以深入理解英语翻译的理论和技巧。案例教学法的实践性使得学生在课堂中不再是被动接受知识，而是主动参与问题解决的过程。学生通过案例学习，能够学会如何应用所学的英语翻译理论和技巧，提升实践运用的能力。在解决具体案例中，他们不仅能够巩固所学知识，还能够培养解决实际问题的能力，为将来从事翻译工作奠定坚实的基础。

案例教学法下的英语翻译教学过程注重学生的主动参与和独立思考，有助于培养学生综合运用英语翻译理论和技巧的能力。通过具体案例的讨论和分析，学生不仅能够掌握实际操作的技能，还能够理解背后的理论支撑，这种培养方式不仅能够提高学生的实际操作水平，同时也能够为他们未来在复杂语境中的翻译工作提供有力支持。

---

① 祝全．案例教学法视域下高校英语翻译教学探讨［J］．现代英语，2022（22）：10.

（四）方法的可行性特征

英语翻译教学的有效性在于其方法的可行性特征，这些特征确保了教学内容与实际应用之间的紧密联系。与其他英语相关课程相比，英语翻译对学生的英语应用能力提出了更高的要求。学生不仅要深入理解翻译的理论知识，还要能够在实际情况中准确且熟练地运用这些知识。为了应对这一挑战，学生需要具备跨领域的知识，如金融、贸易、科技和体育等，这为他们提供了一个宽广的知识背景，使他们能够灵活处理不同领域的翻译任务，并为未来的职业生涯奠定坚实的基础。

案例教学法作为一种具有高度可行性的教学策略，已被证明在英语翻译教学中尤为有效。这种方法的特点在于它摒弃了传统的教材依赖，转而使用来自现实生活的案例作为教学材料。通过鼓励学生对案例进行独立研究和分析，案例教学法不仅激发了学生的学习兴趣，还促进了他们在讨论中的积极参与，从而实现了更深层次的学习。这种方法鼓励学生自主探索解决问题的策略，培养了他们的独立思考和分析能力。案例教学法的可行性特征主要体现在以下三个方面。

第一，提升学习动机。通过将实际案例融入教学，学生能够直观地看到知识在现实中的应用，这极大地提高了他们的学习兴趣和积极性，使他们更愿意主动参与到翻译实践中去。

第二，培养实践能力。案例教学法要求学生通过实际操作来解决具体问题，这有助于他们将理论知识转化为实践技能。通过不断的实践和练习，学生的应变能力和问题解决能力得到了显著提升。

第三，营造良好的学习环境。案例教学法强调学生间的讨论和交流，这有助于建立合作学习的氛围。在共同探讨案例的过程中，学生不仅能够学习到他人的经验，还能通过分享自己的观点来加深对问题的理解，这种互动式的学习环境有助于形成积极的学习氛围，并推动整个班级的学习水平提升。

综上所述，案例教学法因其与学科特点的高度契合以及在实践中的可行性，成为英语翻译教学中一种高效的教学方法。它通过激发学生的学习兴趣、提升实际操作能力和促进团队合作，为学生在英语翻译领域的能力提升提供了坚实的支持。

二、案例择取的影响因素

在运用案例教学法进行英语翻译教学时，通常只有优秀的案例才能够在学生中引发启发，从而达到良好的教学效果。然而，在选择案例时，教师需要格外注意，虽然这些案例是从教材之外且与实际生活相关的内容选取的，但也不能脱离教育部规定的教学大纲和目标要求。因此，在案例的选择过程中，教师作为学生的引导者和协助者，应充分发挥引导和协助的作用，需要考虑教学案例是否具备典型性、全面性，是否涉及文化背景盲区以及是否具有趣味性等因素。

（一）案例的典型性与全面性

1. 案例的典型性

在教育实践中，教师对于案例的选择和运用是一个重要的环节，尤其应当注重案例的典型性。案例的典型性指的是案例是否能够代表某一类问题或现象的本质特征，是否能够凸显问题的核心和难点，从而提供给学生一个深入思考和独立分析的机会。

（1）案例的典型性对于实现教学目标具有关键性的作用。典型性的案例能够使学生面临具有挑战性的问题，从而激发他们的独立思考能力。在处理这类案例时，学生需要运用所学的理论知识、方法和技巧，通过深入分析和思考，揭示案例背后的问题和难点。这一过程不仅有助于学生更好地理解和掌握知识，而且能够培养他们的批判性思维和创新能力。

（2）典型性案例的讨论过程需要强调团队合作。通过小组讨论，学生可以从不同的角度出发，共同分析问题，提出解决方案。这种团队协作的过程不仅能够提高学生的沟通能力和协作精神，而且能够促进他们在解决问题时进行深入的思考和分析。这样的学习方式既有助于知识的传播，也有助于学生综合素质的提升。

（3）典型性案例教学有助于学生在实际中锻炼提升思考和解决问题的能力。面对具有挑战性的案例，学生不再满足于表面的了解，而是能够深入挖掘问题的本质，形成独立的见解。这种教学方法有助于培养学生主动思考和解决问题的能力，使他们更好地适应未来工作和生活中的复杂情境。

2. 案例的全面性

当前我国教育事业正致力于培养全面发展型的人才，这意味着教育过程应该贯穿多个领域，包括科技、金融、贸易、体育等多个方面，这种综合性的案例选择不仅有助于学生提升其英语翻译水平，也能够宽展其知识面。教师的任务不仅是传授语言知识，更应该涵盖广泛的实际应用场景。通过选择涉及不同领域的案例，教师可以引导学生更全面地了解和掌握各个领域的专业术语和表达方式。例如，金融方面的案例可能涉及投资、财务报表等专业术语；科技领域则可能涉及新技术、研究成果等内容。多领域的案例选择使学生能够在翻译实践中不断拓展自己的专业词汇和知识体系。学生通过处理来自不同领域的案例，不仅能够提高其专业术语的熟练程度，还能够培养其对于跨学科信息的理解和处理能力。全面性的翻译实践不仅是语言能力的锻炼，更是对学生综合素养的培养。

当学生能够熟练地应对来自多个领域的翻译问题时，他们的英语综合运用能力将得到显著提升，这种综合运用能力不仅表现在语言表达的流利度和准确度上，还涵盖了对不同领域文化背景和特色的敏感性，能够为学生未来的工作实践奠定坚实的知识基础，使其更具竞争力和适应力。因此，教师在案例选择时，应该注重全面性，以促进学生在翻译实践中实现全面素质的提升。

（二）案例的复杂程度

在案例选取的过程中，教师必须仔细权衡案例的复杂程度，以确保所选案例既能激发学生的学习兴趣，又能有效提升他们的翻译能力。案例的复杂程度直接影响到教学的效果，因此，教师需要精心挑选难度适中的案例，以促进学生在翻译学科上的深入发展。

第一，过于简单的案例可能会导致学生产生盲目自信。在轻松解决简单案例的过程中，学生可能错误地认为自己已经掌握了翻译的复杂技能和理论。这种过度自信会让学生忽视对案例细节的深入分析和思考，从而限制他们在翻译学科上的深度发展。因此，教师应避免选择过于简单的案例，让学生在翻译过程中能够清楚地认识到自己的不足，从而激发他们更深入地学习和思考。

第二，过于复杂的案例可能会让学生感到挫败和无助。面对难以解决的案例，学生可能会觉得自己无法胜任，这种挫败感会削弱他们的学习动力，甚至导致他们对翻译学科的兴趣减弱。因此，教师在案例选择时应充分考虑学生的学科基础和综合素质，避免选择过于复杂的案例，以确保学生在面对案例时有足够的信心和能力进行分析和讨论。然而，选择适度难度的案例是实现教学目标的关键。适中难度的案例可以在激发学生学习兴趣的同时，让他们在分析和讨论中面临挑战，从而有效提升他们的翻译能力。通过克服适度的难度，学生能够更全面地理解翻译理论和方法，形成更为扎实的翻译基础。

综上所述，教师在案例选取时必须充分考虑案例的复杂程度，以确保所选案例既能激发学生的学习兴趣，又能有效提升他们的翻译能力。教师应仔细权衡案例的难度，避免选择过于简单或过于复杂的案例，以促使学生在翻译学科上取得良好的学习效果。通过挑选难度适中的案例，教师可以帮助学生更好地掌握翻译理论和方法，培养他们的翻译能力，为他们在未来翻译领域的成长奠定坚实的基础。

（三）语言的文化因素

英语翻译的过程不仅是对汉语和英语之间进行机械式的语言转换。随着科技的高速发展，各类翻译软件已经具备实现对英语进行基本翻译的能力。因此，英语专业的学生在学习翻译时应当追求更为精准和细致的翻译水平。英语翻译的质量与国家背景及文化密切相关，学生对于所翻译案例的背景文化了解程度往往直接影响其翻译作品的框架结构，从而进一步影响翻译作品的整体质量。教师在选择用于英语翻译教学的案例时，应当充分考虑学生的跨文化能力。在进行案例分析之前，教师可以鼓励学生自行查找相关资料，以深入了解案例的文化背景，或者教师可通过讲解相关文化背景的方式帮助学生建立起相应的知识体系。

总而言之，在教学实践中，培养学生的跨文化能力至关重要。教师可以通过引导学生分析和理解不同文化之间的差异，以及这些差异对语言表达和传播方式的影响来实现。教师的角色不仅是传授语言知识，更是引导学生深入思考和体验不同文化背景下的翻译挑战。只有通过这样的全面培养，学生才能在实际翻译工作中更加灵活地运用专业知识，创造出更为精准和符合文化背景的翻译作品。因此，英语翻译教学不仅是语言技能的培养，更是跨文化交际和理解的综合训练，有助于提升学生在国际交流中的综合竞争力。

三、案例教学法在大学英语翻译教学中的实施

案例教学法主要通过展示实际的案例并且深入研究分析，让学生从中得到启发，体会到解决问题的方法和思路，这些案例素材多来自教材之外，因而在提高学生翻译能力的同时增强了学生的学习和实践之间的联系。学生在这种教学方法下，不仅能够巩固所学的英语翻译理论知识、方法和技巧，而

且能够学会应用所学知识。案例教学法在高校英语翻译教学的实施过程中，前期准备工作以及实施阶段的工作的好坏都将决定该教学方法运用的成败。

（一）案例教学的前期准备

在前期的准备阶段中，教师不仅要准备具有全面性、典型性、趣味性、复杂度适中的案例，而且需要进行理论准备，主要包括英语翻译理论知识、方法和技巧的学习，英语汉语的特点及对比，中英文化差异的对比和学习，常用专业术语的理解等。只有把准备阶段的工作做到充实，才能够使之后的英语翻译教学过程顺利进行。

（二）案例教学的实施过程

案例教学的实施过程主要可分为以下五个阶段：

第一，案例陈述。在开展案例教学前，教师需将翻译材料分发给学生，以便学生能依据所学英语翻译理论、方法和技巧进行预先尝试。学生应独立解决翻译过程中的疑难问题，并记录无法解决的问题，以便在课堂中进行分析探讨。此外，学生可自行查找相关资料以了解案例文化背景，以便更好地理解案例内容。课堂上，教师简要介绍案例背景，提出重难点问题，引导学生独立思考，再进行同伴讨论。

第二，小组讨论。教师应在分组前充分了解学生翻译水平，确保分组平衡。教师应监督、引导和协助学生讨论，避免单一学生发言现象。引导学生勇于发言、积极讨论，分享翻译难题及解决方法。教师协助解决难题，引导学生比对不同解决方案，选出最佳。

第三，班级讨论。各小组选派代表陈述讨论结果，接受其他同学提问。若问题棘手，代表可请求小组成员协助解答。教师综合各组问题及解决方案，提取具有代表性的问题，带领学生进一步分析探讨。

第四，案例总结。分为小组总结和教师总结。小组总结侧重于译文语气、篇章布局、时态语态等方面。教师总结鼓励学生，帮助他们建立自信，对案例进行整体分析，解答代表性问题。教师也可倡导小组间互相评价，进行评分记录。

第五，撰写案例报告。学生应在理解案例基础上，撰写报告。教师指导学生总结学到的理论知识和解决问题方法，记录翻译过程中的疑难问题和解决方案。教师还可以建议学生用英文撰写，以提升英语写作水平和表达能力。

第三节　逆向思维在大学英语翻译教学中的运用

英语翻译教学作为大学英语教育的重要组成部分，旨在培养具备优秀翻译能力的英语人才。然而，传统的翻译教学模式往往过于注重理论知识的传授，而忽视了实践能力的培养。为了更好地提高大学英语翻译教学的质量，教师可以尝试将逆向思维融入教学过程中。

一、逆向思维的概述

逆向思维，顾名思义，是一种突破常规、从相反角度思考问题的思维方式。它以其独特的思考路径，为学生提供了一种全新的看待问题的方法，使他们能够从多角度、多层次去理解问题，从而培养其独立思考、创新能力和解决问题的能力。

在英语翻译教学中，逆向思维的应用尤为重要。翻译任务本身就是一个跨文化、跨语言的复杂过程，仅仅依靠传统的思维方式很难做到全面、准确地把握原文的含义。而逆向思维能够引导学生从不同的视角审视翻译问题，突破既有的思维框架，从而提高翻译的质量和效果。

此外，如何运用逆向思维进行翻译教学，主要从三个方面探讨：首先，教师需要引导学生认识到逆向思维的重要性，让他们明白逆向思维是一种有效的思考工具，可以帮助他们更好地解决翻译中的难题。在此基础上，教师可以通过具体的案例，让学生亲身参与到逆向思维的实践中，感受其对翻译能力的提升作用。其次，教师应设计各种形式的练习，让学生在实践中运用逆向思维。这些练习可以包括不同类型的文本翻译，如文学、商务、科技等，让学生在实际操作中学会如何从相反的角度思考问题，提高他们的翻译水平。最后，教师需要对学生的翻译作品进行详细的点评和指导，帮助他们找出运用逆向思维的优点和不足，以便他们在今后的翻译实践中能够更好地运用这种思维方式。

二、逆向思维在大学英语翻译教学中的应用原则

（一）在英语原文基础上应用的原则

在英语翻译教学中应用逆向思维的原则，教师着重指出，在分析和转化原文时，必须确保精准无误，以免误读原文的深层含义或扭曲其情感色彩、价值观念及语言特色。在尊重学生学习主体性的前提下，我们强调逆向思维的应用。教师引导学生从不同视角理解翻译难题，通过反向思考来解决问题，进而逐步提升其翻译能力。教育者认为，教师在确保原文意思不变的基础上，应指导学生从问题出发，深入思考翻译内容，从而培养学生的逆向思维，激发其创新能力。同时，结合课文本质进行翻译教学被视为一种有效方法，既能忠实于原文思想，又能为后续翻译教学内容提供持续拓展的空间。这种综合性的教学方法有助于培养学生全面的语言运用能力和逆向思维能力，为其未来发展奠定坚实的基础。

（二）注重语言有效科学沟通的原则

大学英语翻译教学的关键在于确立明确的教学目标，旨在培养学生在社会中运用英语进行有效沟通和交流的能力，实现跨文化、跨语言间的流畅交际和知识传递。这一目标意味着教育工作者需通过合适的教学策略以及促进文化融合和突破文化障碍的方法，为学生打下坚实的语言基础。

在实现教学目标的过程中，促进文化融合显得尤为重要。通过教学，教师应该致力于促进不同文化间的相互融合，为学生在社会生活中奠定坚实的语言基础。教师可采用教学策略，融入本土文化的显要标志，通过类比比较，帮助学生更好地理解要翻译的原语内容。这样的做法不仅有助于学生更深入地理解目标语言，也为文化间的交流提供了更多可能性。

为突破文化障碍，教师在翻译转换过程中应当积极解决不同文化造成的理解障碍问题。译出更准确、符合目标语读者表达习惯的译文是确保翻译质量的关键。同时，生活化教学也是提高学生翻译水平的有效途径。在保持原语原文意思不变的基础上，教师可将难以理解的内容转化为学生熟悉的家乡文化和本土特色，通过生活化形式表现翻译难点，减少因理解障碍而产生的错误翻译。

高校英语翻译教学应当着眼于提升学生的翻译能力，增强其对两种语言的应用与转换能力，同时提高英语翻译课程的教学质量。通过积极引入相关

文化元素，采用灵活多样的教学策略以及注重生活化教学，学生将更好地掌握翻译技能，为未来的跨文化交流奠定坚实的基础。

三、逆向思维在大学英语翻译教学中的应用对策

第一，培养学生批判性思维。在翻译教学中，教师可以引导学生对现有的翻译理论和方法进行批判性思考，鼓励他们提出自己的见解和疑问。这种批判性思维有助于学生在面对复杂翻译问题时，能够灵活运用所学知识，克服困难。此外，教师还可以引导学生对比不同翻译家的作品，分析其优缺点，进一步提高学生的批判性思维能力。

第二，创设实践机会。教师可以设计一些具有挑战性的翻译实践任务，让学生在完成任务的过程中，主动寻求解决问题的方法。这样既能锻炼学生的翻译技能，也能培养他们的创新精神和团队合作意识。同时，教师还可以组织学生参加各类翻译比赛，以增强他们的实战能力和竞争意识。

第三，激发学生兴趣。教师可以通过选取有趣、富有时代感的素材进行翻译教学，激发学生的学习兴趣。在此基础上，引导学生运用逆向思维，挖掘素材背后的文化内涵，提高翻译的准确性。此外，教师还可以运用现代信息技术，如多媒体、网络资源等，为学生提供丰富多样的学习资源，进一步激发学生的学习兴趣。

第四，鼓励多元化翻译策略。在翻译教学中，教师应尊重学生的个性和兴趣，鼓励他们采用不同的翻译策略。这样可以让学生在充分发挥自身优势的同时，学会从多种角度审视翻译问题，提高翻译水平。同时，教师还可以引导学生之间互相学习、交流，分享自己的翻译经验和心得，促进学生之间的共同成长。

第五，培养跨文化交际能力。教师应在教学中注重培养学生的跨文化交际能力，让他们了解不同文化背景下的翻译原则和技巧。通过对比分析，学生可以更好地理解翻译作品中的文化差异，并学会在实际翻译中加以运用。

第六，加强师资队伍建设。教师是翻译教学的关键，学校应加强师资队伍建设，提高教师的教育教学水平和专业素养。教师应不断更新自己的知识体系，掌握最新的翻译理论和方法，以便为学生提供更好的教学服务。同时，教师还应注重自身的教育教学方法和手段，以激发学生的学习兴趣和积极性。

第四节　任务型教学法在大学英语翻译教学中的运用

一、任务型教学法概述

任务型教学法（Task Based Language Teaching，TBLT）作为一种创新性的语言教学方法，近年来在我国的教育领域得到了广泛的关注和应用。相较于传统的语言教学模式，任务型教学法具有显著的优势，它以现实生活为依托，通过完成具体任务来学习语言，旨在提高学生的语言运用能力，特别是口语和书面语表达能力。

第一，任务型教学法强调真实性。在教学过程中，教师会设计贴近现实生活的任务，使学生在完成任务的过程中，自然地运用所学语言进行沟通。这样的教学内容既能激发学生的学习兴趣，又能帮助他们更好地适应实际生活中的语言需求。

第二，任务型教学法具有很强的语境性。任务型教学法注重在真实语境中进行语言教学，使学生在实际语境中感受、理解和运用语言。这种方法有助于学生将语言知识与实际生活相结合，提高语言运用的灵活性和准确性。

第三，任务型教学法强调合作性。在完成任务的过程中，学生需要与他人进行沟通交流，共同解决问题。这种合作式的学习方式有助于培养学生的团队协作能力和交际技巧，同时能提高学生的语言表达能力。

第四，任务型教学法注重自主性。教师在教学过程中起到引导和辅助的作用，鼓励学生主动探索、积极思考，培养学生的自主学习能力。此外，任务型教学法还强调根据学生的个体差异进行因材施教，使每个学生都能找到适合自己的学习方式，提高语言能力。

二、任务型教学法在大学英语翻译教学中的应用对策

第一，任务设计：重要性及策略。在大学英语翻译教学中运用任务型教学法，关键的第一步是进行合理的任务设计。任务设计应当充分考虑学生的

实际英语水平、兴趣爱好和职业需求，力求创造具有挑战性、趣味性和实用性的学习情境。如此一来，学生会在完成任务的过程中感受到学习的乐趣，从而激发他们的学习热情和积极性。为了实现这一目标，教师可以设计多样化的任务类型，如商务洽谈、电话沟通、会议翻译等，让学生在实践中逐步提高翻译技能。

第二，任务实施：引导学生积极参与。任务型教学法的核心在于任务的实施。教师应引导学生通过参与各种实际场景的模拟，积极运用所学知识和技能，提高实际语言运用能力。在任务实施过程中，教师要关注学生的个体差异，提供个性化的指导，确保每位学生都能充分参与到任务中来。此外，教师还需鼓励学生之间的交流与合作，培养他们的团队协作能力。

第三，任务评价：注重过程与全面发展。任务型教学法强调过程评价，教师应关注学生在任务完成过程中的表现，并给予及时的反馈和指导。评价方式可以包括自我评价、同伴评价和教师评价，以全面了解学生在各个方面的表现。在评价内容上，既要关注学生的语言准确性，也要关注其在任务中的沟通能力、团队协作能力等。通过综合评价，教师可以更好地了解学生的学习状况，为下一阶段的教学提供有力支持。

第四，任务型教学法与传统教学方法的结合。虽然任务型教学法在培养学生的实际语言运用能力方面具有显著优势，但并不意味着要完全取代传统教学方法。反之，教师应根据实际情况，将任务型教学法与传统教学方法相结合，充分发挥两者的优势。在传统教学环节，如词汇、语法等基本知识的讲解，可以为学生完成任务奠定坚实的基础。而在任务实施过程中，学生可以将在传统教学中积累的知识和技能运用到实际情境中，实现学以致用。

第五，持续优化任务型教学法。任务型教学法在大学英语翻译教学中的应用是一个持续改进的过程。教师应在实际教学过程中不断反思、总结经验，优化任务设计、实施和评价环节。同时，教师还应关注国内外任务型教学法的新动态和发展趋势，不断丰富自己的教学理念和手段，以提高大学英语翻译教学的质量和效果。

第五节　英汉对比视角下的大学英语翻译教学创新

在高校英语翻译教学中，积极融入英汉语言对比是不可或缺的步骤。通过系统对比分析，学生将更深入地了解英汉语言之间的差异，从而更好地领悟语言的内在本质。将英汉语言对比融入教学是提升教学质量的关键途径。

一、大学英语翻译教学中英汉对比分析的重要作用

语言的诞生为人类交流和认知外界提供了可能，也与民族生活习惯紧密相连。各个民族的语言独具特色，反映出其文化及思维方式的差异。在英语和汉语这两种主要语言中，思维模式的差异在语言表达上表现得淋漓尽致。

英语民族倾向于抽象思维，运用概括性抽象词汇，在语句中直接陈述抽象概念。相较之下，汉语民族倾向于运用成语、谚语等形象化手段来表达抽象概念，使得语言更具直观感受。这体现了两者在思维层面的不同取向。英语思维偏向于先叙述关键点，再逐步分析，句式架构以前重心为主；而汉语思维则倾向于螺旋式模式，先分别叙述，后突出关键点，句式架构以后重心为主。这种差异在语言结构和逻辑推理上表现尤为明显，反映出两种文化背景下人们的思考方式差异。

英语语句中，主体与客体界限分明，表现出理性分析和客观审视的特点。相对而言，汉语更倾向于将“人”视为事物主体，表达中更强调人称和主动性。这反映出英语文化注重理性和客观性，而汉语文化则关注人的主观性和参与性。这种差异使得两者在表达风格上呈现出截然不同之处，同时影响到人们对事物的看法和思考方式。英、汉两种语言的思维差异在语言表达中显现出明显的不同点，尤其是在高校英语翻译教学中产生深远影响。通过加强英、汉两种语言的对比研究，高校英语翻译教学有助于学生转变思维方式，提高翻译效果，更深入地领悟原文内涵。

翻译被视为将一种语言的表达形式转换为另一种语言的表达方式，因此英语和汉语的翻译教学需要深入研究和比较。在高校英语翻译教学中，融入英汉对比的教学方法能够更好地帮助学生理解母语，感受其文化精髓，从而更好地学习其他民族语言。这种对比不仅有助于提高学生的翻译水平，还有

助于拓宽他们的思维广度，培养其更灵活的表达能力。

因此，高校英语翻译教学应加强对英语与汉语两种语言的对比分析，传授翻译理论知识，进行特定翻译实践训练，引导学生掌握正确的翻译技能与方法，降低汉语思维对英语学习的负面影响。这不仅有助于提高学生在翻译领域的综合素质，也有助于加深他们对语言与文化的理解，为跨文化交流奠定坚实的基础。

二、英汉对比视角下大学英语翻译教学的创新策略

随着全球化时代的到来，英语作为国际交流的通用语言，在我国的地位日益显著。在此背景下，大学英语翻译教学成为培养具有跨文化交流能力的人才的重要途径。然而，传统的翻译教学模式已无法满足当前社会对高素质翻译人才的需求。为了提高大学英语翻译教学的质量和效果，以下从英汉对比的视角探讨大学英语翻译教学的创新策略。

（一）创新教学理念

创新教学理念在现代教育领域中具有重要意义，以下三个方面对于提升教学质量和培养具有全面素质的人才具有积极推动作用。

第一，坚持以学生为中心的教学理念至关重要。这一理念强调关注学生个体差异，尊重每位学生的独特性。教师应引导学生发挥主观能动性，激发他们的学习兴趣，帮助他们建立自信。通过个性化教育和因材施教的方法，提高学生的自主学习能力与团队合作精神。在此基础上，学生将更容易适应不断变化的社会环境，为未来的职业生涯打好基础。

第二，实践教学被视为培养翻译人才的关键环节。让学生在实际翻译任务中锻炼能力，不仅能提高他们的翻译水平，还能全面提升他们的综合素质。实践教学可以通过与企业合作、组织实习实训、举办模拟翻译比赛等形式展开。这样，学生在实际操作中不断积累经验，逐步提升自己的专业素养和市场竞争力。

第三，注重培养学生的跨文化交际能力是不可或缺的。在全球化背景下，具备跨文化交际能力的人才越来越受到重视。教师应通过丰富多样的教学手段，如引入国际视野的课程、开展文化交流活动等，让学生了解不同文化背景下的沟通方式和技巧。这将有助于他们在国际舞台上更好地展现自己的才华，为国家的发展作出贡献。

（二）优化课程设置与教材建设

第一，以学生的兴趣和需求为出发点，优化课程设置。课程设置是教学的基础，直接影响到学生的学习效果。因此，我们需要深入了解学生的兴趣和需求，根据实际情况设置具有实用性和针对性的课程。这包括但不限于基础翻译理论、实践翻译、商务翻译、同声传译等多个领域。通过多元化的课程设置，激发学生的学习兴趣，提高他们的学习动力。

第二，结合时代发展，更新教材内容。教材是教学的灵魂，直接关系到教学质量。随着科技的飞速发展和信息传播的加快，教材内容需要不断更新，以满足时代发展的需求。新的教材应具有时代性和前瞻性，涵盖最新的翻译理论和实践案例。这样既能保证学生学到最新的知识，又能使他们具备应对未来挑战的能力。

第三，开发校本教材，体现本校特色。每个学校都有其独特的教学资源和优势，开发校本教材可以充分挖掘和利用这些资源。校本教材应结合本校实际情况，制定符合学生水平的教材。这有助于提高教学效果，培养出更多适应社会需求的翻译人才。

第四，加强师资队伍建设也是大学英语翻译教学创新的重要途径。我们需要引进和培养一批高水平的翻译教师，他们应具备丰富的翻译实践经验、深厚的翻译理论素养和优秀的教学能力。这样，教师在课堂上才能更好地指导学生，传授并提高他们的翻译水平。

第五，注重实践教学，增加学生的实践机会。翻译教学应以培养学生的实际翻译能力为目标，而实践是提高翻译能力的关键。学校应加强与企业、政府部门等合作，建立实习基地，为学生提供充足的社会实践机会。通过实践，学生可以将所学知识运用到实际工作中，以检验自己的翻译水平，为将来的职业生涯做好准备。

（三）改进教学方法与评价方式

第一，采用多元化教学方法。在传统的翻译教学中，教师往往采用“一言堂”的方式，学生只需被动接受知识。为了改变这一现象，教师可以尝试案例分析、讨论、模拟翻译等多种教学方法，激发学生的学习兴趣，提高他们的参与度和实践能力。例如，教师可以挑选一些具有现实意义的案例，让学生分组讨论，然后进行模拟翻译，从而提高学生的实际操作能力。

第二，运用现代信息技术。随着科技的发展，网络和多媒体等现代信息技术已成为教育教学的重要辅助手段。教师可以利用这些技术为学生提供丰富的教学资源和便捷的学习方式。例如，通过搭建在线翻译平台，让学生在课堂之外进行自主学习和实践，教师则可以随时监控学生的学习进度，为他们提供个性化的指导。

第三，实施形成性评价与终结性评价相结合的评价方式。传统的翻译教学评价往往过于注重考试成绩，忽视了学生的全面发展。为了更好地衡量学生的翻译能力，教师可以采用形成性评价与终结性评价相结合的方式。形成性评价主要关注学生在学习过程中的成长，如课堂表现、作业完成情况等；终结性评价则侧重于对学生翻译成果的检验，如期末考试、实践项目等。通过这种方式，教师可以全面了解学生的翻译能力，为他们提供有针对性的教学反馈。

（四）加强师资队伍建设

1. 提高教师的专业素质

（1）加强教师之间的交流与合作。为了提高教师的专业素质，首先要加强教师之间的交流与合作。教师在日常教学中应相互借鉴、取长补短，共同探讨教学方法，以提高教学效果。此外，还可以组织定期的教研活动，让教师针对教学中出现的问题进行深入讨论，共同寻求解决办法。

（2）促进教师队伍整体水平的提升。提高教师队伍整体水平是加强师资队伍建设的关键。学校应制定科学的评价体系，激励教师努力提升自身教学水平。同时，鼓励教师参加各类培训和资格考试，以不断提高自己的专业素养。

2. 鼓励教师参加国内外学术交流活动

（1）了解翻译教学的最新动态和发展趋势。为了让教师跟上翻译教学的最新发展，学校应鼓励教师积极参加国内外学术交流活动。通过这些活动，教师可以了解国内外翻译教学的最新动态、研究成果以及发展趋势，从而及时调整自己的教学内容和方法，使之更具针对性。

（2）促进教学方法的创新。教师在参加学术交流活动过程中，应关注国内外先进的教学方法，结合自己的实际教学情况进行创新。例如，可以引入信息技术手段，开展线上线下相结合的教学模式，提高学生的学习兴趣和动力。

3. 加强对教师的培训和选拔

（1）制订科学的培训计划。学校应制订科学的教师培训计划，针对教师的不同需求，提供有针对性的培训内容。培训形式可以多样化，如线上课程、专题讲座、教学实践等，以满足教师在专业发展过程中的多元化需求。

（2）引进优秀翻译人才。学校应加强对优秀翻译人才的引进，以优化师资结构。在招聘过程中，要注重选拔具有扎实英汉双语基础、丰富翻译经验和教育教学能力的优秀人才。

（五）拓展实践平台

第一，建立校内外实践基地，为学生提供社会实践锻炼的机会。实践是检验真理的唯一标准，校内外实践基地能为学生提供真实的工作环境，让他们在实际翻译工作中发现自己的不足，不断提高自己的翻译水平。同时，实践基地还能为学生提供与业界人士交流的机会，拓宽人脉，为将来的就业奠定基础。

第二，开展校企合作，为学生提供实习就业渠道。学校应与企业携手合作，共同制订人才培养方案，确保学生在校期间就能了解市场需求，提前为就业做好准备。企业也可以通过校企合作，选拔优秀的学生进行实习，从而提前储备人才。这种模式有利于实现学校教育与实际需求的紧密结合，提高学生的就业竞争力。

第三，组织翻译比赛、研讨会等活动，提高学生的翻译技能和综合素质。通过参加翻译比赛，学生可以在实践中检验自己的翻译水平，发现自己的不足，并在与他人的竞争中不断进步。研讨会则为学生提供了一个交流学术观点、分享翻译经验的平台，这有助于提高学生的综合素质。

第六章 大学英语翻译教学的混合模式创新

在我国，英语翻译教学一直备受重视，而如何提高翻译教学的质量与效果，已成为教育界关注的焦点。本章重点论述混合模式及其教学发展、大学英语翻译教学混合模式及其构建、基于混合式教学的大学英语翻译教学定位、“互联网 +”下大学英语翻译教学混合模式、混合模式下大学英语翻译教学中学生能力的培养。

第一节 混合模式及其教学发展

一、混合模式及教学目标

混合模式，顾名思义，是将传统面对面教学与网络在线学习两种模式相结合的一种教育方式。在这种模式下，教师和学生可以充分利用现代信息技术，如网络、多媒体、在线平台等，实现教学资源的共享和互动。

（一）混合模式的特点分析

混合模式的特点可以从以下方面进行阐述：

第一，教学方式的多样性。混合模式充分利用网络技术，为学生提供多样化的教学资源，如在线视频、网络研讨会、电子书籍等。这些资源不仅丰富了教学内容，还使得学生可以根据自己的兴趣和需求进行个性化学习。同时，教师与学生之间的面对面交流也得以保留，有助于培养学生的沟通能力和团队协作精神。

第二，学习时间的灵活性。混合模式允许学生自主安排学习时间，适应个人的学习节奏。在线学习资源可以随时随地获取，学生可以根据自己的时间安排进行学习，避免了大量时间浪费在通勤上。此外，混合模式还为学生提供了一定程度的自主学习能力，使他们在面对复杂问题时，能独立思考并寻求解决方案。

第三，教学效果的提升。混合模式通过网络平台，实现了教师与学生之间的实时互动，提高了教学效果。教师可以根据学生的学习情况，实时调整教学计划和教学方法，实现精准教学。同时，学生之间的交流和合作也得到了加强，有助于提高学生的主动学习能力和综合素质。

第四，教育资源的优势互补。混合模式将传统教育与在线教育相结合，实现了教育资源的优化配置。面对面教学能够为学生提供丰富的实时信息，如教师的板书、讲解和示范等，而在线学习则为学生提供了广泛的资源，如学术论文、国际讲座等。两者相互补充，为学生创造了更加全面、立体化的学习环境。

（二）混合模式的教学目标

第一，专业知识与技能掌握：混合式教学致力于帮助学生深入理解专业知识，熟练运用基本技能，为未来职业生涯奠定坚实的基础。

第二，自主学习能力培养：通过在线学习资源及学生自主学习策略的引导，培养学生独立探索、主动学习的能力。

第三，团队协作能力培养：通过线上小组讨论、项目合作等形式，锻炼学生沟通协作能力和团队协作精神。

第四，创新思维培养：激发学生创造力和创新意识，培养具备创新精神和实践能力的人才。

第五，综合素质提升：关注学生道德素质、人文素养、审美情趣等方面的培养，促进全面发展。

二、混合式教学模式的理念

混合式教学模式的核心理念在于以学生发展为根本导向，在此基础上，营造优质教学环境，形成积极教学氛围，乃是教育机构持之以恒的追求。此种理念强调，教师角色应从传统的传授者向解惑者积极转变。学生唯有在师生互动交流的过程中，方能更好地汲取知识。

教师的教学模式对学生影响深远，有的倾向于主动式教学，有的则倾向于被动式教学。不同模式在学生身上产生的效果各异：主动式教学有助于激发学生自主学习的积极性，而被动式教学则可能导致消极的学习效果。主动性教学的关键在于通过教学手段，持续激发学生自主学习的主观能动性。我国传统课堂教学模式往往侧重于教师传授，学生倾听，对学生的自主探究能力培养不足。因此，实施线上线下相结合的教学模式，有望显著改善这一现状，引导学生积极开展自主交流和思考。

当学生从原本的被动接受者转变为学习主体，课堂的丰富性将得以大幅提升。学生由接受者转变为主动者，更能充分发挥课堂主体作用。一堂优质课程的评价标准，在于学生课前预习的充分性和教师课堂讲解的认真程度。线上教学则有助于进一步巩固学生所学内容，真正实现学生的主体地位。

三、混合模式的教学发展趋势

大学英语未来的发展必将要紧密地结合线上线下双渠道结合的方式进行，因为它能够解决目前教学过程中很多的问题。例如，教学内容和教师的教学方法不能得到有效的更新，而使用线上线下的教学模式能够解决这些问题，并且利于学生的自主教学，所以说线上线下的教学结合的模式是符合时代要求发展的教学趋势。

（一）混合式教学模式的时代特质

高校教育目标在于培养适应社会瞬息万变的发展而需要的优秀人才。采用线上线下相结合的混合教学方式，有助于激发学生与教师的角色的潜能，提升学习动力。随着信息技术，尤其是疫情防控时期的不断发展，众多院校已采用线上教学模式，使学生得以在家学习必修课程，降低疫情传播风险。此外，许多高校还开展远程教学，借助信息技术让学生聆听名师课程。线上教学的优点包括易用性、交互性、多元化的专家资源、协同性、真实性和学生易控制。

第一，空间限制的打破：线上教学突破时间与地点的限制，让学生能在任何时间、地点学习课程内容。此模式有助于学生在课堂上理解困难时进行查漏补缺。网络技术的发展使学生可在线检测解题方法，节省教师时间，提高学生自我检查能力。此外，信息技术能自动整合错误，形成错题本，方便学生回顾错题难点，提高学习效率。

第二，自主学习能力提升：学生在学习过程中，如需提高自主学习能力，会主动开启电脑搜索相关教学资源。然而，在线培训机构的大量广告和资料投放，让学生难以应对和分辨，尤其是初中生和小学生。

第三，个性化学习方案：线上教学可根据学生学习数据制订个性化学习方案，让学生有针对性地解决学习难点。例如，某学生在信息平台显示为小学四年级，英语成绩较差，平台将有针对性地制订学习方案，重点关注英语学习。

第四，拓宽师生沟通渠道：线上教育使学生和老师拥有更多的沟通途径。学生可以随时随地通过交流软件向老师请教不理解的知识，老师也能及时了解学生困难，制订符合学生实际的教学方案，更有利于实现教学目标，确保教育方向正确。

（二）混合式教学模式的未来展望

1. 教学理念发展的明确化

（1）正确地认识线上线下混合式教学模式的目标。网络信息技术应用到教育教学过程中不单单是作为教学的辅助工具而使用，而是让线上和线下教学更有效的互融互通为学生和老师创造一个教学、学习的良好氛围，为老师的师资提供不断进步的助力，为学生提供更加丰富优质的学习资源，只有这样，线上线下教学模式的融合才能够真正地服务于学校的教学工作，才能够使学校更好地培养出与时俱进，更加顺利地融入社会发展的优秀学生，为社会发展提供源源不断的人才，这也是线上线下混合模式教学的目标所在。

（2）要清晰地了解线上线下混合模式教学的真正内涵，切忌浮于表面。通过利用信息化教学的方式既能够为老师提供更好的教学资源、方法、工具，也能够使得学生不仅仅局限于老师讲的内容，学生通过线上资源可以更加全面地了解到与课程相关的资源，更加全面地理解相关知识。这样就能够做到以学生为主，教师为辅的教学特点。同时信息交流技术的发展也为师生之间的交流提供了更加便利的沟通渠道，通过目前主流的视频或者语音交流软件，师生间能建立很好的沟通方式，使得以老师为主导，围绕学生的结构得以建立。

（3）虽然目前还没有可能也不会有一个适合所有高校或者科目的信息技术的融合的手段、原理或者方法，但是信息技术与教育进行融合的总体目标和理论是相同的。目前有很多先进的教学理论在教学中得以运用，并且取得了很好的成果，比如，混合学习理论，构建教学理论等。如果想要将学生的积极性充分地调动起来，并且极大地发挥其主体地位，就必须将这些优秀的理论丰富进教学过程中，将学生的积极性、主动性充分发挥出来。在建设信息化平台的过程中要广泛地吸取优秀的教学经验，使教学更加适合学生学习的发展，适合学生的学习要求。

2. 教学内容创设的多元化

信息技术在教育学中的应用使得教育学更加多元，更能够促进学生的多元化、全面地发展，并且通过信息化手段不断提高学生的学习效率，使学生在接受知识方面更有自主性，全面提升学生的学习能力。

（1）信息技术能够使课堂更具趣味。信息技术由于其特点，能够将知识以可视化的方式展现给学生，使得晦涩难懂的知识以更加简单的方式，或者以更加有趣的方式通过图画的方式演示出来，这样在增加趣味的同时既吸引了学生的注意力，也增加了学习的乐趣，能够极大地调动学生学习的积极性。并且信息技术还有一个记忆的特点，能够将优秀的课堂教学重现出来，或者通过模拟实践发现在实践过程中可能发生的问题，能够帮助学生更好地避免困难的出现。这样将信息技术与教学融合就是为了让学生更加容易地理解困难知识，充分调动学习的积极性，进而使学生更加热爱学习，培养一个良好的学习习惯。

（2）要不断地加强线上课堂教授内容的生活化。互联网平台非常强大，随着互联网技术的快速发展，应不断利用信息技术将学生所学知识，转化成他们生活中的具体场景，这个场景可以是虚拟，也可以是现实。只有将学生所学知识与实际相联合，才能增加学生对所学内容的掌握程度。我国著名学者高志敏教授曾提出，对成人进行教育时应着重注意成年人所接触到的生活世界，走入他们的精神世界，只有这样才能够引导他们不断地加强自身学习水平的建设，这对我国成人教育具有重要的意义。

（3）基于以教材为主的教学工具的限制，教学内容需要整合。以教材为主的教学的限制致使教材的内容不易更新，或者说更新很慢，并且教师进修的更新也受到进修渠道的限制，这些原因使得学生接受教学的内容也有很大的限制，在新时代要求学生的知识体系要跟紧时代的发展这方面不能得到满足。然而，随着信息技术的发展，教学资源可以更快地传递到学生和教师手中，大数据能够服务于教学资源的整合，从而使教学更符合时代发展趋势，促进知识互动与共享。

作为教学的重要技术手段，信息技术一直以来都在为教学内容的实施提供支持。发展到今天，已经取得了诸多优秀的应用成果。然而，随着信息技术应用的不断深化，其在开放教育中的角色也发生了显著变化。信息技术应用需紧紧依托线上线下相结合的模式，并将教学实施过程与教学技术顺畅地衔接为一个整体。

随着信息技术的不断进步和发展，其在教学应用过程中也需与时俱进，实现教学与信息技术的完美融合。为确保信息技术真正服务于教学，必须将教学理念和教学内容全面融入其中。基于信息技术的教学并无固定模板可供直接套用，但目标相同，即服务于教学，使学生更好地接受和理解知识。

第二节　大学英语翻译教学混合模式及其构建

一、大学英语翻译教学混合模式的条件分析

混合模式不是简单地将传统教学移动在“线上”平台，要结合大学英语教学的特征，对学生的听、说、读、写、译五种基本能力进行培养和提升，针对不同的模块使用不同的教学方式，教师和学生要在课前做学习准备，学习的平台是保障开展大学英语教学混合模式的基础。

第一，平台。随着信息化技术的发展和应用，智慧化成为时代发展必然趋势，在智能化时代，大学英语不仅要将语言传输给学生，还要培养和提升学生的文化素养、国际视野和学习能力，混合式教学要充分发挥出互联网的作用，共享大学英语中的优秀教学资源，从而推动培养目标的实现。目前“学堂在线”“好大学在线”“中国大学 MOOC”是国内高等教育领域使用最多的教学平台。这些平台都具有开放性的特征，学生只要在互联网平台打开对应网页并注册，就可以对平台上的教学资源进行浏览。所以，就算教师没有制作相关线上课程，也可以在混合式教学方式的基础上，对互联网平台上的优质资源进行使用，与自身要开展的教学课程相结合，将“线上＋线下”相混合的教学模式应用到教学过程中。

第二，教师。当代大学生与互联网共同成长和发展，所以面对互联网的日新月异和普及，大学英语教学和活跃在教学一线的教师都面临着许多机遇

和挑战。首先，大学英语教师需转变观念，在教学过程中运用混合式教学模式。这要求教师具备相应的能力和素养，教师角色发生发展性转变，其功能与作用不仅在于传授知识，还涵盖知识结构的设计。其次，未来教师对混合式教学的应用能力将成为必备基本技能之一。当前，助力教师提升混合式教学能力的有效途径包括积极参与相关培训活动，加强同行间的沟通与交流，深入了解评价、设计与实施混合式教学的方方面面，以及在实际教学过程中讲授混合式教学课程，从而提升教师的教学品质。

第三，学生。混合式教学模式让学生的学习模式发生了改变，学生的学习可以利用课余时间在互联网平台进行，通过反复观看教学资料能够对学习中的重点和难点进行消化和吸收。在课堂教学活动中，大部分学生的学习节奏和教师的教学节奏保持一致，这种新型教学模式受到许多学生的欢迎。需要注意的是，混合式教学模式需要学生具备较高的自我管理能力、应用信息技术的能力和自主学习能力。

二、大学英语翻译教学混合模式的具体实施

（一）大学英语翻译教学混合模式的实施——“教”

混合式教学更加重视双主模式——主导和主体，是指在教学和学习的过程中将学生的主体作用、教师的主导作用充分发挥出来。但是，教师的定位和职责在这个过程中并不是一成不变的，而是随时都在变化，教师的职责和作用不仅仅是灌输和传授知识，更多的是引导学习、设计学习结构，是帮助和支持学生学习的重要力量。在合适的教学环境中，推动学生主动建构知识结构的过程便是混合式教学，“让学习发生”是该模式的宗旨。具体而言，教师在混合式教学中发生的改变主要体现在以下两个方面。

1. 教师角色与职能

混合式教学模式下，教师的职能发生了巨大的变化，教师从教授知识者变成了研究知识的开发者，从独立的教学转变为综合多种方法和资源的综合教学，从直接灌输知识的人变成了知识的向导。总体而言，混合式教学中教师的角色定位及职能主要表现在三个方面。首先，教师作为研究者和开发者，肩负以下主要职责：主导混合学习体系的设计与发展，不断优化课程设置；通过创新方法和工具，实现个性化教学；根据学生需求调整授课内容，并通

过实践检验提炼课程；评估和记录各类技术工具的适用性。其次，作为综合职能的教师，其主要职责包括：整合现有资源，为学生提供最佳学习路径；创新教学内容和方法；积极与同事共享知识和教学经验。最后，作为向导的教师，其主要职责为：借鉴其他团队的教学策略，并能适应和改进；借助数据辅助学生选择和调整学习计划；引导学生与同伴共同选择适当的学习路径。

2. 教师所需技能

为了在混合学习环境中仍然能够成功地教育学生，教育工作者必须具备许多优秀教师通常表现出来的核心能力。他们仍然需要能够最大限度地利用教学时间，教授严谨的内容，确保学生在课堂上积极拓展思维，并提供多种机会以证明他们已经理解。同时，由于提供高度个性化的教学所涉及的复杂性，某些能力对混合教学的成功更为重要，包括规划、课堂管理、收集、分析和有效利用数据、协作、愿冒风险、学科专家。在传统课堂中，上述能力中的大部分都是需要的；但在混合式教学模式中，成功与否在于能否高效地使用这些能力。

（1）规划。在绝大多数混合学习环境中，教师不再为全体学生设定每日或每周的课程安排。反之，他们会规划更长的时间跨度，并构建多个子方案，以适应不同的小组和个别学生。对于众多教师而言，课程及上课计划的范围和顺序在学年年初就已预先设定。这种做法使得教师能持续分析学生数据，从而能够每日或每周调整教学计划，实现个性化学习路径。实际上，这意味着在混合式教学中的教师应创设包含各类资源和工具的短期与长期教学计划，并对这些计划的实施灵活调整，以实现实时更新与变更；个性化教学，使学生集中精力于工具、内容、技能及学习节奏。在混合式教学环境中，有效的规划需教师具备高度适应性，熟练掌握各类课程规划工具和教学方法。

（2）课堂管理。课堂管理中最为复杂且至关重要的环节便是如何顺利过渡至混合式教学环境。在混合式课堂上，学生需在各自不同的学习进度和多样化的分组中开展学习，他们需要自我约束，并在没有教师持续设定任务的情况下保持学习的连续性。在实际教学过程中，教师在混合式课堂中应执行以下措施：第一，让学生管理自学和小组学习时间；第二，从学年的一开始就对学生提出规范要求；第三，确保学生了解如何独立完成学习内容，主动解决问题，并根据需要向同伴寻求帮助；第四，在嘈杂的教室中，管理好学生，以适应多个小组的讨论；第五，同时管理多个学习布局，确保全面指导；第六，准备备案来解决使用在线课程资源和其他数字学习工具时可能出现的不可预见的问题。

（3）数据收集、整合及高效运用。将数据与日常教学相结合，挖掘学生的绩效数据。这些信息能为教师提供关于学生学习方式及需额外援助的珍贵洞察。然而，数据量有时庞大且复杂，教师需要在混合式教学环境中迅速筛选出关联性较小的数据，以便将注意力集中在有助于决策的证据上。在混合式教学中，教师应注重以下四个方面：第一，从在线和面对面的课程中收集数据，并且能够认识到在线数据可能更容易获得，但那些信息并不总是高质量的；第二，培养敏锐的观察能力，识别出能够提供最具可操作性的学生表现证据的数据；第三，准确分析学生数据，找出学习差距；第四，利用在线工具实时提供数据点，并利用这些信息迅速进行调整。

（4）协作。虽然教师重视协作，但传统的教学形式往往把他们孤立在自己的模式里。相比而言，协作是混合式教学模式的内在特征，因为扮演不同角色的教师需要经常一起工作。在实践中，这意味着混合教学的教师应该做到三个方面：第一，测试创新的课程和教学模式，与同事分享所学，以促进全校的学业成绩；第二，在团队教学环境中，保持工作的灵活性，与拥有不同强项的同事合作，更好地服务于学生的个性化；第三，重新考虑传统的“级别”和“分数”的区别，利用老师们不同的专业领域，与同事一起帮助学生遵循个性化的学习途径。

（5）风险承担。虽然许多教师对探索创新教学方法津津乐道，但真正去做时还是会犹豫，因为这种冒险在传统课堂上很少得到回报。相比之下，创新是混合式教学成功的根本。混合式教学作为一种相对新的教学模式，要求教师对新的教学实践进行测试，仔细评估其功效，并进行深思熟虑的调整。

（6）专业的学科知识。混合式教学的实施离不开教师扎实的专业素养，他们需具备评估教学内容和材料是否达标的能力，尤其是在在线教学方面，标准更应严格。在很多场合下，混合式教学对教师本学科的广泛且深入的专业知识有较高要求。由于混合式教学能实现个性化学习，学生在同一课堂中可能研究独特的话题，并以各自的学习速度在不同的水平上学习。因此，在实际教学中，许多混合式教学的教师能够协助学生获取学习资源、解答疑问，并评估学生的学习状况。

（二）大学英语翻译教学混合模式的实施——“学”

从“学”的要素来看，学生是混合式教学中进行学习的主体。在此过程中，学生学习的内容、学习的方式、角色定位等会发生变化，同时信息化教学环境对学生也提出了一些新的要求。学生不再是被动接受知识，而是要主动获取和构建知识。首先，要根据教师的课程设计和自主学习的需求，利用信息技术获取线上学习资源，来实现知识的掌握和运用。其次，学生不仅要知道“学什么”，还要知道“如何学”，要促使自己使用恰当的手段实现学习的效果。线上学习要求学生具备自主学习能力、时间管理能力、协调合作能力、创新创造能力。最后，在网络化环境中，学生也要具备一定的计算机技术和信息素养。除了上述内容，混合式教学中学生最主要的转变还是体现在学习方式和角色转变两方面，具体内容如下。

1. 学习方式

传统的课堂里，教师的讲解占据了课堂的大部分时间，学生被动听讲。虽然教师也会设置问题让学生思考，但整体来看，整个教学主要是以教师为中心的。在混合式教学模式下，学生必须自主学习，教师或提供视频讲课，或提供一些资料让学生自主观看、阅读。

学生给自己设定目标，或与老师商定目标。在此目标下，学生自由度较高地选择自己的进度和学习方式。学生学习的方式可以是在家观看视频或做作业，也可以是在学校机房与全班同学一起学习；如果有个别学生的功课超前或落后，还可以参加特别的小组，与自己进度相同的同学一起进行个性化学习；若需要特别的辅导，还可与教师进行一对一的辅导。学习方式非常多样：可以是仅为课堂理论的学习（但这种方式在混合式学习中占比重会较少），也可以是项目式学习或任务型学习。另外，与传统课堂极大不同的是，教师会给定学生一段的时间，通常是一个班级一周有一小时的时间，对他们感兴趣的任何事情进行研究或工作。所以这是课堂之外的学习，学生可以产生自己的想法。这给学生提供一些自由学习的时间，他们在做自己喜欢的事情时也在学习，并有老师的帮助。学生自己必须拥有自己的数据，他们的数据一般必须包括对学习的反思和自我目标的设置。

2. 学生角色

在混合式教学模式下，学生角色的转变具有重要意义，具体如下：

（1）学生需转变为合作者。在传统教学模式中，学生往往作为被动的知识接受者，跟随教师的教学节奏进行思考或记录。然而，若对教学内容不感兴趣，学生可能会产生倦怠、注意力不集中等情况。在混合式教学中，学生承担着多样化的任务，包括教师分配的、与教师协商决定的、在线课堂要求的以及小组活动中的任务等。因此，学生需与教师及同伴展开合作，以完成学习任务并获取学分。

（2）学生需转变为沟通者。在传统课堂中，学生可独立学习，与教师和同学的互动相对较少。然而，混合式教学具有强烈的交互性，学生需在小组活动中与其他成员沟通协调，以确保项目顺利进行。同时，学生在网上学习中可能会遇到问题，需要借助现代技术如微信、腾讯 QQ、邮箱等与教师或同伴展开便捷的沟通。因此，学生应提升自身的沟通能力。

（3）学生需转变为创造者。在混合式教学环境中，学生可根据自身需求选择多样化的学习方式，自由探索和创造性地运用各种资源与工具。学生还可灵活运用各种方法证明已掌握所需知识。因此，在整个学习过程中，学生可充分发挥创造力，探寻适合自己的学习路径。

（4）学生需转变为研究员。混合式教学为学生提供了自主研究的时间，学生需针对预设的学习任务和目标，分析海量多模态学习资源，以确定有助于达成目标或解决问题的资源。基于项目的学习（PBL）是混合式教学的典型模式，学生在接受任务后，需以研究者身份，个体或小组为单位，研究解决问题所需的知识。因此，学生在混合式教学中扮演着研究员的角色。

综上所述，混合式教学与传统课堂存在显著差异。在混合式教学中，教师可实时获取学生学习数据，并据此调整教学策略。同时，混合式教学鼓励学生探索不同的信息领域，扩展学习资源，提高教学灵活性。总之，混合式教学有助于学生角色的转变，提升学生的自主学习能力。

三、大学英语翻译教学混合模式的构建

（一）大学英语翻译教学混合模式构建的要求

1. 课堂内容的要求

教学质量的好坏主要在于老师关于教学内容的设置是否合理，因此课堂教学内容是学生学习的最主要问题。教师教学内容的质量高低，能够直接决定学生学习水平的高低，因此我国大学英语教学过程当中，英语老师应该对教学内容进行合理的设置，可以从以下两个方面进行规划。

（1）综合考虑学生的学习时间以及课程的任务量，对所学内容进行合理分类。

（2）厘清课堂内容的先后逻辑顺序，有层次地编排课堂学习任务，使学生由浅入深地完成学习任务。

2. 教师团队的要求

教师应持续更新课程内容，将教学与实际动态紧密结合，以满足学生的学习需求。因此，教师团队的纪律整合至关重要。教师应努力满足大部分学生的需求，解答学生的疑问，并确保课程内容与学生的理论需求相契合。教师须具备较高的职业水准，才能为学生提供高质量的科学知识，促进学生的理解力，提高学习效率。特别注重实践课程和教学实施的教师，必须具备深厚的专业素养和敬业精神。首先，教师需对本领域的理论知识扎实掌握；其次，教师应拓展本领域的学习内容，以提高团队协作能力。只有提升教师的专业素质，才能确保教学的有效性和质量，使学生获得富有文化价值和多样化的学习体验。

3. 学生群体的要求

线上教学支持学生从自己的时间和空间的选择中解放出来，从教师那里解放出来，教师不能有效地管理学生，而是让他们对自己在学习过程中的独立性负责。但大多数学生在网络上没有更好的自控和自律能力，往往会出现效果不良的现象。在这种情况下，教育的实践有效性将更难保证，因为课程规则对学生提出了挑战，教师应努力提高自己的独立性和网络教育的有效性。

4. 技术的要求

（1）提供一个先进的线上教学平台，该平台支持老师授课备课以及学生之间的相互交流和在线测验。

（2）线上教学平台支持与互联网资源对接，学生在学习的过程中能够充分地利用海量的互联网学习资源。

（3）拥有较为完善的认可教学功能，关于任课老师的介绍，上课学生的名单，以及所讲授课程的所有学习资源等。

（4）线上教学与面授课是有本质不同的，主要在于线上教学能够实现多样化教学任务提高学生之间的互动功能，可以从各个方面满足学生的学习需求，包括提供实时的教学图像和教学视频等。

（5）线上教学还应注意线上学习资源的版权问题，由于网络平台发展较快，功能较为强大，因此很容易发生版权纠纷问题，所以学生在线上学习时应注意不要发生侵权行为。

（二）大学英语翻译教学混合模式构建的类型

1. 线上与线下混合的教学

线上教学能够很大程度上提高学生学习效果，线上线下混合教学，主要有两个教学任务：第一个是线上教学任务，第二个是线下教学任务。传统的线上教学任务是指依靠快速发展的互联网平台进行授课，依赖于互联网平台为学生提供线上教学渠道和教学资源，学生不在课堂也能随时随地进行自主学习。学校线下教学任务就是在课堂当中由老师向学生进行面授。我们想要实行的线上线下混合教学模式，不仅仅是简单的叠加，而是需要综合两种不同教学方式进行优势互补形成新型教学模式，以此来提高学生的学习水平。

2. “学”与“习”混合的教学

在融合线上与线下教学的模式中，线上教学侧重于培养学生的自主学习能力。学生可充分利用碎片化时间，在任意地点进行学习。在此过程中，教师可通过互联网平台提供学习资源与指导。由于互联网平台具有开放性，教学资源可供众多学生共享并可重复使用。若学生对所学知识掌握不透彻，可反复学习，直至完全理解。线上教学模式为学生营造了一个相对宽松的学习环境，有利于激发学生的主动性，自由度较大，使学生在轻松的氛围中获取知识。同时，这种模式也能确保学生有足够的时间进行独立思考。

课前预习能够极大地提高课堂教学效果，学生带着问题上课才能与老师建立良好的沟通，在传统课堂上，教师的主要任务就是为学生解答课前预习当中遇到的困难。给学生充足的自主学习和自主交流的机会，这种新型反转教学方式极大地改善了我国教学方式提高课堂教学效果的同时，还能够巩固学生所学内容，对传统教学是一个创新性的改善。这种教学模式也有前提条件，就是在这种教学模式下的学生要有充足的自觉性、自律性，学习基础要求良好，能够做到约束自己，能够真正地做到课前预习。但现实情况是这种学生并不多见，每个学生都有自己的特点，千人千面，因此这种教学方式要求比较严苛。

针对学生个体差异，我们应充分发挥各类教学方法的优点，全面释放课堂教学潜力。在线上线下混合教学模式中，首要环节为课前预习，此时教师需为学生提供可靠的学习资源，如 PPT 课件、录课视频等。在提供教学资源的同时，教师还需关注学生的实际需求，对自学能力较弱的学生进行适度引导。布置任务单便是有效的方法，既有助于引导学生自学，又能使学生在教师的指导下避免弯路，明确学习内容的重点与难点。

此外，线上线下混合教学还可利用互联网实施课堂测试，以评估学生掌握程度。我们应着力创新传统课程，翻转课堂便能实现师生互动，为教学环境注入活力。然而，该模式并不适合所有学生，尤其自学能力和基础薄弱的学生。因此，在借鉴传统教学优点的同时，我们应融入新的教学特点，助力学生更好地吸收知识，明确学习内容。教师可根据学习需求为学生制定实际可行的任务单，并加强学生间的互动讨论，以拓宽学习范围，提升班级凝聚力。在线上线下混合教学模式中，任务单的布置成为不可或缺的环节。

第三节　基于混合式教学的大学英语翻译教学定位

一、基于混合式教学大学英语翻译教学的教师角色定位

“混合式教学模式结合了线上、线下教学方案，通过微课、慕课、翻转课堂等线上教学模式优化了教育模式，可显著提升教学效率”[①]。混合学习空间的研究核心并非技术与网络资源的运用规模，而在于如何实现高效应用。例如，如何调整教学与学习过程，以适应交流模式的变化和新型知识获取方式。教育技术的进步为参与式、个性化和成果导向的教学提供了条件。然而，教师角色的定位仍需深入探讨。在混合学习空间下，教学不再局限于传统课堂教学，学生可在课外自主学习，拥有更多时间。但这并不意味着教师角色地位的削弱，反而，教师需在新技术背景下进一步担任指导者角色。

总结而言，教师角色定位在三个方面更为突出：教学法维度、教学组织维度以及教师专业发展维度。其中，教师专业发展维度意味着教师从传统角色向混合学习空间导向角色的转型。尽管混合学习空间下教师角色发生改变，但其主导地位并未动摇。教师从知识传授者转变为学生学习的促进者，体现在面对

① 李璐．混合式教学模式下大学英语翻译教学的创新研究 [J]．英语广场（下旬刊），2022（7）：75.

面教学或在线指导时，教师对教学目标设定、教学资源准备以及学生互动的引导等方面。混合学习空间下的教学更加关注师生、学生间的互动关系以及学生知识的内化，在教师指导下，学生学习更具自主性、积极性和自觉性。

二、基于混合式教学大学英语翻译教学的学生角色定位

混合式教学模式在大学英语翻译教学中的应用，为学生提供了更为广阔的学习空间和多元化的学习方式。在这个模式下，学生的角色定位可以从以下四个维度进行探讨。

第一，线下个体学习：在传统的课堂环境中，学生依然需要进行个体层面的学习。然而，与传统教学模式相比，混合式教学为学生提供了更为丰富的学习资源。通过自主学习和探索，学生可以更好地掌握知识体系和技能。

第二，线上个体学习：在虚拟空间中，学生可以通过网络在线的形式进行自主学习。这种学习方式突破了时间和地点的限制，使学生能够随时随地获取知识和参与学习活动。此外，线上学习资源的海量和多样性为学生提供了更多选择和实践的机会。

第三，线下小组协作学习：混合式教学鼓励学生进行线下小组协作学习，以培养学生的团队合作精神和协作能力。在这种学习方式中，学生可以相互讨论、交流想法、分享经验，从而实现共同成长和提高。

第四，线上小组协作学习：在网络环境下，学生可以充分利用线上平台开展协作学习。通过共同查找资料、讨论问题，学生能够拓宽视野、提高思维深度和广度。随后，在课堂环境中，学生可以根据所准备的内容展开合作学习，进行面对面的交流，从而实现知识的内化和技能的提升。

第四节 “互联网 +”下大学英语翻译教学混合模式

一、基于对分课堂的大学英语翻译教学混合模式

（一）对分课堂概述

“对分课堂”（PAD Class）是由复旦大学张学新教授提出的。“对分课堂”教学模式既融合了讲授式课堂与讨论式课堂的优点，也符合中国国情，具有本土特色。

对分课堂的核心理念是“把一半课堂时间分配给教师进行讲授；另一半分配给学生以讨论的形式进行交互式学习”，即“对分课堂 + 隔堂讨论”。对分课堂分为三个阶段，即“讲授（Presentation）、内化吸收（Assimilation）和讨论（Discussion）”。对分课堂强调的是“生生、师生互动，鼓励自主性学习”；它的创新点是“把讲授和讨论时间错开”，让学生“自主安排学习，进行个性化的内化吸收”；在考核方式上，对分课堂强调“过程性评价，关注不同的学习需求”。

（二）对分课堂在大学英语翻译教学混合模式中的开展

为保证“对分课堂”教学模式的有效实施，并确保学生的自主学习时间，以下将对课堂设计的具体环节进行探讨。

1. 教师“讲授”环节

在当前教学过程中，学生在学习翻译时面临的主要困境在于对英、汉语差异的理解不够透彻，因此在翻译过程中常出现“形合”与“意合”区分不当的问题。这表现在英译汉时过度依赖连接词，导致译文生硬；而在汉译英时则对连接词的重要性认识不足。因此，在进行汉英翻译教学时，不仅要关注语法错误，还要着重阐述形合与意合在英汉语之间的基本差异。首先，需使学生明确英语的形合性特点，注意时态和词形的变化，包括不定式与分词

的使用。重点在于“逻辑语法连接词”的应用。相较之下，意合性的汉语则需依据词序变化、上下文语境及言外之意进行推理，以便更好地梳理思路。逻辑语法连接词的使用能使句子内部、句子之间以及段落之间的衔接更为流畅，因此，熟练运用连词、介词、副词和关系词以及具有承上启下作用的短语，有助于使逻辑关系更加清晰。其次，通过英译汉练习举例说明形合与意合的具体处理方式。此外，教师应引导学生在校课堂上根据自身翻译实际情况进行反复练习，并结合英语形合特征，灵活运用形式标记词。最后，通过作业形式进一步巩固教学内容，促使学生进入内化吸收的新阶段。

2. 学生“内化吸收”环节

能够让学生深层次地学习并拓展学到的知识，即进入了“内化吸收”阶段。因此，教师结合学生实际设立清晰的方向和目标，制定相应输出学习任务，让输入内容及时有效地输出，并以此激发学生的学习热情和欲望，获得更好的学习效果。学生学习时，为了达到优质的学习效果，可以让学生多一些选择性，有选择地把众多信息进行筛选优化处理并加强记忆，不能盲目地眉毛胡子一把抓，这样只会事倍功半。

3. 课堂“讨论”环节

“对分课堂”是一种创新的教学模式，其独特之处在于“隔堂讨论”这一环节，这个环节不仅是检验学生对所学知识的内化吸收程度，更是及时发现并解决学生在学习过程中遇到问题的有效手段。在这个环节中，教师的角色发生了重要的变化，他们从传统的知识传授者转变为课堂的组织者和引导者。在这个讨论环节，教师的核心任务是引导学生针对所学内容进行深入、有效的讨论。为了实现这一目标，教师需要做好以下四点。

（1）教师要确保讨论的主题与所学内容紧密相关，避免让学生陷入无关紧要的争论。这就要求教师在设计讨论问题时，要具有针对性和启发性，引导学生对关键知识点进行深入探讨。

（2）教师要善于引导学生把握讨论的方向，确保讨论不偏离主题。在讨论过程中，教师可以通过提出具有引导性的问题，让学生在思考和回答问题的过程中，自行发现问题并找到解决方案。

（3）教师要鼓励学生积极参与讨论，表达自己的观点和疑问。在这个过程中，教师要尊重每个学生的独立思考能力，给予他们充分的表达空间，从而激发学生的学习兴趣和主动性。

（4）教师要在讨论结束后进行总结和点评，对学生的讨论成果进行评价。在这个过程中，教师要客观公正地对待每个学生的表现，既要肯定他们的优点，也要指出存在的问题，以便学生能够在今后的学习中不断改进。

二、基于 MOOC 的大学英语翻译教学混合模式

（一）慕课的认知

MOOC 是慕课的简称。慕课作为一种在线课程，具有大规模和开放性的特征。教师如果想对学生的学习情况进行详细掌握和了解，可以利用主电脑连接学生电脑的方式，对学生的学习效率和学习方式以及教学反馈进行在线获取。可见，慕课是一种新型的教学方式，以互联网技术作为基础，与移动互联网技术、社交服务、大数据分析技术、在线学习等相结合，慕课将许多生动的学习感受、在线教育服务提供给用户。

1. MOOC 教学模式

建构主义理论是 MOOC 教学模式一直强调的重点内容。建构主义理论的相关观点表明，在学习中，学生要充分发挥自己的主体作用，扮演“主动构建知识”的角色，将传统灌输式的教学方式进行突破，对自己接受灌输的地位进行改变、摆脱。虽然客观世界具有客观存在的属性，但是由于每个人认识问题的角度和认知方式存在很大差异，所以每个人所看到的世界也存在很大的差别，每个人对客观世界形成看法和观点也千差万别。所以，学生要以自身发展作为学习的出发点，摆脱以往被动接受的地位，主动构建知识；教师要对自己的地位和作用进一步明晰，扮演好“引导者”和“组织者”的角色，让学生掌握学习的主导权，推动学生自主学习能力的提升，帮助他们将学习任务顺利完成。知识创新是 MOOC 教学模式重点，它倡议每个学生都具备生产知识的功能，最终培养出的人才能够形成自己的独特知识网络、对数字信息进行妥善处理。

2. 慕课特征与教学优势

（1）慕课的特征。不断发展和成熟的慕课使得其对社会产生的影响力和作用越来越深远，表现出的特征也愈加明显。

第一，规模大。规模大是指慕课没有限制学生的数量。通过慕课进行学习的人数很容易达到上千人。特别是随着参与慕课的学生数量不断增加，慕

课普及率大幅增长。由此可见，慕课是一种大规模的课程。

第二，非结构性。慕课将碎片化的课程知识点和内容提供给学生。

第三，开放性。就开放性特征来说，一方面是指慕课的评价过程、学习环境和信息来源具有开放性的特点；另一方面是指全球各地的学生和用户都可以参与到慕课中，只要你对相关课程充满兴趣便可以积极参与，只需要在慕课线上平台成功注册账号，不分国籍便都能参与其中。所以，人们一般认为典型慕课是具有开放性、大型的或大规模的特征的课程。通过慕课，来自全世界各地的授课者和学生因为同一个学习主题或学习同一个课程而产生关联，一起学习，共同进行交流。

第四，具有动态性。慕课课程的特征之一在于开放性和动态性，让参与者能够将空间和时间的限制突破，与其他学习者一同开展交流和讨论，不管是在实际具体的环境中，还是在包括论坛和twitter等在内的虚拟社交平台上，人们都可以分享知识。所以，师生在慕课过程中拥有平等的关系，课程的参与者是学生和组织者，大家利用平等的身份对同一个主题进行交流和讨论，从而在思维的碰撞中推动新知识的产生，让自己的知识网络不断延伸。测评，参加学习的参与者，组织者可以改变以前采用的考试打分方式，将参与者对课堂讨论参与的积极性作为测评的重要因素，对其中表现良好的参与者进行表扬和肯定。

第五，始终将出发点放在兴趣上，利用自发形式对学习活动进行组织开展，不仅要求参与者具备较强的自控能力和自主学习能力，还让他们必须了解项目主题。

第六，围绕一定的主题开展慕课课程。组织慕课课程的人员要以既定主题作为中心，通过具有开放性的非结构化形式将相关资源或资料提供给参与者，以既定的主题作为核心开展慕课教学，创作的起点和连接知识的节点都在于主题。对自己已有的知识储备量进行分享，在与他人进行沟通和交流的过程中对他们的相关资源进行获取，通过相互连接和相互沟通，让自己的知识更加充实，从而对新知识进行构建，最终促进自身知识网络的不断完善。

（2）慕课的教学优势。

第一，慕课的教育资源具备鲜明的模态化、广泛化及优质化特征。相较于传统教育方式，慕课克服了时间、空间和教育人数的限制。学生无须严格遵守课程时间安排，也无须置身特定实体教室，便可进行知识学习。在同一时段，众多学生可共同参与学习，随时随地自主安排学习进度，从而激发学习兴趣与热情，提高学习积极性和主动性。学生可根据个人兴趣、爱好和需求选择学习内容，完成随堂作业、参与知识考核及完成学习过程。教学资源公开透明，为学生营造公平公正的学习环境。

相较于传统学科，慕课课程更强调知识信息的普适性、综合性和实用性，涵盖实用知识、日常生活健康常识和先进理论等。慕课促进资源共享，缩小校际差距，推动高等教育均衡发展和人才综合素质提升。例如，普通学校可注册北大慕课平台，获取丰富教学资源。大力发展慕课将推动教学模式和观念变革，促进应用型学校转型，提升教学水平。

慕课课程以视频为主要形式，需专业教师团队精心制作。主讲教师多来自知名学校，确保优质课程内容和讲解质量。模块化设计有助于展现课程特色，根据内容划分学习模块，有利于明确内容条理，突出重点。10 分钟视频便能呈现这些内容，有助于学生集中注意力，深入理解和记忆知识。

第二，慕课的教育理念始终以学生作为中心，突出表现在以下两个层面。

一是对不同的学习方式进行满足。在慕课上进行学习的学生用户，可以充分发挥包括网站和论坛在内的互联网平台的作用，实时和教师之间、和同学之间进行互动，通过讨论和交流，互帮互助，共同学习，对学习中遇到的疑难问题进行解决。与此同时，也可以利用课程视频中包含的线上测试题、线下作业和测试题等内容对学生的学习效果进行检验，帮助学生记忆和理解知识；充分发挥包括虚拟教室和教材注释等在内的辅助学习工具的作用，让学生将学习心得和课程内容记录下来，通过在线模拟的方式对要求做实验的课程进行实验学习，对学习结果进行考量。可以从其他学生的评价和自己的评价以及教师的评价着手，反思自己的学习过程，发现自己学习中存在的不足和问题，并且进行修正，促进学习效果的显著提升。

二是对不同的学习能力进行坚固。在以往的课堂教学活动中，教师的“教”占据重要地位，教师以学校制订的统一课程内容和进度计划作为依据和要求，利用一对多的形式，向学生传授知识，这种模式很难对每个学生的需求和努力进行照顾。但是慕课则不一样，学生可以结合自身学习能力和兴趣对课程知识进行自主选择，按照自己的时间和规划对学习进程和学习计划进行自主安排，还可以通过视频课程的重复回放，对学习过程中遇到的知识难点和重点进行反复理解和记忆，从而推动学习效果的进一步提高。

3. 慕课混合式教学意义与构建

（1）慕课混合式教学的意义。推行慕课混合式教学是在信息时代实施因材施教的重要途径，教师从机械重复的教学工作中解脱出来所节省的时间和精力，完全可以充分投入因材施教的差异化教学工作之中，这在高等教育，特别是学校的通识教育课程中就显得更为重要。需要学习通识教育课程的低年级学生，正处于从基础教育阶段的应试教育思维向高等教育阶段的实践思维、批判性思维、创新性思维过渡的关键阶段，通识教育课程的选课学生往往来自不同的学院和专业，文理科专业背景也不同，知识结构和学习能力差异较大，这就更需要教师根据学生的专业背景和知识结构对学生分门别类、有针对性地组织教学内容，布置相应的学习任务。在分类教学的基础上，还可以给予学生更多的人文关怀，根据学生的个体特点，进一步一对一地进行在线或面对面的教学辅导。

慕课混合式教学模式通过提高教学效率节省出的教学劳动时间，仅仅是为提高教学质量和精细度提供了一种可能性，具体是否能够真正起到实效，还要看学校和教师是否都有充分的认识并付诸行动。只有教师能够潜心教学，追求教学质量的提升，校方能够积极创造保障条件支持教师投入教学，多方相向而行，形成合力才能产生效果；否则很有可能沦为通过慕课来应付教学工作的投机取巧之举，最终只会因偷工减料而造成教学质量下滑。

（2）教学中慕课的构建。慕课与传统课堂教育在优势互补、相互促进的基础上，可实现更高效的教学成果。慕课凭借全球范围内的丰富优质教学资源及以学生自主学习为核心的教学理念，与传统课堂教学在有效监管、情感互动和实地操作等方面的优势相互补充。为实现基于慕课的教学改革目标，有必要将两者有机融合。在应用型学校中，最有效的结合方式为以慕课为主导，构建适应的“翻转课堂”教学模式，或实施“线上慕课 + 线下实体课堂”的混合式教学模式。

“混合式教学”作为一种线上教学与实地课堂教学的有机结合，涵盖了教学理论、资源、环境、方法等多方面的整合。应用型学校需充分利用慕课的优质教学资源，强化师生间的互动交流，将慕课全面、深入、科学地融入日常教学工作，大力推进“翻转课堂”和“混合式教学”，构建“四位一体”的新型课程教学模式。

第一，课前设计阶段。课前设计阶段涉及的主要工作是：教师研究和设计课程体系结构、教学大纲、具体的知识框架等；从众多慕课资源中筛选出适合的课程内容、自己制作教学微视频课件、准备其他预习资料和作业等；将准备好的所有教学资料按照教学目标要求，分成必学和选学两部分布置给学生。以上准备是为之后阶段顺利开展的前提保障，能够有效帮助学生高效率、高质量地完成学习任务。

课前设计阶段是慕课教学活动中不可或缺的一部分，具体原因表现在两个方面：①慕课课程缺乏系统性的知识体系，教师提前设计课程体系结构和知识框架，有助于学生对即将学习的内容有系统、全面的整体了解和把握，做到心中有数，避免形成“知识碎片”；②慕课课程资源丰富而冗杂，学生群体要想从庞大的信息中筛选出适合的学习内容，难度很大，而且每个学生的学习能力和需求各有不同，这就需要教师帮助学生提前选择合适的、优质的慕课课程，并根据学生的具体情况设计行之有效的学习策略，供学生选择使用，从而有效提高学习效率和质量。

第二，慕课学习。学生在完成教师所布置的课前学习任务，并参考提供的学习资料后，全面深入地学习必学模块中的慕课视频课程等内容。在此基础上，根据自身的需求和能力，学生选择性地探讨选学模块中的资料内容，并严格按照要求完成预习作业。经过这一阶段的学习，学生能全面掌握课程知识，并标明潜在的难点问题。

慕课学习阶段属于课外自学范畴，其时间、地点和进度安排相对灵活。学生可随时重复观看或查阅相关资料，直至完全理解。这种自主控制、深入研究的自学模式，为学生带来了前所未有的个性化学习体验，同时有效提升了自学能力和自律能力。

第三，课堂互动。在课堂中，教师引导学生开展作业答疑、合作探究和互动交流等学习活动，帮助学生更好地“内化吸收”知识，将慕课学习阶段掌握的知识进一步加深理解和记忆，突破知识难点，把握知识重点，达到高质量学习的目的。在这一过程中，不同学科采用的课堂学习活动也不一样，比如，经管类课程偏向于问题讨论和案例分析等；外语类课程偏向于口语交流练习等；理工类课程偏向于现场实验和方案设计等。

课堂互动的主要形式有作业答疑、小组合作探究和学习成果评价交流等。作业答疑环节，教师会依据教学大纲及学生慕课学习阶段遇到的问题等，总结设计出具有代表性、值得深入探讨的问题；然后从旁引导，协助学生完成解答，在这一过程中“化零为整”，帮助学生将知识融会贯通、深入理解。

小组合作探究环节，教师将学生划分为若干个讨论小组，并给予一定问题、案例、场景等话题，让学生以小组为单位展开讨论和研究，然后利用出示研究报告、开展辩论比赛等形式，将研究结果展示出来。这种学习方式能够有效增强学生的互帮互助和团结协作意识，增进学生间的感情，提高人际交往能力，提升学习效果。

学习成果评价交流环节，通过教师点评、同学间互评、自我评价等形式检验慕课学习成果、知识掌握程度、小组讨论参与度、小组研究成果水平等。在这一过程中，学生可以全面深入地检验自己的知识掌握情况，从而有针对性地查缺补漏，不断夯实知识储备。

第四，实践拓展。高校将慕课与传统教学方式相结合，推行“翻转课堂”与“混合式教学”，其终极目标在于助力学生将所学知识更好地应用于实际生活，从而培养出对社会有实质性贡献的应用型人才。实践拓展环节作为“四位一体”新型课程教学模式的关键组成部分，是对课堂教学的延伸与拓展。此阶段主要采取的形式包括学习 / 研究成果分享、知识 / 技能竞赛、社会实践体验等。在学习成果分享方面，学生个人或团队将自身的学习体会、研究成果等，通过短视频、论文等形式上传至网络，供社会各界检验和学习。在这一知识创新与再创造过程中，学生能够深化对知识的理解，提升实践技能。

总而言之，在实体课堂教学中引入慕课具有至关重要的积极作用，可以带来丰富优质、实用性强的教学资源，极大地解决了我国大部分学校优质资源短缺的问题，有效帮助应用型学校更好地发挥职能，实现应用型人才的培养目标。慕课可以带来优秀的教学理念，即强调以学生为本，引导学生自主学习，不断培养和提升自学能力。

（二）基于慕课的大学英语翻译教学混合模式设计

当前英语考试的重点在于考查学生的理解能力，大学英语翻译教学亦然。因此，利用慕课环境进行教学，不仅有助于引导学生转变过度关注四、六级考试的观念，更能激发他们在大学英语翻译学习过程中的兴趣，从而实现大学英语翻译教学的全面提升。英语教学之难，学习之艰，自不必说。从题型中即可观察到一些实际问题。例如，当前大学英语翻译考试的成绩并不理想，与整体平均分存在较大差距。这表明大学英语翻译题型的难度系数较高。以考试中的句型为例，句子涵盖了各种形式的句型结构，如倒装、虚拟、从句和非谓语动词等，可见这是考试的重点，也是难点。此外，还有一些特殊句型，其中包括不同的语法结构和词汇，而学生在大部分时间里接触的都是一些客观题，因此对这种翻译模式的认知水平尚显不足。以下在慕课环境下，探讨大学英语翻译教学的优点，并提取制定符合大学英语翻译教学的方法。

第一，从学校层面出发成立专门的大学英语翻译教学团队。成立团队有三方面的目的：一是维护和实现全面的慕课教学网络；二是由专人分析并负责大学英语翻译教学的考点以及设计模拟题型；三是保证翻转课程的录制效果以实现教学需求。可以看出后面两点需要教师具备一定的专业能力才能胜任工作。

第二，打造合理有效的慕课大学英语翻译教学平台。平台的设置功能包括三个方面：一是，针对核心语法的分析与讲解，这样的视频在设计时要充满趣味性并把语法作为重点部分凸显出来，让学生在充满趣味性的环境下更好地领悟到语法的重点，同时让学生的学习兴趣得到了极大的提高。二是，实战通过。以游戏的方式融入实战通过中，在游戏的各个环节设立不同等级的难度系数并匹配相应的奖品，学生在闯关的同时享受到学习的乐趣和成就感，既让学生学习的印象变得深刻，又让学生自主学习的意识得到提升。三是，对于网络教学的答疑解惑环节，针对学生的问题和难点，老师做出深刻的分析和讲解，同时对课程也要给出针对性的解答。

显而易见，教学方案把学生的学习和沟通方面安放在各种形式的课程上，教师把准备和分析阶段放到了课下，学生的学习和提问环节也是课下进行，这让学生的学习时间得到了充分的保障，也缩短了师生之间的沟通距离，在慕课大学英语翻译教学学习中，学生的参与性与积极性都得到了提高。由于该教学模式在制定教学课程时要花费大量的时间和精力，所以也在一定程度上提升了教师的综合能力和素养，由于在慕课中团队的力量还未充分体现出来，所以这也是慕课未来的发展方向和必然趋势。

三、基于 SPOC 的大学英语翻译教学混合模式

SPOC 混合教学模式是结合课堂教学和线上教学的全新的教学方式，它将预习任务发布在 MOOC 平台上，帮助学生进行自主预习，然后再通过课堂的讨论、测试和强化训练进行内容教学，并结合线上、线下测试，这便是整个教学过程。这一模式下更好地将学生学习的自主性激发出来，而且学习效果直接受学生参与学习的态度、广度和深度的影响。以下就以英语为例来进行基于 SPOC 的大学英语翻译教学混合模式的探讨和分析。

（一）基于 SPOC 的大学英语阅读混合模式分析

1. SPOC 英语阅读教学资源建设

最早使用 SPOC 的是福克斯教授，SPOC 是为“小规模限制性在线课程”之意，即学生规模一般会控制在几十人到几百人之内，该课程对学生的准入条件进行了设置，只有符合条件的学生才能申请 SPOC 课程。SPOC 也是最早实现课堂教学和在线教学的混合方式。

泛雅网络学习平台和手机 APP“超星学习通”是最为常见的英语阅读课程 SPOC 在线开放课程平台。该平台聚集了大量的教材 PPT 课件和各种英美主流报纸网站、全国 MOOC 平台的 50% 的优质课程资源并形成了微视频、参考书籍以及在线音频等形式。

在教学单元设计中，每个部分均由四个小节构成，包括导读活动、阅读理解、阅读技巧以及阅读实践和学生课堂展示。

（1）课前任务：学生可利用“超星学习通”进行课前预习，学习每个单元的导读活动板块，提前掌握课堂所需的阅读技巧、微视频及相关话题，充分做好课前预习。

（2）课堂教学：教学活动主要围绕阅读技巧学习、课前问题及作业展开。核心任务是引导学生对阅读理解、思维导图梳理、学生课堂展示及词汇练习等进行学习，并鼓励学生积极参与课堂小组讨论，增进师生互动与合作。各小组须在单元阅读内容基础上完成课堂展示任务。

（3）课后拓展：课后拓展学习可在“超星学习通”上进行，学生需积极反馈和评价自身学习情况。此外，还需完成每个单元的“在你读完之后”及学生课堂展示学习任务，以不断拓展知识。课后还需以小组为单位撰写一份英语读书报告作业。英语阅读课程考核包括两个部分：过程性评价体系及形成性评价体系，由线上单元作业、阶段测试、课程讨论和自主学习等部分组成。

2. 大学英语阅读课程多模态设计

大学英语阅读课程的多模态设计旨在打造具有独特特色、多样化形式、难度适中以及精讲少讲的课程定位。通过改革传统课堂教学模式，推动信息技术与课堂教学的深度融合，以学生自主学习为主，逐步取代教师主导的传统教学模式。同时，结合线上线下教学，提高混合教学模式的效果，使学习更加便捷高效。实现 SPOC 与第一课堂的无缝对接在混合教学模式中起到关键作用。

手机 APP“超星学习通”具备选人、问卷、小组任务和抢答等功能，有助于提高学生的课堂学习兴趣和阅读动机。线上线下相结合的英语阅读多模态教学充分利用教师的手势语等，同时融入学生的触觉模态运用。教师在采用英语阅读课程多模态教学时，需遵循以下步骤。

（1）课前备课：教师须根据教材、教学目标及教学内容等做好准备工作，结合阅读课堂实际情况，选择和设计合适的模态。

（2）课程导学板块：介绍多模态教学的实施细则和过程，包括课程描述、课程评估、课程进度及课外阅读等。

（3）多模态实施阶段：教师在每堂课开始前，将板块内容上传至泛雅在线平台，学生可通过手机 APP“超星学习通”获取课前任务，引导学生完成相关阅读讨论和阅读技巧等。

（4）课堂展示：教师展示课堂内容和教学目标，学生小组在线展示课堂内容，共同探讨和分享。

（5）过渡阶段：教师将课堂阅读技巧和阅读内容以多媒体课件形式总结，发布具体任务，开展多模态教学，同时推送课外阅读资源和微视频。

（6）调动学生视觉和听觉模态：开展小组任务、抢答、问卷调查和课堂选人等活动，激发学生的学习积极性和自主性。

（二）基于 SPOC 的大学英语写作教学混合模式

第一，课程设计。在 SPOC 背景下，教师需要对课程进行重新设计，以满足学生的个性化学习需求。课程内容应包括写作基础知识、写作技巧、实战演练等，注重培养学生的创新思维和批判性思维。

第二，教学方法。基于 SPOC 的大学英语写作教学混合模式采用多种教学方法，如启发式教学、任务型教学、合作学习等。

第三，课堂组织与管理。在 SPOC 课堂上，教师需充分利用网络平台，与学生进行实时互动，了解学生的学习进度和需求。同时，教师还需加强对学生的指导和督促，确保他们按时完成课程任务。

第四，评价与反馈。基于 SPOC 的大学英语写作教学评价体系应注重过程评价，包括学生在线学习时长、作业完成情况、课堂表现等。此外，教师还需对学生的作品进行及时、详细的反馈，以指导他们改进写作技巧，提高写作水平。

第五节　混合模式下大学英语翻译教学中学生能力的培养

一、混合模式下大学英语翻译教学中学生语用能力的培养

作为一项复杂的语际转换活动，翻译涉及语言符号的转换以及不同文化之间的交流与沟通。在一定程度上，译文的质量与译者的语用能力密切相关。以下从语用学的视角，探讨在大学英语翻译教学中学习和强化语用知识和语用能力的重要性。以下将分析和讨论翻译教学中需重视的五点内容。

第一，确保语义的准确性和得体性——关键在于深入理解原语，辨析词义是单一思维的第一阶段，也是确保翻译准确性的关键。理解原语与语法层次、指涉呼应、词语的语义以及词语的联立等方面的技巧和知识紧密相连，翻译过程中需综合考虑这些因素，进一步确定语义。

第二，注重情感色彩的传达——深入挖掘句子中的隐含意义。英语和汉语中许多句子所包含的情感色彩存在差异，译者需从语境和用词入手，推敲句子所表达的特定情感，合理选择译语词汇，以更好地传达原文含义，同时注意用词的文体和分寸。

第三，选用适当的文体——把握语言的社会功能。文体反映了特定的社会背景、时代风尚和历史阶段，翻译不同文体时需始终坚持一致性原则，兼顾读者群体，作出灵活调整。在翻译包括科技文体、新闻报道文体、论述文体和描述叙述文体等在内的不同文体时，应遵循各自对应的行文格式，选用合适的词汇，确保文体规范的一致性。

第四，运用贴切和生动的语言，提升双语素养。英汉互译本质上是双语修养和语言能力的考验。对于中国人而言，熟练掌握英语便能高质量地完成双语互译，但实际上，许多人汉语表达水平仍有待提高。译者在提升英语表达和理解能力的同时，应加强汉语学习，广泛阅读，熟悉各种体裁的文章，丰富汉语词汇量和句式，以便在翻译过程中减少制约，增加表达的生动性和贴切性。此外，译者还需加强练习，巩固所学翻译知识，提升行文能力。

第五，把握语境，提升语用能力。语言只有与语境相结合才具有意义。社会环境和语言本身的因素共同构成语境，为语言表达意义提供了条件和背景。

二、混合模式下大学英语翻译教学中学生文化自信的培养

混合模式下大学英语翻译教学中学生文化自信的培养主要从以下五个方面着手。

第一，构建多元化学习环境。在混合教学模式下，教师可运用网络平台，为学生提供包括英文原著、英文影视剧、英文新闻等在内的多样化学习资源。这些资源有助于学生全面了解英语国家文化，提升文化素养。

第二，组织文化对比活动。教师可引导学生进行中英文文化对比，使其认识到两者之间的差异与共通之处。通过此类活动，学生能以更加客观的视角看待英语文化，增强文化自信。

第三，注重跨文化交际能力培养。在翻译教学中，教师应着重提升学生的跨文化交际能力。可通过案例分析、角色扮演等方法，让学生在实际语境中体验跨文化交际的挑战与乐趣。

第四，增强学生主体意识。在混合模式下，教师应充分尊重学生的主体地位，鼓励其发表个人见解。此举有助于培养学生的独立思考能力，提高他们对英语文化的自信心。

第五，加强师资队伍建设。教师是培养学生文化自信的关键。在混合模式下，教师应不断提升自身教育教学水平，关注英语文化发展动态，为学生提供更优质的教学服务。

三、混合模式下大学英语翻译教学中学生思辨能力的培养

实施大学英语翻译教学活动，旨在培养和提升学生思辨汉语与英语两种语言文化之间同质与异质文化因素的能力，加强对此方面的重视，这是推动翻译学习的关键动力。对翻译中的文化因素愈加敏感，就越能在辨析文化异同的过程中养成学习和思考的良好习惯与方法。一方面，重视文化思考。语言与文化的矛盾是翻译矛盾的核心。如何培养和提升学生化解语言与文化矛盾的能力，需通过具体译例的分析和比较，启发学生辨析和思考英汉互译中的文化因素，从而提升表现能力和审美判断力，进一步促进学生文化敏感性的提升，这是最具成效的方法之一。另一方面，强调文化辩论。文化思考是

文化辩论的基础。在学生分析源语的基础上，对英汉文化差异进行思考，便能准确判断句子、语篇及词汇中所包含的两种文化异质内容。因此，一方面通过翻译提升学生思考两种文化异质元素的能力，另一方面在辨析两种文化的过程中，保留源语所蕴含的丰富文化气息，同时符合译语读者的阅读习惯。除比较译文的同项外，还需培养和提升学生比较翻译类项的能力，即辨别分析具有相似文化认知、不同表述的语言形式，寻找两种文化之间的联系，领悟多元文化竞争的态势。培养学生求同存异、先思后辨的能力，将世界文化交流的舞台浓缩于课堂之中，以翻译活动为基础，倡导汉、英两种文化展开良性互动。

综上所述，培养学生文化思辨能力是大学英语翻译教学的重要环节。让学生从纵深方向理解英、汉两种语言之间的差异是翻译教学的重要任务之一。同时，从理解文化的全新角度出发，探索英汉两种不同语言文化结构与文化精神中的独特文化标识，培养和提升学生在翻译学习和实践中辨识文化因素的能力，推动综合文化素养和文化思辨能力的提升，最终实现翻译水平的不断提高。

第七章　基于文化视角的大学英语翻译教学实践

在全球化背景下，跨文化交流已成为我国大学英语翻译教学的重要目标。为了更好地实现这一目标，我们需要从文化视角出发，对传统的翻译教学模式进行改革。本章重点围绕文化对比视角下的大学英语翻译教学、文化传递视角下的大学英语翻译教学、文化功能视角下的大学英语翻译教学、文化对等视角下的大学英语翻译教学、文化交融视角下的大学英语翻译教学、跨文化视角下的大学英语翻译教学进行探究。

第一节　文化对比视角下的大学英语翻译教学

一、数字文化对比视角下的大学英语翻译教学

英汉数字所承载的文化内涵体现出很大的差异，因此在翻译时，译者除了要了解数字的基本含义，还应准确地把握其文化含义，采取恰当的翻译方法。概括而言，英汉数字文化翻译主要可以采取下面一些翻译方法：直译翻译法、改写翻译法以及解释性翻译法。

（一）直译翻译法

在英汉数字文化翻译中，直译翻译法是最简单、最省力的方法。直译翻译法即保留原文中的数字直接进行翻译的方法。例如：

A drop in a ocean 沧海一粟

Reach the sky in one step 一步登天

（二）改写翻译法

在英语和汉语中，部分数字具有特定的文化背景或特定的语言表达习惯。在翻译此类数字时，可采用改写策略，以便于目标语言读者更好地理解原文所传达的意义。在英汉数字翻译过程中，改写方法主要涵盖以下三种情况：替换数字、减少数字以及增加数字。

第一，替换数字。由于存在文化差异，英、汉两种语言中的数字表达并不完全对应，这时可以根据具体情况替换原文的数字来进行翻译。例如：

Think twice 三思而后行

In threes and fours 三三两两

第二，减少数字。有时，在对英汉数字进行翻译时，可以采取省略法，即原文中的一些数字省略不翻译，以符合目的语的语言表达习惯。

第三，增加数字。在翻译过程中，有时可以在译文中增加一些数字，从而使译文表达更为形象、生动。

（三）解释性翻译法

解释性翻译法主要用于翻译英汉数字习语。在具体操作中，翻译过程应首先呈现字面意义，其次添加注释以详述其含义，从而保留原文中的比喻形象，同时忠实于原文的意义。数字不仅具备计数功能，还富含深厚的文化内涵，形成了独特的数字文化现象。在英汉数字文化翻译过程中，译者对英汉语言与文化的高度理解和掌握，是准确传达数字内涵的关键。

二、色彩文化对比视角下的大学英语翻译教学

颜色词汇指的是固定的、对事物进行客观描述的颜色符号。由于中西方文化背景不同，英汉颜色词汇的文化内涵也不尽相同。在翻译英汉颜色词汇的过程中，译者可以采用直译法、增词法、转译法、省略法、解释性译法，具体内容如下。

（一）基于色彩文化翻译的直译法

翻译英汉颜色词汇时，当颜色词表示基本的直观含义时，一般可以采取

直译法进行处理。例如：

green tea 绿茶

grey uniform 灰制服

white flag 白旗

yellow brass 黄铜

red rose 红玫瑰

yellow fever 黄热病

black list 黑名单

green consumption 绿色消费

double-yellow-line 双黄线

Red Cross society 红十字会

blood red 血红

as red as a rose 红如玫瑰

（二）基于色彩文化翻译的增词法

在翻译过程中，如果原语中所表达的隐喻意义或象征意义难以在目标语中找到相对应的表达，译者可以采用增词法使作者的思想准确地传达出来。例如：

make a good start 开门红

good luck 红运

white coffee 加奶咖啡

red-letter day 重要的日子

繁文缛节 red tape

（三）基于色彩文化翻译的转译法

英、汉两种语言中有一些颜色词，其感知的色彩印象有所不同。原语与目的语都有其自身的表达方式，具有明显的文化差异。在翻译这类颜色词时，应首先了解其基本含义，在此基础上，结合文化内涵，采用转译法进行翻译处理，也就是根据译入语的表达习惯改换颜色词进行翻译。例如：

black tea 红茶

由于茶叶是黑色的，因此西方人称为 black tea，但是茶叶泡出来的颜色为红色，因此应采取转译法，将 black tea 译为“红茶”。

类似的例子还有很多。例如：

brown sugar 红糖

brown bread 黑面包

red sky 彩霞

black bamboo 紫竹

turn purple with rage 气得脸色发青

one's face turns green 脸色变白

（四）基于色彩文化翻译的省略法

在一些固定的搭配词组中，很多表示颜色的词汇不再含有色彩的意义，对这类颜色词进行翻译时可以采用省略法，即将原文的颜色词省略不译。例如：

green power 有钱能使鬼推磨

green as grass（as）初出茅庐的、容易受骗的

go between 红娘

all round victory/success in every field 满堂红

（五）基于色彩文化翻译的解释性译法

在翻译富含文化内涵的颜色词汇时，采取解释性翻译策略，有助于读者更深入地理解其文化底蕴。例如：

Black Tuesday 黑色星期二

a red paper envelope containing money a gift，tip，or bonus 新年红包

综上所述，在翻译英汉颜色词汇时，译者不仅要考虑文化共性的相应性，更要注意文化个性的影响。在对颜色词进行准确理解的前提下，考虑其文化内涵，并关注原语颜色词的基本意义与文化引申义，选择恰当的翻译方法，提高翻译的质量。

三、称谓文化对比视角下的大学英语翻译教学

（一）英汉称谓的差异分析

1. 英汉普通称谓

普通称谓是指那些常规使用的，不涉及年龄、工作、地位，数量较少的

通常称谓。在英文中，一般的普通称谓有 Mr.、Miss、Madam、Lady、Ms.、Mrs. 和 Sir。

（1）Mr. 可以与姓什么或整体姓名联合使用。是对无职位者或不了解职位者的称谓语，较为正式，非亲密用词。

（2）Mrs. 是对已婚女士的称呼，通常要与其丈夫姓什么和结婚后姓什么联合使用。

（3）Miss 是对未婚女士的称呼，通常要与其姓什么联合使用，语气较为严谨，表现出的亲密程度一般。

（4）Ms. 是一个对女士的尊敬称呼，由 Mrs. 和 Miss 两个词组合而来。Ms. 的由来和西方人重视隐私、对婚姻状况保密这一习俗有相当关联。因此，对于婚姻状况不明的女性可以用 Ms.。

（5）Madam 和 Sir 是对应的一组尊敬称呼，一般而言，广指公众场合男士、女士，常常不和姓氏连用，表现出的亲密程度一般。

（6）Lady 也是一个对女士的尊敬称呼，寓意高贵，意为“淑女”“尊敬的夫人”。

在汉语中对应的称呼有：①阿姨是对与妈妈年纪相仿女士的称呼。②太太、先生前面加上姓什么，直接称呼。③伯伯、大爷、大叔、大妈等是一种广泛称呼，来源类比亲属。

2. 英汉头衔称谓

英汉语中皆可将职业地位如工作、职务和技术级别等作为称呼。英文中的地位称呼应用范围不大，仅有博士、医生、教授称呼，也有表达敬意的成分。这些称呼可以单用，也可以和其他联合使用。

汉语中的头衔称呼相对就更复杂。在汉语中，大多数工作、技术级别和职务等，无论其高低都可直接简单作为称呼，不附加其他，也可与姓什么连用，如钱区长、王主任、孙会计、张医生、李护士、周老师等。

3. 英汉拟亲属称谓

英汉拟亲属称谓，作为亲属称呼的变异形式，源于亲属称呼语的演变。类比亲属称呼旨在表达对被称呼者的敬意。在汉语中，此类称呼颇为常见，而在英语中则较少使用。

在汉语中，常常把和自己长辈岁数相仿的人，称为大爷、奶奶、大妈、大娘、大伯、伯母、阿姨、叔叔等。这些称呼有几个关键的词：如爷、婶、奶、伯、姨、妈、娘、伯母、叔等。例如：

（1）“爷”用于尊称爷爷辈和年纪与爷爷相仿的男士，如大爷、王大爷、李爷爷。

（2）“奶”用于尊称奶奶辈且年纪和奶奶相仿的已婚女士，如奶奶、老奶奶、王奶奶。

（3）“伯”用于敬称父亲辈且年纪比父亲大的男士，如伯伯、张伯伯。

（4）“娘”用于敬称妈妈辈且年纪和妈妈相仿的已婚女性，如大娘、赵大娘。

（5）“叔”用于敬称爸爸辈且年纪比爸爸小的男性，如叔叔、李叔叔。

（6）“婶”用于敬称母亲辈且年纪相对母亲比较小的已婚女性，如大婶（儿）、李婶（儿）。此外，对同辈人之间也有拟兄弟姐妹的称呼。例如，对非亲属关系的中年男子可称“大哥”“老兄”“兄弟”“老弟”，对非亲属关系的同龄成年女士可称“大嫂”“大姐”“妹妹”。

（二）英语称谓文化翻译

1. 亲属称谓翻译

（1）父母辈称谓翻译。对英汉语言中父母辈称谓可以直接进行翻译。

例如：当下贾母逐一指与黛玉：“这是大舅母；这是二舅母……”

（曹雪芹《红楼梦》）

译文：“This she said you're your elder uncle's wife; This is your second uncle's wife...”

（2）子女辈称谓翻译。在翻译英汉语言中子女辈称谓时，可以采用字面翻译法。

例如：一日到了都中，进入神京，雨村先整了衣冠，带了小童，拿着宗侄的名帖，至荣府的门前投了。彼时贾政已看了妹夫之书，急忙请人相会。

（曹雪芹《红楼梦》）

译文：In due course they reached the capital and entered the city.You can spruced himself up and went with his paces to the gate of Rong Mansion，where he handed in his visiting card on which he had styled himself Jia Zheng's “nephew”.

（3）兄弟辈称谓翻译。

例如：黛玉虽不识，也曾听母亲说过，大舅贾赦之子贾琏，娶的就是二舅母王氏之内侄女，自幼假充男儿教养的，学名王熙凤。黛玉忙赔笑见礼，以“嫂”呼之。

（曹雪芹《红楼梦》）

译文：Though Daiyu had never mether，she knew from her mother that Jia Lian，the son of her first uncle Jia She，had married the niece of the Lady Wang，her second uncle's wife.She had been educated like a boy and given the school-room name Xifeng.Daiyu lost no time in greeting her with a smile as“cousin”.

（4）孙子孙女辈称谓翻译。英汉语言中的孙子孙女辈称谓也能采用字面翻译的方法进行翻译。

例如：逢年过节，孙子、外孙、孙女儿、外孙女儿们都来看望她，好不热闹!

译文：During festivals，grandsons and granddaughters come to see her.How lively it is!

2. 社交称谓翻译

（1）对等翻译。翻译英汉语言中社交称谓时最常用的方法就是对等翻译。

例如：方博士是我世侄，我自小看他长大，知道他爱说笑话。今天天气很热，所以他有意讲些幽默的话。

（钱锺书《围城》）

译文：Dr.Fang is the son of an old friend of mine.I watched him grow up and I know how much he enjoys telling jokes.It is very hot today，so he has intentionally made his lecture humorous.

（2）改写翻译。英汉语言中的社交称谓可能是不对应的或不对等的，因此，译者要进行一下改写，方便让更多的目的语读者理解和接受。

例如：刘东方的妹妹是汪处厚的拜门学生，也不时到师母家来谈谈。

（钱钟书《围城》）

译文：Liu Dungfang' s sister，a former students of Wang Chuhou，also dropped in somethings to see her，calling her“Teacher's wife.”

原文中的“母家”在英语中没有与之对应的词语，译者根据上下文的内容得出“母家”是指师母，也就是教师的妻子，最终将其译为 Teacher's wife。这样，不仅清楚地传达了原文的含义，还贴切地体现出师母与学生之间的关系。

第二节　文化传递视角下的大学英语翻译教学

一、大学英语翻译教学过程中文化内涵信息的传递

从语言学的角度对信息的定义是“A process of interaction between what is already known or predictable and what is new or unpredictable.”语言学所说的信息，指的是以语言为载体所传输出的消息内容，称为话语信息。就翻译实践研究而言，译者所关心的核心问题是翻译活动中的实际问题，讨论的具体内容应该从翻译实际出发，考虑译者在平时的翻译活动中会遇到什么问题和困难以及如何解决它们。换言之，译者在这里所关注的是翻译的实践操作过程，是译者应当怎样通过原语获取信息和如何利用译语传递信息的过程。那么，这里所说的信息，就是指译者在从事翻译实践活动的过程中，以两种语言为载体解读和传递所有内容，如消息、思想、观点、情感等。

就翻译而言，信息的传递涉及两种文化传统背景不同的语言及其语言使用者，其复杂性远远超过了一种语言之内的信息传递。从形式上看，翻译是一种语际转换活动，而实质上它是借助语言这个信息载体的转换而进行的跨文化信息传递活动。译者的工作对象，是具有不同文化传统背景的两种语言及其使用者。因此，所述的跨文化信息传递活动，即指译者在翻译过程中，通过原语解析作者在原文中所承载的各种信息，并借助译语将原文所承载的各类信息传递给译文读者。这一活动通过两种语言作为信息载体，将原语作者明确表达及隐含其中的信息、思想、观点、情感等多元化信息传递给译语读者。涉及三个主体，包括原语作者、原语读者 / 译者以及译语读者（其中，原语作者、原语读者 / 译者、译语读者分别代表原语说话人、原语受话人 / 译者、译语受话人）。首先，作为信息传递者的原语作者，将自身思维中的信息以符合原语文化传统规律的表达方式寄托于原语文字；其次，译者作为特殊的原语读者，即信息接收者，通过原语载体获取原语作者所传递的信息；再次，作为信息传递者的译者，将获取的信息以符合译语文化传统规约的表达方式寄托于译语文字；最后，译语读者通过译语载体接收原语作者意图传递的信息。翻译活动始终以跨文化信息传递为核心。因此，可以理解为翻译是将一种语

言所承载的信息采用另一种语言尽可能准确且适当地表达出来的跨文化信息传递活动，其本质即为跨文化信息传递。

就英汉之间的翻译来说，英语和汉语反映着不同的文化，即各自在历史发展中形成了全社会共有的社会结构、生活方式、民俗、传统观念及文学艺术。我国民族文化和英美文化之间，由民族历史、社会制度、生活方式以及地理环境的差别形成的文化差异是很大的。表现在语言上，无论是词语的理解与运用，还是表达习惯都有差异，英汉语中有时采用截然不同甚至相反的语言形式来表达同一事物，例如，中国人出于礼貌请对方先走、先吃或是先做某事时常说“您先请”，与此相反，英语里的习惯用法却是“After you”。在英汉互译的过程中，如果能抓住原语背后的文化信息，并在目标语言中用读者可以理解的表达方式传递出原文的文化信息，那么翻译用来交流文化的目的便达到了。

在翻译这个跨文化信息传递活动的过程中，活动的主体是信息传递者和信息接收者（原语作者、原语读者 / 译者、译语读者），传递的内容是信息，传递信息的载体是两种语言，即原语文字和译语文字。虽然翻译活动的过程的确需要涉及两种语言，需要涉及从一种语言文字到另一种语言文字的转换，但这只是翻译这种跨文化信息传递活动在形式上的体现。

翻译活动的核心是信息传递，其涉及的两种语言只是用来传递信息的载体，而具体的原语文字表现形式和译语文字表现形式两者之间并没有直接的对应关系。两种语言文字表现形式的异同是相对的，翻译的跨文化信息传递本质是绝对的。译者是跨文化信息传递者，其所从事的活动绝对不是简单、机械的两种语言文字的对应转换。例如，把“Matt Parkman，who was the youngest son of Mr.Parkman and had succeeded him as the boss two months ago，acted a lot older than his years.”译为：马特是帕克曼先生最小的儿子，两个月前接替其父亲做了老板。别看他年纪轻轻，处事却相当老练。这个译例比较简单，但它能体现出翻译的信息传递本质，体现出两种语言的具体文字表现形式之间没有直接的对应关系。如果把这个译例的英语原文与汉语文放在一起来对比，就不难看出译者所从事的活动绝对不是简单、机械的语言文字的对应转换，而是通过原语文字表现形式获取原文作者意欲表达的信息，并通过译语文字表现形式把信息传递给译文读者。

译者在翻译时，没有必要，也不可能直接对应着原文一词一句转换过来。译者在平时的翻译实践活动中面对的是各种各样的文本，这些文本的文字表现形式往往要比例句复杂。译者必须明确翻译活动的性质，不能把翻译活动简单地理解为两种语言文字本身的对应转换。除了原语作者刻意通过某种直观的方式（如音、形、结构等），赋予某一种文字表现形式本身某种信息元素的特殊情况，作者具体使用了怎样的文字表现形式本身并不重要，重要的是这些表现形式承载了什么信息，译者应当如何将这些信息以比较恰当的译语文字，尽可能充分、准确地传递给译文读者。

在翻译的操作过程中，译者应当仔细、充分地解读原文承载的各种信息，认真思考、斟酌如何将这些信息以比较恰当的译语文字表现形式，尽可能准确地传递给译文读者。其中所谓的各种信息，当然也包括语言风格和修辞特点这些信息。一般说原语作者使用的具体文字表现形式本身并不重要，指的是其所采用的词语、形式结构、修辞方法等本身。在翻译实践操作过程中，原文中用了一个名词，在译文中就不一定（往往也不能够）也用一个名词，而可能会用动词、形容词，甚至是副词；原文中用了一个字，在译文中就可能会（往往也需要）用好几个字；原文中用了一个词或短语，在译文中完全有可能（有时是必须）用一个小句；原文中用了一个定语从句，在译文中就需要视具体情况（实际上是多数情况）用一个表示并列、因果、让步、目的、条件等关系的分句；等等。反之亦然。这样做的目的，就是要尽可能使用符合译语文化规约的各种文字表现形式，比较准确而恰当地把原文承载的各种信息传递给译语读者，其中当然也包括风格信息和修辞信息。

二、影响英语翻译中文化传递的要素

翻译作为一种语际交流，它不仅是语言之间的转换过程，也是文化的传递和移植过程，作为语言之间的转换，对从事翻译的人而言，不会是件很难的事；然而，作为文化的传递和移植，却绝非易事，影响英语翻译中文化传递的要素具体如下。

（一）稳健的语言能力与渊博的文化素养

“语言是音义结合的符号系统，是人类思维和体现思维的工具，是文化的载体，也是人类最重要的交际工具和传播媒介”。而翻译是两种语言的转换，可以说翻译与语言的关系比起其他任何学科都更为普通、牢固和密切。离开了语言，翻译只能是“空中楼阁”。例如，“to separate the wheat from the chaff”这一短语，假如不明白组成这一短语的每个词的意思，就无法理解整个短语的意思。因此，翻译者必须具备过硬的语言功夫，要努力成为“双语者”。既然翻译涉及两种语言，而翻译的实质又是文化的传递，那么仅成为“双语者”是不够的，还要成为一个“双文化者”，因为，文化包含着语言，并影响着语言。而语言又是文化的一个主要组成部分，是保存文化、交流文化和反映文化不可或缺的工具。所以，语言是文化的语言。

众所周知，各个民族的文化是在其独特的历史背景下塑造的，除共性外，更多的是个性。这也正是为何不宜向英美人询问年龄等诸多问题的原因。无疑，这种个性的形成主要源于各民族所处的生态环境、物质文化环境以及社会文化环境等方面的差异。然而，文化的个性贯穿社会生活的各个层面，这是毋庸置疑的。若不具备对英语国家文化的了解，我们便难以理解他们为何在见面时，总是相互问候“Isn't a great day today?”“How nice the weather is today!”等诸如此类的话语。同时，他们对我们的问候如“你吃饭了吗？”“你到哪里去？”等表达出的反感也令人费解。对于这类文化现象，若非深入理解，翻译时极易犯下令人捧腹的错误。

（二）理解语言只是文化的重要组成部分

尽管语言与文化、语言与翻译之间存在紧密的联系，但两者并不能等同对待。语言仅仅是文化的有机载体和媒介；而翻译并非仅限于语言层面，更重要的是通过语言这一载体和媒介，揭示语言所传达的文化内涵。例如，“不到长城非好汉”，在我们汉语中表示“不达目的誓不罢休”之意。译文为“He who doesn't reach the Great Wall isn't a true man”，对于不了解中国文化的外国人，这只能算是字面上的语言转换，根本没有译出汉文化中的特殊含义。但是，对有一定中国文化的外国人来说，那又另当别论了，但毕竟有一个前提——需要了解有关的文化。这种大量的非语言因素就是隐藏在语言后面的文化现象，因此，翻译就是要透过语言去把握语言所体现的文化底蕴。

三、传递文化信息的大学英语翻译教学方法

为了传递文化信息，翻译中一般有两种出路，即以美国翻译理论家韦努蒂为代表的“异化策略”和以奈达为代表的“归化策略”。“异化策略”坚持译文应以原语或原文作者作为考虑的出发点，“归化策略”则坚持译文要以目的语或译文读者作为考虑的出发点。本书认为，为了更好地传递文化信息，英汉互译中可以根据不同的情况采取相应的策略。

第一，当词语的联想意义不同时，翻译时通常采用归化，用目的语语言文化中的习惯表达来转换原语，以利于译语读者的理解。例如，“健壮如牛”常译为“as strong as a horse”。但为保留原语文化色彩，有时仍可以采用异化的方法，只是须用上增译法，以便于译文读者真正感受到异域文化的魅力。

第二，在英、汉两种语言中，尽管存在意义相近的表述，但如果涉及不同的文化特质，则不宜进行归化翻译。此类翻译方式可能对文化传播的使命产生负面影响，导致原语所承载的文化信息受损乃至失真。

第三，当文化含义具有共性时，可以归化。如“snowy winter，a plentiful harvest”“When the wine enters，out goes the truth”可以采用归化处理，分别译为“瑞雪兆丰年”“酒后吐真言”。这种文化信息是人类的共同经验，不存在文化鸿沟。

第四，直译法。直译，即按照原语的字面意义将其文化信息直接转换为目标语言。在社会不断进步、科技日益现代化的背景下，人际文化交流越发密切，呈现出文化隔阂缩小、交融整合的态势。

第五，用目的语的文化替代原语文化，由于人们所生存的客观世界是相似的，对许多的事物具有相同的概念认识，只是表达的方式不同；换言之，在不同的语言中，有不同的语言形式来表达同一个事物或概念。例如，英语中“kill two birds with one stone”和汉语的“一箭双雕”所用的喻体不同，但表达的含义是相同的，都表示“一举两得”的意思。在这种情况下，可用目的语的文化替代原语中的文化，更能准确地传达原文的意义。

第六，直译加注。此方法在论及翻译方法的专著中很少提及，或未将其作为一种独立的方法列举出来。为使文化内涵词由原语进入译入语，并保持音、形、义、美的和谐统一，“直译 + 注解（释）”不失为一种比较理想的方法。

第七，直译法加意译法。由于文化上的差异，采用直译法让读者费解的情况也在所难免。为了更明确地表达原意，又同时传递原文化信息，直译译出文化，意译译出文化所包含的意义，可谓“完美”的结合。例如，把“这对年轻的夫妇并不相配，一个是西施，一个是张飞”译为“The young couple is not well matched，one is a Xishi—a famous Chinese beauty，while the other is a Zhangfei—a well known ill-tempered brute.”。这些人名虽然在中国家喻户晓，译文读者却有所不知。翻译时加上必要的意译，就可以取得一举两得的效果，既让人领会了意思又传递了文化。

总而言之，翻译不仅是语言之间的转换过程，也是文化信息的传递过程。东西方文化的差异，决定了翻译所承担的任务。译者就是文化信息的使者，起着文化信息的传递作用。作为译者，承担着传递文化，促进中外交流的使命，应掌握扎实的文化背景知识，要有文化意识感和使命感。翻译是各民族之间文化交流的需要，不翻译就很难沟通，同样不准确忠实地翻译就无法促进交流。因此，译者应从翻译的目的和任务出发，架起中外交流的桥梁，输送文化信息，乃至促进各民族文化的交流与繁荣。

第三节　文化功能视角下的大学英语翻译教学

在全球化背景下，大学英语翻译教学日益受到重视。作为一种跨学科、跨文化的交流工具，翻译在促进国际文化交流与合作方面发挥着重要作用。然而，传统的大学英语翻译教学模式往往过于注重语言技能的培养，而忽视了文化功能的重要性。为此，以下从文化功能的视角出发，探讨大学英语翻译教学的新模式，以期为我国大学英语翻译教学提供有益的启示。

一、文化功能视角下的大学英语翻译教学理论基础

在文化功能视角下审视大学英语翻译教学理论基础，我们可以从以下三个方面进行深入探讨：文化相对论、功能翻译理论和异化翻译理论。

第一，文化相对论认为在不同文化背景下，事物的意义和价值观念存在差异。在翻译过程中，译者应充分考虑文化因素，力求实现文化内涵的传递。这一理论观点强调了文化在翻译过程中的重要性，提醒译者要尊重源语言文化的特点，认识到文化差异的存在。通过对比分析，译者可以更好地把握原文的文化内涵，并在目标语言文化中予以再现。

第二，功能翻译理论关注翻译活动中的目的、受众和语境等因素。该理论提倡翻译策略的灵活性，以实现翻译文本在目的文化中的功能。在这一观点下，译者需要根据翻译的目的和受众，采取相应的翻译策略。这既包括词汇、语法和修辞等方面的调整，也包括对文化内涵的取舍和改编。通过灵活运用翻译策略，译者可以更好地满足目标文化受众的需求，使翻译文本在目的文化中发挥其应有的功能。

第三，异化翻译理论强调保持原文的文化特色，使目的语读者能够接触到原文的文化内涵，促进文化交流。这一理论观点强调了翻译活动中原语言文化的重要性，提倡译者在翻译过程中尽量保留原文的文化特征。通过异化翻译，目的语读者可以更好地了解和欣赏源语言文化，从而促进不同文化之间的交流与融合。

在大学英语翻译教学中，教师应根据学生的实际水平和需求，有针对性地讲授文化相对论、功能翻译理论和异化翻译理论。通过理论教学与实践相结合，培养学生具备跨文化交际的能力，使他们在翻译实践中能够灵活运用各种翻译策略，为我国英语翻译事业贡献力量。同时，教师还应关注翻译领域的新动态和发展趋势，不断更新教学内容，提高教学质量。通过系统化的翻译教学，培养出更多具备专业素养和实战经验的优秀翻译人才。

二、文化功能视角下的大学英语翻译教学策略探究

在文化功能视角下探讨大学英语翻译教学策略，旨在提高学生的跨文化交际能力，使他们能够在不同文化背景下进行有效的沟通。以下探讨对大学英语翻译教学策略。

第一，提升教师的文化素养：教师是教学的主导者，他们的跨文化交际知识和能力对学生的引导至关重要。只有具备丰富跨文化知识的教师，才能在翻译教学中引导学生关注和理解文化差异，从而帮助学生更好地应对跨文化交际场景。

第二，注重文化导入：在翻译教学过程中，教师应有针对性地向学生介绍目的语的文化背景和相关信息，使学生在学习和实践过程中，能够充分了解和体会不同文化之间的差异。通过这种方式，学生可以提高对文化差异的敏感度，为跨文化交际做好充分的准备。

第三，丰富翻译实践内容：组织多样化、具有实际意义的翻译实践活动，让学生在实践中感受和理解文化差异。实践活动可以包括各类文本翻译、口译、同声传译等，这样既能锻炼学生的翻译技能，又能帮助他们更好地把握文化内涵。

第四，培养批判性思维：在翻译教学中，教师应鼓励学生对翻译文本进行批判性思考，引导学生敢于质疑、敢于挑战权威。这种批判性思维有助于学生深入理解翻译文本，提高翻译质量，并在跨文化交际中更加自信。

第五，创设多元文化交流平台：通过校际交流、线上论坛等多种形式，

让学生广泛接触多元文化，提高他们的跨文化交际能力。这样的平台可以让学生与来自不同文化背景的人进行交流，从而更好地认识和理解文化差异，为今后的跨文化交际打下坚实的基础。

第六，加强课程体系建设：构建涵盖文化知识、翻译技能和实践训练等多方面内容的课程体系，以确保学生在学习翻译的过程中，能够全面了解和掌握跨文化交际所需的各项技能。

第七，鼓励学生自主学习：教师应鼓励学生在课外自主学习，通过阅读、研究等方式，积累更多的跨文化知识，提高自身的跨文化素养。

三、文化功能视角下的大学英语翻译教学实践创新

在当今全球化的背景下，大学英语翻译教学实践创新显得尤为重要。为了更好地培养具有翻译实战能力的英语人才，我国教育界不断探索和改革大学英语翻译教学。以下是文化功能视角下的大学英语翻译教学实践创新的四个方面探讨。

第一，课程设置。在课程设置上，我们注重将翻译理论与实践相结合，使学生在掌握翻译基本理论的基础上，能够运用所学知识解决实际问题。此外，课程还兼顾语言技能与文化素养的培养，让学生在翻译过程中能够更好地理解和传达文化内涵。通过这种方式，课程设置既能提高学生的翻译技能，又能培养他们的跨文化交际能力。

第二，教学方法。为了激发学生的学习兴趣和积极性，我们采用了任务型教学法和合作学习等教学方法。任务型教学法通过设置真实的翻译任务，让学生在实践中不断提高自己的翻译能力。合作学习则鼓励学生相互合作、讨论和分享，从而取长补短，提高个人和团队的翻译水平。

第三，评价体系。我们建立了多元化、全过程的评价体系，充分考虑学生在翻译过程中的表现。除了期末考试，我们还注重过程性评价，如课堂表现、作业完成情况等。这样既能确保学生在翻译过程中始终保持积极态度，又能帮助我们更好地了解学生的翻译能力和需求。

第四，课外拓展。为了提高学生在实际翻译工作中的应变能力，我们鼓励学生参加各类翻译比赛、实践活动。这些实践活动有助于学生将所学知识应用于实际翻译工作中，锻炼他们的翻译技巧和心理素质。同时，课外拓展还能帮助学生扩大人脉，为将来的翻译职业发展奠定基础。

第四节　文化对等视角下的大学英语翻译教学

“文化和语言的密切程度决定了文化对等在大学英语翻译教学中的重要地位”[①]。鉴于此，以文化对等为视角来展开大学英语翻译教学，让学生充分认识到汉英语言之间的文化差异，通过转化思维方式来构建新的翻译理论，进而实现高质量的翻译，不断提升学生的跨文化交际能力。

在全球化的大背景下，我国的高等教育领域中，大学英语翻译教学正逐渐显示出其不可或缺的地位。随着我国对外交流与合作的日益深化，英语作为国际交流的一种主要语言，其重要性日益凸显。因此，探索如何提升大学英语翻译教学的质量，培养具有专业素质和跨文化交际能力的翻译人才，已成为当前教育界关注的焦点。

文化对等视角下的大学英语翻译教学，主张以文化平等、相互尊重为原则，通过对比分析源语和目标语的文化差异，使学生在翻译过程中既能准确传达原文的语言信息，又能充分考虑到文化背景的差异，从而实现跨文化交际的目的。这一教学模式强调，翻译不仅是语言的转换，更是文化的沟通。

第一，在大学英语翻译教学中，教师应充分挖掘教材中的文化元素，引导学生认识到文化差异的存在，并学会在翻译过程中加以考虑。例如，教师可以挑选一些具有代表性的篇章，让学生对比分析两种语言的文化内涵，从而提高学生对文化差异的敏感度。

第二，教师应注重培养学生的跨文化交际能力。这要求教师在教学过程中，不仅要关注语言层面的翻译技巧，还要引导学生了解并尊重不同文化背景下的行为规范和价值观。通过这种方式，学生可以在实际翻译工作中，更好地适应各种文化环境，从而顺利完成跨文化交际。

第三，教师还可以运用多元化教学手段，提高大学英语翻译教学的实效性。例如，组织学生参加国际交流活动，让他们亲身体验不同文化的碰撞与融合；或引入网络资源，让学生接触到更多真实的翻译案例，从而提高学生的实践能力。

---

① 韩艳．论文化对等视角下的大学英语翻译教学［J］．江西电力职业技术学院学报，2020，33（1）：134．

总而言之，在文化对等视角下，大学英语翻译教学应着力于培养学生的跨文化交际能力，使他们能够在翻译过程中准确传达语言信息，同时充分考虑到文化背景的差异。通过改革教学内容、方法及评价体系，我们有望提高大学英语翻译教学的质量，为我国培养出更多具备专业素质和跨文化交际能力的翻译人才。为此，教育工作者需共同努力，不断探索和创新，以期为我国的国际交流与合作输送更多优秀的翻译人才。

第五节　文化交融视角下的大学英语翻译教学

一、文化交融视角下大学英语的归化与异化翻译

语言是人与人之间沟通交流的桥梁，是友好往来的重要媒介。但中西方的文化存在着巨大的差异，尤其是语言方面和思维意识方面。随着各国之间的往来增多，跨文化交流也越来越多，包括语言资料之间的借鉴欣赏，这时候就需要翻译来进行辅助。而翻译的过程又是一个较为复杂的过程，其包含着各国的文化底蕴。因此，翻译人员在翻译过程中要掌握好归化和异化策略，处理好两者之间的关系。

（一）文化交融视角下大学英语的归化翻译

归化指的是将源语本土化，以目的语文化或者读者为基础进行翻译，运用目的语读者所习惯、能接受的思维方式、语言表达方式来进行内容的表述。归化翻译策略要求翻译者要把自己想象成本国的作者，将翻译的内容转成地道的本国语言，符合目的语读者的思想和文化观念。

1. 归化翻译的优点

归化翻译的优势体现在其以目标语言读者为出发点，使读者在阅读过程中无碍理解文章内容，并能更好地接受，从而提升了翻译作品的可读性与欣赏性。习惯采用归化翻译策略的人认为，这种策略解决了读者在阅读过程中的障碍，有效避免了国家之间文化差异的影响。例如，英语“Thelion's mouth”，翻译成汉语就是“虎穴”的意思，指非常危险的地方，这就是一种归化翻译。因为在西方人的眼中，狮子是万兽之王，是勇猛、威严的象征，

因此英语的“lion”有着强壮、受人尊重敬仰的含义。而在我国老虎被誉为万兽之王，是勇敢、威猛的象征，与西方文化的“lion”有着相似的含义。所以将“The lion's mouth”翻译为“虎穴”是两国文化的相互结合，能使中文的读者更容易地理解文章内容。

2. 归化翻译的缺点

任何事物都具有两面性，归化翻译策略也不例外。归化法的最大缺点就是破坏了原作的风姿，翻译者过于加入自身的主观意识，将原作独特的国家文化消磨殆尽。例如，西方国家对我国《红楼梦》的翻译，其中有一句“巧媳妇做不出没有米的粥”，英国翻译者将其翻译成了“Even the cleverest housewife can't make bread without flour”。由于英国的传统主食是面包，对米、粥等食物不太了解，所以就采用了归化法，将没有米的粥翻译成了“bread with out flour”。这种翻译虽然有利于英国读者进行理解和阅读，但是，《红楼梦》是我国的古典小说，在其中加入西方的面包与整个文章内容显得格格不入，而且国外的读者也不能了解我国的文化特色以及小说的真正内涵。

总而言之，归化与异化各有优缺点，完全的归化策略翻译不仅破坏了原作的内涵，还不利于各国之间文化的交流。而完全的异化策略翻译使目的语读者很难理解文章内容。所以，翻译人员要正视归化与异化之间的关系，采用以异化为主，归化为辅的翻译策略，将两者相互融合，在让读者能轻松容易地理解文章的同时能感受到其他国家的文化底蕴。

（二）文化交融视角下大学英语的异化翻译

异化是指翻译者尽可能不改动原作的内容，在翻译的过程中保留外来文化的语言特点、思维方式、表达方式等，以原作者的表达方式为基础。让目的语的读者跟着内容进行思考，去向作者靠拢。

1. 异化翻译的优点

异化翻译策略能够在最大限度上保留原著的内容、展现目标语言国家的文化底蕴以及语言特色，为读者呈现出一个全面、丰富的阅读体验。在阅读过程中，读者不仅能够领略到其他国家和地区的语言表达风格，还能深入了解其文化背景、地域风情以及风俗习惯。因此，异化翻译在促进国际文化交流方面具有至关重要的作用。例如，“In the county of the blind the one-eyed man is king”，这句英文寓意深刻，生动形象，翻译成中文为“盲人国内，独眼为王"，读者通过阅读能够开阔自身的视野，得到一定的启迪。而且，异化翻译策略不仅将原本的文章内容展示给读者，还具有创造新语言、新词汇的重要作用。例如，"Crocodile tears"这句英文，就有三种不同的翻译分别是"鳄鱼的眼泪""假情假意的眼泪""假慈悲的眼泪"。

2. 异化翻译的缺点

当采用异化策略进行翻译时，虽然能保证原作的还原性，但是各国之间的文化存在着巨大差异，这种翻译策略会面临着不被读者理解的问题。例如，对"You have got to have faith in your sleeve，otherwise you won't succeed"这句英文进行异化翻译时，意思为"你必须袖子里藏有信心，否则你不会成功"。当读者在阅读时就很难理解这句话的含义，进而影响了对整篇文章的阅读。

二、文化交融视角下大学英语的"双向文化导入"翻译

由于人们对社会和自然界的看法类似或比较一致，文化虽在不同环境下形成，但存在着大量共同之处。同时每种文化都局限于特定自然与历史条件，存在其独有的约定俗成，因此文化教学应侧重差异对比，培养双向文化思维习惯。

在语言学习中，文化的因素占据了至关重要的地位，首先，我们需要认识到，词汇的文化内涵并非一一对应。在不同的文化背景下，同一词汇的内涵可能存在巨大的差异。这些差异承载着丰富的文化信息，体现了不同的文化价值观。因此，教师在教学中需要对词汇的文化内涵进行细致的阐释和深入的解析，帮助学生理解和掌握词汇的真实含义。其次，语法的文化影响也不容忽视。不同的文化背景会导致语言的表达方式各异。以汉语和英语为例，汉语的语法较为宽泛，结构词经常被省略，主要通过句子间的内部逻辑关系来表达意义；而英语的语法形式和意义高度一致，逻辑术语作为结构词，表达明确、严谨。学生如果能够了解这两种语言在思维习惯上的差异，将有助于提高学习效果。再次，篇章的文化信息也是语言学习的重要方面。语篇通常涉及目的语文化的背景知识，包括节日习惯、价值观念、思维方式等。教师可以引导学生挖掘这些文化信息，拓宽文化视野。文化背景知识越丰富，学生理解篇章内容的能力就越强。最后，习语的文化差异同样值得关注。习语具有强烈的文化特征，是修辞手段的集中体现。教师可以指导学生收集和对比不同文化背景下的习语，从而加深对双向文化的了解。

在大学英语翻译教学中，双向文化导入是一个庞大而复杂的系统工程。作为其重要的有机组成部分，在翻译教学中双向导入文化因素具有直接的现实意义。通过深入挖掘和理解文化内涵，学生可以更好地掌握语言，提高跨文化交际的能力，为未来的国际交流和合作奠定坚实的基础。

（一）英语翻译中“双向文化导入”模式的具体框架

在大学英语翻译教学中建构“双向文化导入”模式，必须在坚持原则的基础上构建“共性与特性”“形式与内涵”有机并存的框架，确保文化导入的双向性。英语翻译中“双向文化导入”模式的框架具体内容如下。

1.“共性与特性”

在全球化的大背景下，教师的角色已经从传统的知识传授者转变为文化的引导者和启发者。他们应当引导学生在对两种文化的比较中寻找共性和特性，以培养学生感知两种文化的自觉性和敏感性。这种对比的方式能帮助学生增强获取语言信息和文化信息的能力，使他们能够以客观辩证的态度看待两种文化，认识到它们之间的共同性和沟通性。

在这个过程中，学生不仅需要了解两种文化的共性，还应学会体验它们之间的细微差别。这样，他们才能辨别这些差别给文化交流和翻译实践带来的障碍，并针对这些特性进行对比、加工和总结。这种“共性与特性”并存的训练方式，能让学生更加深入了解中华优秀传统文化，提升民族自豪感和自信心。

此外，学生还应具备海纳百川的胸怀，正确对待西方文化，开拓国际视野。这意味着他们在欣赏自身文化之美的同时，要尊重其他文化的独特性。在这种开放的心态下，学生能够更好地吸收外来文化中的优秀元素，实现文化的互补和渗透。

为了实现这一目标，教师可以采取一系列的教学策略。例如，组织课堂讨论，引导学生就某一文化主题进行深入探讨；开展跨文化交际活动，让学生亲身体验不同文化之间的碰撞和融合；加强实践教学，让学生在翻译实践中不断提高自己的文化素养和语言能力。

2.“形式与内涵”

在教育理念的转变中，我们需要摆脱过去那种以教师为中心的保守思维方式。这种思维方式过于强调教师的权威地位，忽略了学生的主动性和创造性。

反之，我们应该将教学重心转向学生，尊重他们的主体地位，激发他们的学习兴趣和动力。

（1）在教学形式上，我们需要摒弃传统的课堂讲授、照本宣科的模式。这种模式过于单一，无法满足学生多元化的学习需求。我们应该将双向文化导入贯穿整个教学过程中，使课堂变得丰富多彩。这包括课后延续学习、网络互动讨论、现实案例解析等多模态形式，让学生在不同的情境中体验到文化的魅力。

（2）在教学内容上，我们需要精选中西方文化中的代表性知识，使之符合学生的知识水平结构。同时，教学内容也应该贴近现实生活，紧密联系社会需求，让学生在课堂上所学到的知识能够在实际生活中得到应用。为此，我们可以编写一套符合上述要求的文化翻译教材，以帮助学生更好地理解和掌握文化知识。

此外，还需要关注学生的个体差异，采取因材施教的原则。对于不同水平的学生，我们可以设置不同难度的课程，以满足他们的个性化需求。同时，教师应充分发挥引导作用，引导学生自主学习，培养他们的独立思考能力。

（二）英语翻译中“双向文化导入”模式的建构

文化知识本质上具备广博性，而“双向文化导入”又具备广泛内容，如包含了媒体知识、法律知识及相关的社会知识、经济政治知识，当然更加融合了民族性格以及不同价值观念和相异生活习惯等，可见“双向文化导入”内涵之丰富。而大学阶段英语课程翻译教学应用“双向文化导入”模式可以从以下方面开展。

1. 英语词汇中的“双向文化导入”模式建构

文化的重要载体就是语言，学习语言则能够对理解文化产生重要的影响作用，因为只有语言了解了，文化才会随之被理解。词汇是语言的基本构成，各种文化特征都能在该语言的词汇上找到痕迹。词汇在中西方文化中含有不等值性，时常指示意义相同，联想意义却完全不同。对于这样的词汇，教师在课堂中应及时进行文化双重导入，以免学生对不同文化的词汇理解出现偏差，不能了解其深刻内涵。目前，大多数学生对中西方词汇的文化差异了解得少之又少。由此，英语课程翻译教学开展“双向文化导入”模式，应该从中西方两者之间词汇文化的认识解析上进行努力。

具体而言，词汇其实是承载文化的重要信息载体，故将词汇称之为“负载文化词”较为贴切。而对于英语课程翻译教学本身，并不仅仅是让学生进行不同语言上的良好转换，而是需要依托于对文化的丰富理解促使翻译更加准确以及富有文化气息。故而，英语课程教师需要对这些“负载文化词”向学生进行详细阐释，包含问候语、熟语、交际语、委婉语、敬语、食物词、动物词、颜色语、谚语、成语、俗语、数量语、重叠语、政治词语等，这些多种多样的词汇可以说是包含着自身的文化含义，需要教师在翻译教学中向学生有效地传达出来，帮助学生挖掘词汇中不同的文化内涵。这样才能促使学生更好地掌握翻译技能。例如，教材中出现的动物词汇，由于中西方历史、传统、习惯，甚至是思维方式的不同，经过历史积淀导致其在文化内涵上也有着较大的差异。对于布谷鸟（cuckoo）的理解，西方人认为布谷鸟的叫声是不吉利的；中国人则认为布谷鸟是春天的使者，喜欢布谷鸟的叫声。对于中西方文化中的非对应及零对应词汇，也需要教师在课堂上加以导入。

2. 英语句子中的“双向文化导入”模式建构

在英语句子中，“双向文化导入”模式的建设过程中，各个民族语言句子之间展现出丰富的差异化文化现象，中西方文化在句子层面的差异亦十分显著。教师在教学过程中可围绕句子结构的差异以及典故的差异，引导学生认识并理解两种文化之间的差别。通过对比分析，学生将更深入地掌握中西方两种文化的异同，从而提升其跨文化认知能力。值得注意的是，由于句子中的文化因素具有较强的外在表现力，加之文化源头的差异，不同句子在结构上必然存在显著的差异。

英语句子中常使用被动语态，而汉语中则经常使用主动语态，尽管汉语中有表示被动的词，但表达的时常是主动含义。这说明西方人会清楚表达主语“身份”是主动还是被动，个人主义意识强。而在中国，主语的主动或被动“身份”更多的是一种不言而喻。造句顺序上，中国人通常采用从大到小的词序造句，而西方人造句则是按照从小到大的顺序，这也反映了中国人的顺向思维和西方人的逆向思维。教师在教材讲述的过程中，需导入中西方文化间不同的造句方式，以便于学生理解句子中的文化差异。

此外，教师在教学过程中遇到含有典故或习语的句子时，也需要深入挖掘中西方不同的文化特色，进而导入文化内涵差异使学生更加深刻地体会句子含义。

3. 英语语篇中的“双向文化导入”模式建构

在英语语篇教学过程中，构建“双向文化导入”模式具有显著意义。大学英语教材中的诸多语篇涉及英美国家的典型文化背景知识。教师可据此导入与中国文化相对应的元素进行对比解析，使学生在把握语篇内涵的同时，理解中西方两种文化的异同。以翻译教学为例，教师可引入具有美国文化特征的代表物，并进一步阐述具有中国文化特色象征物的英文表达及来源。通过比较分析，学生可深入了解中西方代表物的文化历史差异。此外，教师还应引导学生系统掌握整单元的文化知识，填补中国文化知识的空白，实现英语教学中中西方文化并重，提升学生的综合文化素养，并为他们更好地开展跨文化交际及输出母语文化奠定基础。

随着经济全球一体化进程的加速，中国与世界的交流越发紧密，学生对外语学习的需求更加深入，输出母语文化的愿望日益强烈。因此，外语教学需兼顾学生的语言能力和多元文化能力培养。教师在传授语言知识的同时，应遵循文化导入的阶段性、适度性和实用性原则，导入中西方文化知识。教师可从词汇、句子、语篇等层面挖掘中西方文化内涵，在外语教学中实施双向文化教育，在学习西方文化的同时，弘扬中华民族文化。

总之，在大学阶段英语课程翻译教学中，“双向文化导入”一方面有助于减轻母语文化对翻译教学的负面影响；另一方面，可拓宽学生的知识视野，丰富学习思路。更重要的是，此模式有助于提高学生在中外文化熏陶下的艺术修养，对英语专业学生产生重要影响。

三、目的论下的大学英语语言文化与翻译交融

“目的论”将翻译研究从严格的“对等”理论中解脱出来，将目的放在了研究的首位，研究者将视角更多地转向了译者背后的文化因素。翻译不仅是将一种语言文字变成另一种语言文字的简单转化，其背后所蕴含的是译者赋予的文化目的。也正是这种文化目的的存在，使译者采取更灵活多样的翻译方法，并在译文中留下了翻译目的的烙印。

文化蕴含于各种隐性与显性模式之中，依赖符号的应用实现传承与学习，是人类集体智慧的独特体现。文化的基本元素包括历史传承并通过选择汇聚的思想观念与价值观。文化通过各类符号展现于人类认知之中，不同文化由独特的符号构成，因此，同一符号对于不同文化背景的个体未必具有相同含义。

在历史的不同时期，翻译需兼顾各个时期的文化需求，同时考虑到满足特定文化中不同群体的需求。文化与人类相互作用，相互促进。随着人类历史的发展，文化呈现动态性，不断演变以适应新的环境。相较而言，中国社会强调饮水思源，善于从历史中探寻解决之道，对下一代的教育尤为重视；而美国社会则注重现实环境的突破，强调对未来进行规划。

“目的论”自提出以来，就一直影响着翻译工作，这一理论认为译者在翻译时应根据译文预期要达到的目的或功能，使用符合译语文化观念和习惯语言结构进行表达，使译文对译语的读者发挥正确良好的影响。在进行此类翻译中，应该把“译文的目的功能”放在首要位置。委托人对翻译的具体要求、文本的特殊功能、目的语读者对译文的期待等是实用翻译活动中务必考虑的要素。非语言部分，可以利用面部表情、手势或是肢体动作等口语沟通方式，也可以利用图片、符号、美工设计、尺寸大小或折叠方式等书写沟通方式表达；并行语言部分，则可以利用音量大小、声调起伏、重轻音及停顿等口语沟通方式，也可以使用印刷格式、标点符号及写作方式等书写沟通方式表达额外语言部分，其口语沟通表现的形式可以通过沟通的时间、地点、服装或是根据上下文情境等方式，而书写沟通方面，则可以通过出版方式、纸张材质及针对的族群类别等方式表现。

总而言之，功能目的论突破了传统思维模式，以目的为总则，把翻译放在行为理论和跨文化交际的框架中进行考察，将翻译的焦点从对源语文本的再现转移到更富挑战性的译语文本中，为文本翻译提供了理论依据和实践原则，为文本翻译实践各种必不可少且行之有效的翻译方法，如编译、摘译、省译等提供了理论依据。

四、文化交融视角下大学英语的文化图式翻译模式

图式是表征人类一般知识的认知结构，由从个体先前所不断经历的环境或事件中抽取出的信息构成。在图式理论的认知中，人们在理解、吸收输入信息时，需要将输入信息与已知信息联系起来。对新输入信息的解码、编码都依赖于人脑中已存的信息图式、框架或网络。输入信息必须与这些图式相匹配才能完成信息处理的系列过程，即从信息的接收、解码、重组到储存。图式理论是一个抽象的关于人的知识的理论，它涉及任何形式的事件和客体，是人的记忆对所有知识进行组合、归类的总汇。

文化图式是人脑中关于“文化”的“知识结构块”，是人脑通过先前的

经验已经存在的一种关于“文化”的知识组织模式，可调用来感知和理解人类社会中的各种文化现象，它包括风土人情、习惯、民俗、生活方式、社会制度、思维方式、价值观念等内容建立起来的知识结构。它在语言理解、文本解读过程中起着不可缺少的作用。文化图式最大的特点是民族性，不同的民族在各自久远的发展过程中，常常形成有别于其他民族的独具特色的风土人情、审美情趣和价值观念等。各种文化一经习得，便以图的方式储存在译者的长时记忆里。不同的种族有着不同的文化图式，文化图式的差异会造成话语意义的不同理解。这种语义是在发话人、受话人的文化图式基础上，对于一个话语所产生的某一特定感受。不了解语义就不能完全接受一个话语所承载的全部信息，甚至产生误解。这是文化缺失所导致的。

翻译是将一种语言用另一种语言进行表达的转换过程，这个过程从表面上看是一种语言活动，但从译者的角度来说，翻译实质上是一种思维活动。它是用一种语言文化把另外一种语言文化的文本再现出来，译文不可避免地反映出两种语言文化的特征。翻译的过程主要分为理解和表达两个阶段，理解实质上是对原语信息的解码，译者应具备并激活大脑已有的与原语相关的图式，以确保对原语的正确解码。

然而表达实质上是用目的语对原语信息进行再编码，在这个过程中，译者对目的语图式的编码有利于激活潜在读者已有的图式，同时有利于帮助他们建立更多新的图式以达到翻译的跨文化交际的目的。在翻译过程中无论是理解阶段还是表达阶段都离不开对文化图式的认知。翻译的作用就在于将原语文化中的文化移植到目的语的文化中去。王佐良先生指出，翻译的最大的困难就是两种文化的差异，译者必须透彻地理解原文，要做到这一点，深入了解外国文化十分必要。同时，译者还得深入了解本民族的文化。作为译者，对两种语言的文化背景了解得越多越深入，就越能在翻译活动中准确地把握语言的主旨，再现原文的风采。

翻译既是语言之间的转换，更是文化之间的交流，这是翻译的本质，因为翻译的直接对象总是与文化密切相连。语言是文化的符号和载体，语言直接反映文化现实；同时，语言又是文化的一个组成部分。语言和文化的密切关系注定了翻译和文化的密切关系。根据图式理论，图式是对过去经验的抽象和概括，而每项具体经验都是文化的体现。如果把图式看作一种框架，那么文化就是框架的内容、框架的填充物，两者的关系密不可分。语言从不同方面反映文化，从而形成不同层面的文化图式。

文化翻译之探讨，置于文化研究之广袤背景中，旨在深入剖析翻译之“表层”与“深层”结构，挖掘文化及语言之内在联系与客观规律。基于翻译作为原语与译入语之间语言图式与文化图式之转换，文化翻译可理解为原语与译入语文化图式之互换，或者说，文化翻译即文化图式之翻译。在重视原语其他层面信息忠实转换的基础上，文化图式翻译强调对原语文化图式之精准解码，并致力于在译入语中实现再编码。

在翻译过程中，不同民族在文化图式上表现为原语和译入语文化图式的异同，具体可分为文化图式对应和缺省。对应指原语和译入语文化图式基本对等，用译入语中的文化图式能正确全面表达相关原语文化图式承载的文化信息，如“look before you leap”可用“三思而后行”表达，“纸老虎”可用“Paper tiger”表达。而文化图式缺省则指原语中的相关文化图式在译入语读者的认知语境中根本不存在或不完整。在翻译过程中，文化图式缺省会导致译入语读者在认知推理过程中无法找到相关图式，因而造成理解失败或不完全理解。

翻译的目的是促进两种语言的交流，而文化翻译的目的不仅如此，更是为了促进原语和译入语文化双向交流，寻求文化的共生和融合。在英汉翻译实践中，可以选用文化图式对应、文化图式诠释、文化图式交融三种翻译模式，将原语蕴含的信息包括其文化意义等值地转换为目的语，具体解析如下。

（一）大学英语翻译中的文化图式对应模式

1. 直接对应

在英汉互译中，如果目的语中存在与原语相对应的文化图式，即两种文化图式能基本重合，直接对应翻译是优先选择的方法。因为这样，可以在目的语中直接体现原语中的独特的文化图式，使目的语读者能直接品味原语文化。这种翻译模式只需译者能对原语文化模式进行解码，并激活自身已存储的图式，直接进行对应翻译即可。例如：“Walls have ears”表示隔墙可能有人偷听，与中文里“隔墙有耳”具有相同的文化图式；“Don't cross abridge till you come to it”意为问题或矛盾会随之进展自然会得到解决，可直接译作“船到桥头自然直”；“A truly wise man does not show off his capability”则与“大智若愚”的图式对应；“The water that bears the boat is the same that swallow sit up”可译为“水能载舟，亦能覆舟”。

2. 间接对应

由于英语与汉语属于不同的语系，两者具有各自独特的文化图式，可能引起文化图式影响的问题。与文化定位、社会准则的差异相同，文化图式差异也必定会导致文化影响。译者应当对两种语言的文化背景以及语言特征等有清晰的了解才能在英汉翻译中准确把握原语的真实意图，从而将其忠实地解码并转换成目的语。例如，“white day”如果被译为“白色的一天”，读者会感到很困惑。由于在汉语中无法直接找到与之对应的文化图式，为了准确表达原语的真实含义，译者须将原语的文化图式转换为目的语的文化图式。通过这种间接对应的方式，实现原语与目的语文化图式的对等转换。此例中，可用汉语的“黄道吉日”来对等替代“white day”，因为两者在汉、英两种语言中的文化图式是对等的，读者较为容易就能接受。如果译者不了解中西方语言风俗习惯和思维方式，那么很难实现这种对等。

（二）大学英语翻译中的文化图式诠释模式

有时一种语言所传承的文化含义在另一种语言文化中根本不存在，也没有相应的表达方式，在译者的大脑中根本无法建立相对应的文化图式，这就会出现图式缺省。当原语中的文化图式无法直接被译入语读者理解的时候，就可以采用增译，或是解释的办法在译入语中为原语文化图式提供相关的图式信息，这就是文化图式的诠释模式。

1. 直译加注

直译加注是在译文中增添目的语读者缺乏的文化背景知识，以便读者理解和建立原语文化图式。例如，汉语中的“气管炎”作为一种疾病与英语中的 tracheitis 对应，但因与“妻管严”谐音而具有“怕老婆”的含义。某人开玩笑说“他有气管炎”，若采用文化图式移入模式译为“He suffers from tracheitis.”，外国人看到或听到，不但不会发笑，而且会感到莫名其妙、困惑不解。这时如果采用文化图式诠释模式，将此句译成“He's a hen–pecked man”能更好地让英语读者了解“气管炎”的文化内涵。

2. 直译附解释

直译附解释：在翻译过程中，尽管在译文后添加注释能够弥补直译的不足，但是过多的、过长的注释会干扰甚至阻碍读者的流畅阅读。在这种情况下，采用直译附解释的方法，既能简化译文，又能在目标语言中融入原语文化图式。例如，把“终日望君君不至，举头闻鹊喜。”（冯延巳，《谒金门》）译为“Waiting for you the whole day long wears out my eyes.Raising my head，I'm glad to hear mag-pie.（Who is glad to hear the magpie chatter is supposed to announce the expected arrival.）”（许渊冲译）。

对汉语读者而言，喜鹊是吉祥之鸟，预示着吉庆和红运来临。对词中描绘的深闺女子而言，枝头喜鹊的喳喳声传递的是亲人归来的报喜乐曲。而在英语认知语境中，与喜鹊有关的文化图式传达的是唠叨、饶舌的喻义。因此，英语读者会认为对于百无聊赖的少女而言，听到喜鹊叫声的惊喜也许是因为饶舌的鸟儿突破了寂静，带来了一丝生机。由于译入语的文化缺省，原语读者和译入语读者对诗词的理解就产生了偏差。而许渊冲先生的译文在后面增加了“Who is glad to hear the magpie chatter is sup-posed to announce the expected arrival.”这一解释，修正了英语读者关于“喜鹊”的文化图式，从而引导他们获得了与原语读者相同的理解。

（三）大学英语翻译中的文化图式交融模式

交融模式是指原语文化图式和译入语文化图式交相融合，试图在目的语中构建一种新的文化图式。随着英汉文化交流日益频繁，主要通过音译或者音、意兼顾来将两种文化图式融合。西方医学中的“CT 检查”“维生素 A”，服装方面的“T 恤”，娱乐方面中的“卡拉 OK”“DVD 光盘”都已成为词汇。这种音、意兼顾的译法已成为原语文化融入译入语文化的有效途径。例如，围棋（weiqi）、太极（taichi）等都已被英语所接受，成为英语的外来词。而诸如“梁祝”（Liang Shanbo and Zhu Yingtai，the Romeo and Juliet in China）、“情人眼里出西施”（Beauty is in the eye of the beholder）等的译文，也都遵循了文化图式的交融模式，体现出了中西方文化的交汇融合，更好地达到了跨文化交际的目的。

在翻译实践中，译者往往会综合应用多种方法来排除对文化图式缺省带来的理解障碍。译者须充分考虑不同文化背景下文化图式转换的问题，包括文化图式缺省和影响的难题。善于捕捉到隐藏在原文中的文化缺省，依据原语读者和译入语读者文化图式的差异，在充分理解原语文化图式后，采取相应的文化图式对应模式、文化图式诠释模式或文化图式交融模式，尽可能更好地为目的语读者再现原语文化，从而达到文化翻译的目的。

第六节　跨文化视角下的大学英语翻译教学

“语言不仅是一种社会现象，也是一种文化现象，会受到文化环境的影响，这就要求在进行翻译活动时必须要考虑到两种语言背后的文化差异”[①]。因此，在大学英语翻译教学中，教师可以从跨文化的角度来优化大学英语翻译教学策略。跨文化视角的大学英语翻译教学需要教师在教学过程中除了培养传统翻译技能，还要注重学生的跨文化意识的培养。立足于跨文化视角，从多个方面探究大学英语翻译教学的要点与策略，期望可以为今后的大学英语翻译教学提供些许建设意见。

一、跨文化视角下大学英语翻译教学的意义

在当今全球化的背景下，大学英语翻译教学正在逐渐受到重视。跨文化视角下的大学英语翻译教学，是指在教学过程中，教师有意识地将不同文化背景下的英语语言知识进行对比和分析，引导学生理解和尊重不同文化差异，提高学生在跨文化交际中的语言运用能力。这样的教学方式具有以下重要意义和优势。

第一，提高学生的跨文化交际能力。通过对不同文化背景下的英语语言知识进行对比和分析，学生能够更好地理解和尊重文化差异。这有助于提高学生在跨文化交际中的语言运用能力，使他们能够在与来自不同文化背景的人交流时，更加得体、自然。此外，这也有助于培养学生的包容心和开放态度，使他们能够适应多元化的社会环境。

第二，培养学生的全球视野。跨文化视角下的大学英语翻译教学，能够帮助学生了解世界各地的文化特点和风情，从而拓宽他们的视野。在全球化的背景下，具备全球化视野的人才备受青睐。通过学习不同文化背景下的英语语言知识，学生可以更好地把握世界发展趋势，为今后的国际交流和合作打下坚实的基础。

① 任俊超．跨文化视角下大学英语翻译教学研究［J］．中国民族博览，2022（8）：120-122.

第三，消除文化隔阂，促进国际交流与合作。了解和尊重文化差异是消除文化隔阂、促进国际交流与合作的关键。跨文化视角下的大学英语翻译教学，有助于培养学生在这方面的能力。当他们走向国际社会时，能够更好地消除文化隔阂，促进国际交流与合作。这对于推动我国与世界各国的友好往来，提高我国的国际地位具有重要意义。

第四，提升学生的综合素质和人文素养。通过对不同文化背景下的英语语言知识进行学习，学生可以接触到世界各地的优秀文化，进而提升自身的人文素养。此外，跨文化交际能力的培养也有助于提升学生的心理素质和应变能力，使他们在面对挑战和困难时，能够更加从容应对。

第五，丰富教学内容和方法，提高教学质量。跨文化视角下的大学英语翻译教学，丰富了教学内容和方法。教师可以根据不同文化背景下的英语语言知识，设计出富有挑战性和趣味性的教学活动，以此激发学生的学习兴趣。同时，教师还可以引导学生进行跨文化比较，提高学生的批判性思维能力。这将有助于教师提高教学质量，培养出更多高素质的跨文化人才。

二、跨文化视角下大学英语翻译教学的任务

在跨文化视角下，大学英语翻译教学的目标和任务显得尤为重要。以下对大学英语翻译教学的任务进行深入探讨：一是培养学生对文化差异的敏感度和尊重；二是提高学生运用英语进行跨文化交际的能力；三是培养学生具备跨文化翻译的基本技能。

第一，在当今全球化的背景下，培养学生对文化差异的敏感度和尊重至关重要。翻译作为一种跨文化交际的工具，要求译者在面对不同文化背景下的文本时，能够理解和尊重原文作者的意图，同时准确地将这种意图传达给目标语言读者。因此，大学英语翻译教学应注重培养学生的文化素养，让他们了解并尊重各种文化的独特性。

第二，提高学生运用英语进行跨文化交际的能力是大学英语翻译教学的核心任务之一。随着我国国际地位的不断提升，英语作为国际通用语言，其在跨文化交际中的重要性不言而喻。学生需要在学习翻译的过程中，掌握英语语言知识，了解不同文化背景下的交际习惯，从而提高他们在国际交流中的语言运用能力。

第三，培养学生具备跨文化翻译的基本技能是实现前两个任务的基础。跨文化翻译涉及多种技能，如语言表达能力、跨文化沟通能力、信息筛选和

处理能力等。在大学英语翻译教学中，教师应着重培养学生的这些基本技能，使他们能够在实际翻译工作中，准确、高效地将原文信息传达给目标语言读者。

三、跨文化视角下大学英语翻译教学的策略

随着全球化时代的到来，跨文化交际已经成为人们日常生活中不可或缺的一部分。在这种背景下，大学英语翻译教学面临着新的挑战和机遇。为了培养具有跨文化素养的翻译人才，教师需要从以下方面改进教学策略。

第一，丰富教学内容，引入多元文化元素。在传统的英语翻译教学中，教学内容往往局限于词汇、语法和翻译技巧。然而，要培养具备跨文化素养的翻译人才，教师需要关注文化背景的差异。在教学过程中，教师可以引入多元文化元素，如不同国家的风俗习惯、历史背景、价值观念等。通过学习这些内容，学生可以更好地理解不同文化之间的差异，为跨文化交际奠定坚实的基础。

第二，创设跨文化交际情境，提高实践能力。理论教学固然重要，但实践环节同样不可忽视。教师应设计各种跨文化交际场景，让学生在实际操作中锻炼自己的翻译能力。这些场景可以包括商务谈判、外交会晤、国际会议等。通过模拟这些实际场景，学生可以更好地掌握跨文化交际的技巧，提高自己的翻译水平。

第三，加强教师队伍建设，提高教师跨文化素养。教师是教学的主导者，他们的跨文化素养直接影响到教学质量。学校应加强对教师的培训，提高他们的跨文化交际能力。此外，教师还应关注国内外翻译教学的最新动态和发展趋势，不断更新自己的教学理念和方法。只有这样，才能更好地指导学生，培养出具备跨文化素养的翻译人才。

第四，运用现代技术手段，拓宽学习渠道。现代科技的发展为翻译教学提供了新的手段和途径。教师可以利用网络资源、多媒体教学设备等，为学生提供丰富的学习资源。此外，教师还可以引导学生利用这些资源进行自主的学习，提高他们的翻译能力。通过这些现代技术手段，学生可以更加便捷地接触到多元文化，进一步提高自己的跨文化素养。

四、跨文化视角下大学英语翻译教学的实践

在跨文化视角下，大学英语翻译教学的实践呈现出多元化、开放性和创

新性的特点。为了更好地培养具有跨文化交际能力的翻译人才，我国高校在教学实践中主要从以下方面着手。

第一，开展校际交流与合作，共享优质教育资源：通过与国内外知名高校及翻译机构建立合作关系，引进先进的教学理念和方法，拓宽学生的国际视野。这有助于学生在多元化的环境中提高自己的跨文化素养，为今后的翻译工作打下坚实的基础。

第二，举办各类跨文化主题活动，提高学生的跨文化意识：组织讲座、研讨会、文化体验等活动，让学生深入了解不同国家和地区的文化背景，提高他们对文化差异的敏感度和尊重。此外，还可以利用网络平台，让学生参与国际学术交流中，增强他们的跨文化交际能力。

第三，鼓励学生参加国际交流项目，增强实际跨文化交际能力：通过留学、实习、志愿者等服务项目，让学生亲身体验不同文化，锻炼他们在实际场景中的翻译能力和跨文化沟通能力。这些实践经历将有助于他们在今后的工作中更好地应对各种挑战。

第四，结合课程改革，创新教学方法：在教学过程中，注重培养学生的跨文化思维，将文化元素融入课程设置，使学生在学习语言的同时，了解相关文化背景。此外，运用现代化教学手段，如在线翻译工具、虚拟现实等技术，为学生提供更多实践机会，提高他们的跨文化翻译水平。

第五，强化师资队伍建设，提高教师跨文化素养：组织教师参加跨文化培训和学术交流活动，提高他们的跨文化教育水平。具备跨文化素养的教师能够在教学中更好地引导学生，培养他们的跨文化交际能力。

第六，建立有效的评价机制，确保教学质量：通过对学生的跨文化翻译能力进行定期评估，确保教学目标的实现。同时，鼓励教师和学生积极参与评价过程，以提高教学质量。

第八章　大学英语翻译教学的信息化创新实践

大学英语翻译教学的信息化创新实践是我国教育领域的一项重要探索和改革。在当今全球化和信息化的大背景下，如何利用先进的信息技术手段提高英语翻译教学的质量和效果，培养具有国际竞争力的翻译人才，已成为我国高校英语教育面临的重要任务。本章重点围绕信息环境下的大学英语翻译教学优化、基于信息化的大学英语翻译教学有效方法、信息化助力大学英语跨文化翻译教学探究、信息化时代大学英语交互式教学模式运用进行研究。

第一节　信息环境下的大学英语翻译教学优化

一、信息环境下大学英语翻译教学的优化原则

“在信息技术高速发展的时代环境下，人工智能逐渐渗透到大学英语教学领域，在辅助教学的过程中发挥着重要作用”①。在大学英语翻译课程教学中，可以借鉴引申教育生态学的相关理论，并从生态化研究角度，架构大学英语领域完整的理论体系，为课堂教学探究出保证生态系统动态平衡运转的方法渠道。以大学英语翻译课堂教学生态系统为基本，在探索该系统失衡的原因时，必须坚持教育课堂中生态学理论的主体指导地位。信息环境下英语

① 靳成达．信息化环境下人工智能在大学英语教学中的应用研究 [J]. 长春师范大学学报，2022，41（7）：163-165.

翻译教学的优化原则，具体内容包含以下五个方面。

（一）最优化原则

只有从系统层面和整体视角对完整的教学过程进行审视，才能保证最优化程序的顺利进行。整个教学系统内部，各种教学元素都有着内在联系和相互作用。最优化原则，具体而言，就是保证教学方法、手段、内容、形式都在可控范围内的最优解，进而形成教学结构的最优化例程。大学英语的课堂教学兼具实践性和技能性，最优化研究作为宏大的时代命题，需要在教师教学和学生学习两个层面做到科学规范、组织严密、保障有力、开展有序。

通常而言，在大学英语类课程中，教学目标的完美实现需要依赖多种教学方式方法，并非某一种手段（如网络媒体教学）就可以实现，其可以依托古今贯通、中西合璧等渠道，相互融合、共同生效。教学过程推动教学实践，教学效果对应课堂质量。在大学英语课堂教学中，正确选择恰当的教学方式方法、自主学习策略、网络立体化平台、评价反馈机制等，是促进课堂最优化的重要因素，辅之以教师对自身角色的定位以及教学资源的最优化利用等。

（二）促进个体发展的原则

在使用信息技术构建课程内容时，必须坚持遵循以信息技术为主线原则，依托大体量的先进技术，开发建设多层次、全方位的计算机网络类课程，为学生创造优良的语言环境和学习条件。但是，提高教学效果的主旨目标在教学过程中，往往被外语教师忽略，导致网络环境下教学发生贬值使用、超量使用等误用现象。平稳“促进”的前提是有效“制约”，而合理“制约”也可以引导稳步“促进”，双向良性循环保证英语教学的课程环境和谐融洽、发展进步和自然共生。英语教学要坚持运用适用性原则进行所谓网络信息技术与教学课程的相互整合，应用信息资源绝非摒弃全部非信息资源，而是要依托教学实际、围绕学生主体、采用合理方法、恰当结合手段，以达到教学过程组织开展的最优化。

同时，伴随适用性原则，英语翻译还需要坚持遵循个别化针对性教学原则，即着眼于促进个体发展。得益于网络环境发展、信息技术普及，教学人员可以利用自身教学水平，更好地实现因材施教的现实意义，优秀生可以获取到水平更高、难度更大的学习资料，后进生也能借助网络获得匹配自身实际的课程内容。由于知识基础不同、接受能力不同，其对应的水平层次也不同，教学人员能够以此为依据，为学生量身打造适合的目标计划。因此，依托网络环境为学生搭建一个涵盖大体量资源、摆脱时空限制的自由自主学习课堂，可以帮助学生自主自觉地学习，充分发挥其独有的学习风格，从师生层面共同诠释个性化针对性教学原则带来的效益。

（三）学生主导式自主学习原则

“主导式自主学习”的学习模式表现的是累积性和目标指向性，讲求学生借助教学目标进行宏观指导、依靠教师进行科学引导，充分发挥学习主观能动性，有机结合国家政策、教师指导和学生自主三个部分。只要师生之间的指导帮助和自主学习能够得到积极互动和深度融合，学生自主学习的主导性和有效性便可以充分发挥。换言之，在教学人员层面，适当地体现主导地位、把握主导方式，可以深入推动学生培养自主学习意识、提高知识应用能力。在英语教学领域，其本身的生态系统始终保持着动态平衡，学生的认知过程，随着学生本身对知识的了解学习、归纳总结、高层次演绎，处于平衡、失衡、再平衡的循环动态过程，并不断地进行优化与更新。

但是，需要注意的是，学生如果只依靠自身努力而缺乏教学人员的监督引导，永远不会成为一个高层次知识建构者，而教师作为重要的链条环节，直接决定了学生能否具备可持续的发展能力。从人类的差异化角度来看，每个学生都有自己专属的认知方式、行为习惯、思考维度和心理层次，他们是不同的认知主体。教学人员在学生面对海量资源无从下手时对其进行个性化辅导、针对性帮助、目的性引导，帮助学生树立学习目标、制订学习计划、优化学习攻略，师生才能够找准属于自己的生态链条位置，保障英语课程的课堂教学系统平稳运行、良性循环。

（四）兼容稳定教学的原则

大学英语课堂教学生态系统这种理想化生态环境的获得，要求教学课堂中的生态系统功能强大，既兼容系统内含的各要素典型特征，又可以调节各要素间的相互依存、相互转换的作用关系，进而对课堂教学起到一定制约作用。特点决定功能、功能依靠元素，只有保证要素稳定和环境平衡，才能符合教育生态理论，促进要素兼容、环境和谐。

在英语类课程的课堂教学中，兼容是手段，稳定是目标，而在这个宏大的生态系统之中，教学链条则由教学的设施资料方法以及评价反馈机制等构成。教学目标、学习策略、媒介手段、课程设置、师生信念等一系列要素，将起到不可或缺的作用，它们相互作用且彼此依存，某一环节出现问题会产生全局性影响，进而导致整个教学系统失衡。保证教学要素的相互兼容，简单而言，就是使网络信息技术深度兼容于教学要素，具体来看是通过学生之间、师生之间、学生与计算机之间的深层互动，体现出网络信息技术与英语的教学理念及方法的兼容。

英语课程与信息技术整合的核心，即师生之间可以在互动过程中充分展现各自的个性。从教师课堂演示讲解的角度来看，教师占主导地位，学生充当辅助角色，两者各为中心，而在计算机网络学习中，两者发生对调。这里所说的对调和转换，是主体作用发生迁移而达成的相互兼容，有利于师生双方综合、巧妙地运用各种教学模式。如果在完整课堂教学生态系统中，将信息技术作为生命个体、作为有机组成部分，进行深度融合，最终打造人机一体的新型教学模式，则可以推动信息技术和教学方法、学习策略、软硬件环境相融合，并产生异乎寻常的教学效果，从而保证信息技术本身在教学工作中充分发挥作用。

（五）多元化互动教学原则

基于网络时代新环境背景下，学生之间、师生之间、学生与计算机之间深层互动，称为多元互动教学。它的典型属性是将双向性、多向性两者融入信息处理的典型过程，并在语言入口和出口发挥协同作用。唯有激发学生在学习起点处的认知驱动力，保障网络环境的先决条件，才能助推学生主动构建和整合英语学习全部过程。作为一项交流性技能，在语言教学中，必须重视其实践性质和互动需求，只有保证语言的交流、保障语言的输入、维护语言的交互，才能达到良好的学习效果。

在与对方进行语言互动过程中，学生可以从自身出发，关注语言输出、关注联动作用、关注新说法新现象，进一步提高语言词汇量、认清自身水平短板，进而修正输出，提高自身水平。从目前新时代的网络环境角度来看，大学生英语网络课堂已被绝大多数高校使用，其基本上都依托互联网和校园网的优势，搭建虚拟化教学平台等。在这样的环境下，学生通过聊天室、邮箱（E-mail）、小组互动等手段形式开展交流，其口语交际的水平得到长足提升。总而言之，多元化互动教学在英语课程教学中的地位日趋明显、应用日趋广泛，正成为课堂优化的大势所趋。

二、信息环境下大学英语翻译教学的优化框架

"信息技术的迅猛发展为外语教学的改革提供了便利的平台"①。长期以信息技术为主导进行大学英语教学而忽视传统教学手段，将会产生一些不必要的影响和差异，长此以往会导致排异现象的发生，但并不是信息技术无益于大学英语教学，只是从目前我国网络环境以及技术现状而言，网络教学还需要很长时间的磨合和发展。大学英语教育创新发展之路要进行不断优化和完善，其中不仅需要教师队伍专业程度的优化，而且需要学生进行自我学习优化，两者是相辅相成而又相互独立的关系，教师专业优化是学生自我优化的前提条件，同时配合环境进行补充。环境条件与教师优化、学生优化三者缺一不可，共同构建大学英语生态教育环境。

（一）培养现代化教师教学的发展框架

如今，大学英语教学的主体虽然越来越倾向于学生，但是教师在其中的地位依然很重要，教师的优化是大学英语生态建设中的重要环节。现代大学英语教育因为信息技术的引入而变得丰富多彩，也为大学英语创新教育提供了基础。但是，信息技术的发展对于大学英语试点教育而言，存在着一定挑战，还需要教师队伍不断增强自身专业技能，以便适应教育改革的发展。

学习型教师对于当今大学英语教育队伍创建必不可少，也是大学英语教育改革的发展需要。面对新挑战和新机遇，教师只有不断强化自身实力，培养创新意识，积极学习先进教育知识，才能在网络教育优化工作中贡献自己的力量。教师队伍优化应该秉承多元、主导式以及兼容的思想战略原则，鼓励教师进行自主建设，提倡教师进行自我完善和学习，培养现代化教师的发展框架。

1. 教师教学信念的加强

随着信息技术的高速发展，教育环境得到了显著提升。因此，外语教师应持续优化现代化教学思维，增强教育创新意识，树立先进的教学观念，并以反思和批判的教学精神为导向，不断优化教育教学过程。在网络教学环境下，教师需培育具备批判精神的学生主体，自身亦需具备批判性思维，这与教师

① 雷黎，龙玲珑．信息技术环境下大学英语翻译教学改革研究［J］．环球市场，2017（32）：157.

所接触的社会文化环境密切相关，同时要求教师在现代课堂中不断进行实践与总结。现代化教学生态环境的建设离不开信息技术的支持与协助，因此，教师需学会将信息技术应用于教学过程中，充分发挥信息技术的特点和优势，以促进学习交流，为学生营造一个优良的信息化教学环境。

（1）现代网络教学应当具备终身教育观的思想。终身教育观念是大学英语教师需要具备的一种思想观念。现代信息时代需要大量创新型人才，大学英语教育更要不断培养创新型人才，并且教育是一个长期发展的过程，在教育过程中要让学生学会现代化社会需要的技能。

（2）现代化信息教育生态体系的建立，离不开社会、学校以及人文环境的相互帮助和扶持。大学英语改革需要一定政策扶持，同时在教育体系改革方面应当注意增强学生的自我学习能力，减少不必要的考试压力。在教师评价体系方面，应进行深入改革，努力创建符合现代生态教育的评价体系。现代课堂生态体系的建立，需要教师建立长期稳定的教学信念，同时进行不断的完善和优化总结。

2. 教师信息素养的提升

虽然现在大多数大学英语教师已经具备一定的信息意识，但是其专业的信息知识还很匮乏，所以，应当加强大学英语教师在信息知识方面的培养和学习。新时代，复合型教育人才是现代网络教学发展的基础，对于现代网络信息英语教育而言，大学英语教师应当具备三方面技术才能：①要具备一定的计算机专业知识；②能够独立制作网络教学课件；③教师要了解计算机的工作原理，熟悉多媒体技术的应用以及开发，能够建立准确的数据库信息源。教师掌握这三方面的基础技能才能有效适应现代网络教学发展，从我国目前教育现状来看，大部分高校英语教师仍不具备这三方面的基本技能。

在具体教学过程中，教师信息素养和信息教学能力包括以下细节：能够根据学生的优势和劣势，通过信息技术因材施教；能够利用先进的信息技术解决学生在学习中遇到的问题，并且帮助学生养成独立思考的能力；教会学生如何进行自我学习，帮助学生面对不同的学习计划进行改变和适应；帮助学生进行自我监控以及自我评估。教师只有在拥有教学信念的前提条件下，才能更好地利用信息素养，用多元的教学方法优化课堂教育。

3. 课堂教学方法的创新

课堂教学方法的创新主要包括以下三个方面：

（1）现代化教学方法的改进。教师应根据现代生态教学系统的基础理论，以培养学生自我学习能力为核心，调整教学策略和规划教学内容。传统的教学模式重在教授基础语言知识，而现代化教学更注重培养学生的听力和语言理解能力。因此，有必要对传统教学模式进行改进和优化，构建开放式的教学环境，强调师生互动，培养学生的自我学习能力与认知能力。

（2）现代教学方法的优化应建立在传统教学方法的基础上。兼容性是生态教育改革的核心理念。在保留传统教学体系优势的基础上，将现代教学体系与之融合和补充，以构建有效的教学体系。例如，在保留传统课堂中的研讨、论文和演讲等科目的同时，融入现代教育体系中的情景模拟和对话协商等元素，实现教学方法的多元化。

（3）教学方法应充分考虑学习者的个性化需求，采取多元化的教育手段，创设多样化的课堂形式，激发学生的学习兴趣。同时，根据学生的能力基础，因材施教，以适应现代化教学的发展。在此基础上，大学英语教育的优化改革应建立在正确的教学观基础上，提升教师的信息素养，注重现代化教师发展框架的构建。

（二）搭建学生自主学习能力培养的框架

现代化大学英语要以培养学生的语言学习习惯为主导，以培养学生自主学习为核心，引导其在科技和社会发展进程中不断提高自身认知水平，提升终身学习能力。学校如果想要实现“学习和思维联合发展”，需要利用创新具备的启发功能、研究功能、讨论功能以及参与感教学形式，帮助学生养成良好的学习习惯。要加强对学生好奇心的激发和兴趣的培养，培养学生独立思考、探索创新的能力。

在互联网发展下的大学英语教学，其学术观念在学习观、学习素养、学习方式和教师监督方面存在诸多问题。教师要引导学生进行观念上的改变，提升学生的信息素质，培养学生在互联网下的自主学习能力，加强对学生自主学习能力的监管力度，给学生创造具有科学性、优良性的英语学习环境，通过互联网下自主学习，促进大学英语课堂教学的发展；搭建一个适合学生自主能力培养的平台，以此发展和优化学生的自主学习观念、信息素养、学习目的、自主学习策略；要将表面和内在培训同步进行、注重对其学习情绪的引导、加强对学习的监督力度、搭建自主学习策略群，通过这些途径支撑自主学习平台的发展。

1. 培养显性与隐性自主学习能力

具有针对性的教学方式和教学模式是大学英语教师在教学过程中所要运用的内容。教师的主导作用毋庸置疑，即从“显性”和“隐性”两个层面引导学生在学习策略和学习理论上进行学习。

（1）对学生强化“显性”培训。刚入学是学生学习语言的最好时机，在新生中开设自主学习培训课程，加强教师的主引导作用，开展一个月左右的语言观念和学习策略的“显性”培训，是提高学生语言认知、形成语言策略概念、帮助学生进行自我反思和自我管理的过程，有利于学生元认知能力的培养。

（2）对学生进行“隐性”培训。在英语教学过程中，教师要将自主学习贯穿始终。例如，学习初期要求学生制订相关学习计划，并在学习计划上进一步将其细分为月度学习计划、周学习计划等；在教学中贯彻自主学习理念，可以促进学生自主学习意识的增强；通过内在动机的培养和激发，可以帮助学生爱上英语，享受英语学习的乐趣。

2. 有效调节学生的自主学习情绪

在现代教育环境中，互联网已经成为学生学习的重要工具。然而，如何有效地利用这一工具，调节学生的自主学习情绪，提高学习效率，是每位教师都需要关注的问题，具体从以下三个方面探讨。

（1）教师要引导学生充分利用互联网进行学习，并在自主学习中学会情感的控制和管理。互联网上的信息繁杂，学生在使用过程中容易受到各种干扰，导致学习效果不佳。因此，教师需要引导学生学会筛选对自己有益的信息，合理规划学习时间，保持积极的学习态度。此外，教师还应教育学生，在自主学习过程中如何控制自己的情绪，避免因遇到困难而产生焦虑，从而影响学习效果。

（2）教师的人格魅力和人文关怀是帮助学生调整焦虑情绪的有效途径。在传统教学中，教师通过言传身教，引导学生树立正确的人生观、价值观。在互联网学习环境中，教师同样需要将这种传统讲台上的精神融入其中，以人格魅力感染学生，以人文关怀帮助学生，让他们在面对困难时保持乐观的心态。同时，教师应关注学生的心理健康，给予他们充分的关怀和鼓励，帮助他们在自主学习过程中建立起自信心。

（3）为了减轻学生对网络产生的不安全、焦虑情绪，教师要进行有效的引导。一方面，教师应教育学生正确看待网络，认识到网络只是学习的工具，而非决定学习成果的关键。另一方面，教师还需引导学生学会在网络环境中保护自己，避免受到不良信息的影响。在此基础上，教师还需关注学生的网络素养，帮助他们养成良好的上网习惯，从而减少焦虑情绪的产生。

3. 加强学生自主学习的监控管理

互联网环境下自主学习导致生态失衡的原因是学习的监控与管理落后。互联网环境充满了诱惑，学生恰好又处在培养自主和自立意识的阶段，他们的自我控制水平尚处于发展阶段，不能很好地抵制诱惑。

如果学生要在自主学习过程中保持良好的自控力，需要通过打造具有科学性的多元监控系统，帮助学生解决这一问题。对此，要充分发挥学校相关部门、辅导员、教师、互联网平台和学术观念之间的相互协调作用，使其参与自主学习中的相关环节，打造多元监控体系。同时，可以通过以下形式进行监控和管理：学生和学生之间互相监督（相互监督学习过程和评价学习结果，并提出相应的问题和解决方法）；班主任以及辅导员角色的运用（引导学生建立人生观、教育观，教会学生进行时间管理）。通过学生自主学习进程的控制以及管理，相关注册、登记、学习时间记录、学习内容等解析和评价，相关问题的解答，教师和学生、学生和学生之间的交流和沟通，形成相应的学习报告，为教师的评价和教学计划的修改提供参考意见。

总而言之，自主学习能力的培养要从策略出发。但是，互联网环境下大学英语自主学习策略尚未完善，在互联网环境中学术观念还不能够利用学习策略辅助学习。

4. 建设学生自主学习的有效策略

（1）学习资源管理策略。学习资源管理策略是一种助力学生适应互联网环境及利用学习资源的方法，旨在促进学生自主学习，该策略涵盖时间管理、学习环境管理以及寻求他人帮助等多个方面，具体内容如下。

第一，时间管理策略。包括互联网时间管理，这是自主学习整体时间分配规划的重要组成部分。例如，制定学习时间表，记录学习进度，分析学习时间和效率，在互联网环境下合理安排学习时间等。

第二，环境管理策略。互联网环境提供了丰富的信息和资源，学生应保持开放态度，进行身份转化，提升信息技术素养。借助高新技术，遵循教师引导和学生建议，共同营造良好的学习氛围。在轻松和谐的互联网环境下，提升自我反思、解决问题和创新能力。

第三，寻求他人帮助策略。在互联网环境下进行自主学习时，向他人寻求帮助至关重要。丰富的网络资源可能导致学生感到困惑，甚至产生负面情绪和厌学情绪。此时，可通过寻求教师、同学等的帮助，借助小组讨论等形式解决问题，实现自主学习中的相互交流和沟通。

（2）目标性资源管理策略（包含模糊策略）。互联网下的自主学习具有非常多的优势，包括资源的多模态和无限性，但是需要目标性资源发挥管理作用，否则学生将会陷入互联网的迷惑中。中国已经建立多个大学数字博物馆，互联网上有很多学习资源，学生可以通过互联网学习国外先进大学的精品公开课，如哈佛大学、麻省理工学院等，而人们正身处具有大量数据、大量资源的时代，目标性管理的重要性毋庸置疑。

总而言之，高校只有实行目标性管理策略，对接收到的资源进行解析和判断，并作出合理批判性继承，才能激发学生批判性思维的开发和发展。学生掌握了这些基本准则后，才能在网络环境下有目标地自主构建学习资源和知识体系。

（3）情景性策略。情境性策略的实施在于借助虚拟实验室，实现现实与虚拟世界的交融，使语言教学中的情景互动成为现实，并在虚拟环境中融入人的声音及肢体语言。这是一个可视化的学习环境，学生可通过模拟真实场景进行学习与交流。在仿真环境中，学生能够进行情景对话和可视化口译，获取全面信息，有助于提升语言运用能力。在系统合成技术支持下，学生可录制并讨论学习过程。

情景性策略具有仿真性和多样性，有助于提高学生学习效率和培养学习兴趣。为实施情景性策略，教学需得到目标性资源管理的支持。学生可共享互联网上的资源和薪资，通过线上答疑、课程讨论等形式，构建互联网学习社群。教师应积极营造虚拟环境，帮助大学生融入情景，提高自主学习能力。

（4）自主学习互动策略。通过现实环境的模拟，通过互联网实现教师和学生、学生和学生之间的信息交流和讨论，是将知识由陈述性转变为程序性的一个过程。美国心理学家班杜拉提出交互理论，该理论认为个体、行为和环境是相互作用的。互联网环境中的自主学习需要线上教学辅助，是一个人和机器、任何人、教师和学生之间互动和交流的新的学习方式，不仅需要学生参与，还需要教师引导，更需要教师在教学过程中积极打造良好的学习环境。

（5）数据驱动学习策略。“数据驱动学习”指在自主学习过程中，学生通过语料库进行相关查询和检索工作的过程。学生通过关键词的搜索，可以找到很多相关语法、语境的运用知识。在这种具有自主性、探索性的学习模式下，学生角色发生了转变，成为自主学习的主体；教师的角色也发生了变化，起到引导作用，帮助学生获取信息、调动思考，提出相关问题以及建议等。

（6）批判性学习策略。在传统教学环境中，教师是主体和权威，这种教学方式打压了学生的批判性思维，不利于学生形成创新性思维。互联网环境下的自主学习，使教师和学生的角色发生了变化，他们是平等的。专家们提出的教师权威观点已经不需要被全盘接受和执行，学生要发挥开拓性思维，不能断章取义。事实上，学生在互联网上获得大量信息后，可以根据自身认知对教师和专家的观点以及思想提出自己的想法，做到不盲从，从而进行批判性接收。这种方式是培养学生创新意识和批判性思维的重要手段，是帮助培养复合型人才的有效方法。

（7）内省与追溯策略。在自我反思、自我认知和梳理过程中，学生需找到适用于自身的学习方式和问题解决方法，这是学习策略的指导原则。在互联网环境下的自主学习中，这种策略具有决定性作用，其运用直接影响学生的学习效率。学生应学会运用此策略探寻问题解决方案，并建立自主学习电子档案，对累积问题进行分析，从而在提高学习效率的同时，培养思考和推理论证能力，这是创新型人才培养的过程。

（8）自我调节策略。在网络环境下，学生自主学习需在应用内省与追溯策略的基础上，学会对学习过程进行有效的自我调节。在电子反思档案中，学生能明确了解自身不足以及需改进之处，找出问题根源，并依靠自身能力寻找相应解决方法和调整方式，从而形成有助于学习的问题解决策略。

（9）采用问题驱动学习策略。问题驱动学习策略（PBL）是一种学习方式，学习者在系统方法论指导下进行问题解决和现实生活、工作中困难排除。PBL与建构主义学习理论相似，主要以小组讨论获取相关问题解决方案为主。学生在自主学习过程中通过协同合作共商解决方案。互联网环境下的PBL策略主要包括以下步骤：设计相关问题，创建小组，开展问题探讨，确认学习目标，进行自主学习，汇报自主学习成果，以及教师评价、学生评价和问题总结。

（10）抛锚式学习策略。这是一种在电脑技术下的虚拟化情景学习。互联网环境是一种多技术整合的学习环境，学生的学习过程是一种真实发生的事件，学到的知识具有较高的可移动性。这种多场景的虚拟学习环境能够帮助学生提高知识迁移能力和问题解决能力。

在互联网环境下进行抛锚式学习，是利用电脑技术和互联网构建的特定场景进行交流和互动的过程，在宏观情景中将锚定问题抛出，并延伸出其他相关问题。这种具有宏背景的学习方式，能够让学生学习更加投入和认真。抛锚式学习策略运用在大学英语自主学习中，是一种类似影响资源在互联网中运用的过程。它具有简单、高效的特点，并且受到学生欢迎。对此，教师要对这种学习方式进行推广和鼓励。

（11）支架式学习策略。支架式学习的策略，能够加深学生对知识的理解，并形成永久记忆，还能够提升学生解决问题的能力。因此，分解学习任务是非常有必要的，将复杂的问题简化之后，学习者的学习信心会有所提高，对知识的理解也会由浅及深。

支架式学习策略在运用领域中要考虑学习对象、教学环境和教学内容等因素，要设置对学生发展有利的学习任务，在自主学习过程中有引导性地指导学生进行学习资料的筛选；在互联网环境中利用电脑技术拓展学生的知识背景、学习目的，引导学生构建平衡发展的学习系统。同时，考虑社会文化背景的影响，开展人际写作活动，以此巩固知识，将教学的控制权由教师转化到学生，提高学生的自主学习能力。

（12）构建强化自主学习外部监控机制的学习框架，依据最优原则，指导学生在网络环境中高效学习大学英语。通过对自主学习的相关调研数据进行深入剖析与总结，提炼出互联网环境下大学生自主学习英语的策略性建议。

（三）优化大学英语翻译课堂的环境建设

1. 生态融合型多元课程设置建设

大学英语课程建设在整体大网络环境下需要进行生态融合，必须遵循的原则包括：①学科融合性原则。学科融合性原则是在课堂教学中融入计算机和信息技术，对于与之相关的外语课程也要积极进行开设。所以在课堂教学中，除大学英语之外，还要进行丰富学科的知识内容讲解，从而扩充学生的知识量，开阔眼界，使知识兼容性更加优良，使学生成为综合学科型人才，提高自身素质。②以学生为中心原则。教师需要对学生的基础知识以及起点和学生自身情况进行深入了解，调动其主观能动性，激发其学习需求，平衡知识的输入和输出，让学生能够深层次地理解知识。③生态意识或理念渗透原则。在教学的各个环节中，可以渗透教育生态学的整体关联性，还可以包含动态平衡理念，在对大学英语课程进行设计时，也需要依据人才培养目标以及学生需求进行设计。

以地方高校特色为依据，进一步完善大学英语课程建设的具体措施，可以从以下三个方面着手：

（1）口语课程、跨文化交际课程与传统读写、听说课程的生态化兼容。大学英语会对基础教学进行设计，但是一定要遵从和谐发展的原则，并且合乎教育生态兼容学理念。基础教学包含四个学期，会对文化教学的内容重点进行导入，这种文化式的教学是嵌入式的，在基础教学阶段所采用的教学模式是小班辅导与网络教学相结合的方式，课程内容主要分为视听说。教师会在面授课程上对学生学习的内容进行一定程度的检测，并且根据学生学习情况，为学生设置课堂任务，其中多为口语课。

在教学实践环节，教师致力于提升学生的语言实际运用能力，通常在第五至第七学期展开相关课程。此类课程有助于拓宽学生的国际视野，培养其跨文化交际的自觉性，并激发创新创业精神，以提高就业竞争力。课程内容主要包括跨文化交际课程以及外语听说选修等。为增强学生对文化运用能力，可通过讲座和第二课堂等途径让学生进行深入理解，从而提升其综合素质。

（2）倡导多元化和个性化的网络课程。网络课程的多元化和个性化是当前教育发展的重要趋势。在这个趋势下，教学原则需要兼容并蓄，兼顾差异化和多元化。这样一来，不仅能够使课程资源实现可持续发展，还能为学生提供更具针对性和实用性的教育。

在网络选修课程中，专业用途英语的引入是一个很好的例子。这种英语课程旨在满足不同专业学生的需求，帮助他们更好地应对未来职业生涯中的挑战。因此，英语教师需要与各种专业教师进行深入交流，了解各专业的特点和需求，从而制定一套符合教学实际情况的英语教学大纲。

在这个过程中，教师应充分关注学生的个体差异，尊重他们的兴趣和特长，为他们提供个性化的学习路径。这样，学生才能在学习过程中充分发挥自己的潜能，提高自身的竞争力。

此外，为了确保课程资源的可持续发展，我们还应该不断完善教学体系和课程设置，紧跟时代发展的步伐。这意味着我们要关注新兴领域，及时更新教学内容，让学生在学习过程中始终保持与时代发展的同步。

（3）优化网络选修课程建设质量。由于网络英语课堂教程生态失衡，所以要进一步加大对网络英语开发的力度，同时创建团队，加大力度开发网络英语课程，从而使课堂和网络教程能够融合为一个整体，更好地进行监督和管理。在网络课程中，可以为教师配备助教与更加优良的网络教育平台，所以，教师要将精力和资费投入网络平台的功能以及技术建设上，从而设计出更好的网络课程。

对于网络课程而言，也要重视其应用，设计师要根据学习者的需求进行设计，教师需要运用教学方法，调动学生的积极性，并且在网络课上分享教学经验，从而让学生之间进行更加高效的讨论，同时给予学生相应指导。实行奖励制度，通过团队组建、任务或主题布置，鼓励学生进行探究式自主学习，使学生的自主学习能力得到提高。

2. 生态化多元评价体系的建设

如果要对教学效果进行检验，需要学生对教师进行评价以及教师自我评价，评价一定要具有科学性，不能只注重结果，还要对实践过程中所体现出的信息进行解析，要综合评价教师在课堂教学中的各项能力。另外，在大学英语教学中占据主导优势的仍然是终结性评价，这是一种不规范的评估方式。在这一评价体系中，没有学生这一主体。所以，这种评价体系属于失调的体系。要优化大学英语课堂的评价体系，需要做到以下三个方面。

（1）在评价过程中，务必确保评价内容的细化。学习者的学习细节、表现出的能力和未来发展潜力均应作为评价的依据，对态度、策略及学习成果进行综合评估，并分等级进行描述。可为学生创建在线自主学习档案，便于教师观察、分析并评价其学习成果。评价结果需综合计算，统一计分量表，细化至每个学生的评价分值，同时监控教师评价，防止随意打分。

（2）终结性评价内容需加以丰富。这种评价方式虽传统，却是对学生学习程度的基本评估手段，常见检测方式包括期中、期末考试及单元检测。尽管在大学阶段，考试评价方式仍占主导地位，形式相对固定，但在网络环境下，终结性评价呈现出多元化特征。随着教学手段与环境的不断适应，评价方式也将不断创新。例如，评价可以采用成果展示的方式，教师布置的学习任务即为教学成果。学生可分组完成作业，从对学习成果的质量评价中获取知识。在此过程中，学生也能实践应用所学知识。

（3）在评价过程中，学生与教师共同参与。学生应成为评价的重要主体，教师和学生可相互担任评价者和被评价者，互换身份，共同监督和考核各个环节。评价内容包括教师教学目标的明确性、学习计划的完善性及教学策略的适用性等。

此外，生态化多元评价体系在教学优化框架中占据重要地位。鉴于学生层次不同，需细化学习内容，并针对不同类型学生构建差异化的评价体系。在大数据时代，评价体系也应不断更新、创新，以适应时代发展。

3. 生态化特色网络教学资源与平台建设

教学资源要通过教师为学生提供，在对多维信息进行传递交换时，一个重要的媒介是工具性资源，教师可以为学生打造一个真实的教学情景，其利用的手段为现代信息技术认知工具，除此之外，还有文字、音像等。多媒体教学资源是课程内容延伸的最终结果，它能够将信息化的展示运用到实际课堂中，丰富课堂的信息，使教师可以创设虚拟的学习空间，在网络平台上进行资源共享，进而使学生个性化的需求得到满足。但是，现在还没有充分地对大学英语网络的资源进行利用，同时缺少足够资源，教学平台也不够智能化，所以可以通过以下两个方面改善这一现象。

（1）在整体网络环境下，多媒体教学软件的建设势在必行。这种软件可以对英语教学资源进行优化配置，让学生能够分层次地进行学习，满足其个性化需求，同时让学生的学习不局限于个体空间。在网络软件中，应当加入丰富的教学资源，对于专业英语网络选修课可以通过课程平台进行优化。

在网络课程教材设计时，要注重课程任务以及信息化问题的设计，将信息化的教学模式融入课程设计。同时，资源优化还有其他途径，如自动语音评测系统，除此之外，作文评测系统也是一个途径。只要在软件中输入学生信息以及兴趣爱好和需求，软件便可以有针对性地为学生提供个性化的服务，信息平台的建设要被广大学生所接受，可以建立一个知识型语料库，并且加入智能化搜索功能。语料库的技术可以整合网络上各种学习资源，使学生在进行信息检索时，能够更加高效地进行语言任务的学习。

（2）积极运用虚拟现实技术。此技术有助于开发三维虚拟语言，并为学习者营造一个语言环境，使他们在探索虚拟世界的过程中，发掘自身的学习需求。针对语言实际应用，具体项目如虚拟酒店服务和银行接待等，进行深入把握。在学习环境中，学习者将受到情景的强烈吸引，从而激发学习兴趣。同时，对网络资源进行优化整合，需遵循以下原则。

第一，智能化管理。智能型的网络平台不仅能够对学生起到监督作用，同时，可以根据学生个性化需求进行针对性指导，每个学生的学习状况都会受到关注，并且会定时提醒学生，其中利用的渠道是电子邮件，如果学生提醒没有效果，教师则可以强制终止学生的上网，也可以对学生进行个性化指导。

第二，学习内容的个性化。网络上的学习有很多层次，例如，学习、练习和测试，要区别对待学习知识和学习技能。对知识和技能水平的测试也一定要区分开来，将测试水准分成等级，学习才能更加个性化。

第三，要以学生为中心。学校要对学生的主体地位进行考虑后来设计系统，学生对于自我学习具有决策权，所以需要考虑学生学习的进度和时间，对于不同的学生也可以进行个性化考虑，如学生的学习风格、学习动机、学习水平等。学生一定要有自主权，才能够使得以学生为中心的理念贯彻到教学的全过程。

第四，自动反馈。英语学习的课堂，在网络大环境下是一种自主学习模式，所以要重视学生自主学习效果，并且进行及时反馈。网络平台应当提供自动反馈功能，可以让学生了解自己学习进度，同时对学生产生心理上的激励，让他们能够更加积极主动地进行自主学习。

总而言之，如果要对英语课堂进行优化配置，需要建设校本特色的网络教育平台，学校要有先进的团队和组织，还要有一定的人力、物力和财力以及技术资源，与此同时，要不断创新，让大学英语教程能够在质量上得到提高。

第二节　基于信息化的大学英语翻译教学有效方法

随着信息化时代的到来，我国大学英语翻译教学也在不断探索新的教学方法。在这个背景下，基于信息化的大学英语翻译教学有效方法成了一项重要课题。以下从信息化技术与教学优势、教学资源、教学策略以及教学评价等方面，探讨基于信息化的大学英语翻译教学的有效方法。

一、信息化技术与教学优势

（一）信息化技术分析

目前，信息化技术正迅速发展，并逐渐深入人们的日常生活，成为个体间交流、学习和理解世界的重要工具。每一次信息化技术的突破都标志着人类文明的进步，当它被广大民众掌握和使用时，将有可能推动教育的变革。

“信息化技术”这一概念广义上指的是一系列用于管理和处理信息的技

术的总称，涵盖了感测、通信、计算机和智能控制等多个方面。从狭义角度解读，信息化技术主要表现为以下方面：首先，信息化技术可被视作信息与通信技术的融合，主要运用计算机科学和通信技术来研发、部署和实施信息系统及应用软件。这涵盖了传感技术、计算机技术和通信技术等核心要素。其次，信息化技术亦被称为“3C”技术，即计算机技术、通信技术与控制技术的有机结合，三者相互协同，共同促进信息化的发展。再次，信息化技术利用电子计算机技术和现代通信系统，实现对各种形式信息的获取、传递、处理、显示和分配，确保信息的高效流通和应用。最后，信息化技术还涉及应用管理技术，依据技术、科学和工程原则，实现信息的控制、处理与交流，以及人与计算机之间的有效互动。

1. 信息化技术的发展

信息化技术的发展经历了从无到有，从简单到复杂，从具体到抽象的过程，从初期较烦琐的数字运算，到 19 世纪电报的发明，再到 20 世纪第一台计算机的诞生，信息化技术不断推动着人类社会向前发展。

（1）初期阶段的信息化技术。在人类社会发展的初期，是没有技术和科学的，为了满足交流的需要，人类开始利用感觉器官传递信息，如眼神、手势、声音、动作等，再经过大脑的加工和记忆，实现信息的存储。在这一阶段，人类是在自然状态下完成信息的交流的。后来，人们渐渐发现，与利用声音传递信息相比，利用光进行信息传递的方式更加有效和快捷。于是，就出现了利用烽火传递军事信息的形式。

信息传播史上的第一座里程碑便是文字的出现。从此，人类可以较大规模地记录信息，并长时间保存，甚至可以用书信的方式交流感情，传递信息。

印刷术的发明对推动人类文明的进步产生了重要的意义，它不仅扩大了各种信息传递的范围，加快了信息传递的速度，还进一步加强了信息的存储能力，在一定程度上实现了广泛的信息共享。

数字和运算的出现和使用则是信息加工技术的雏形。人们开始利用抽象的数字符号对各种具体化的、形象性的、复杂的自然信息进行记录和处理，这一时期的人类已经具备了认知世界的抽象能力。

（2）近代阶段的信息化技术。19 世纪伊始，信息化技术便以惊人的速度持续发展。工业革命时代，这一进步尤为显著。电报的诞生，不仅颠覆了传统信息传播模式，更通过电力实现了信息的快速传递，标志着科技领域实现了一大飞跃。随后，电码的创制促使莫尔斯电磁式有线电报机问世，进一步推动了信息传播的效率。电话的发明则是通信技术领域的重要突破，它通过电流传递声音信息，极大地提升了信息交流的便利性和互动性。

19 世纪末至 20 世纪初，人类在信息传递领域取得了更为显著的进步。通过电话、收音机、传真和电视等设备，人们能够利用电磁信号传递声音、文字和图像信息，这些信息均可转换为电信号，再经由无线电波进行传输。在这一时期，人们能够通过无线电收听广播，通过电视节目了解世界的动态，信息传播的及时性和更新速度得到了极大提升。同时，磁带、录像带等新型存储媒介的出现，也改变了传统信息保留和存储的方式。

（3）现代阶段的信息化技术。20 世纪 40 年代，世界上第一台计算机 ENIAC 诞生，标志着人类社会进入了现代信息化技术时代，这一时期，信息化技术的形式和内容都得到了极大的丰富，不仅包括计算机技术、通信技术、微电子技术，还包括网络技术、集成电路技术、自动化技术、光盘技术等。信息的加工和处理方式也更加多样。

第一，计算机技术。第一代计算机使用电子管，体积较大，存储容量小，运算速度也较慢。20 世纪 50 年代以后的计算机使用晶体管，与第一代计算机相比，体积小，运算速度快。20 世纪 60 年代以后，计算机开始使用集成电路，能够降低制作成本。20 世纪 70 年代以后，计算机的发展出现了两种趋势：一种是巨型机；另一种则是微机。微机小巧，便捷，功能强大，价格也更加低廉，这些特点都极大地推动了计算机的普及。20 世纪 90 年代以来，多媒体技术发展迅速，更新了信息传播的方式，拓宽了信息交流的渠道，它通过丰富的音频、文字和图像等信息，使人机交互更加畅通、便捷。此外，多媒体技术还实现了计算机与多种家用电器，如录音机、电视机、录像机、电话等之间的信息管理和调控，为智能家电的发展提供了必不可少的技术支持。

第二，微电子技术。微电子技术的崛起与发展，得益于集成电路技术的持续进步。微电子技术，这一高新电子技术的基石在于以集成电路为核心的各类半导体器件。其显著特点在于体积小巧、轻薄便携、高可靠性以及较快的工作速度，旨在实现仪器设备的微型化。该技术的出现和应用对信息时代产生了深远影响。回溯至 20 世纪 60 年代，电脑芯片的诞生标志着微电子技术取得重大突破，它利用先进的原子束、电子束和 X 光束技术，成功地将数以百万计的电子元件集成于单一芯片之上。1971 年，更是见证了世界上首台单片式微处理机的诞生。微电子技术的进步不仅推动了计算机技术、通信技术和网络技术的迅猛发展，更成为衡量一个国家科技实力的重要标志。评价微电子技术主要依据三个标准：芯片中器件结构的尺寸是否持续缩小、芯片内元器件数量是否不断增加，以及设计应用是否具有明确针对性。

第三，通信技术。20 世纪的通信技术经历了飞速的发展。通信技术，即通过电或电子设施传输语言、文字、图像等信息的过程。20 世纪 80 年代后，除了传统的电报、电话等通信设施，还涌现了移动无线通信、多媒体技术和数字电视等多种通信技术。同时，电报、电话等传统通信方式也向更高端、更智能的方向发展，如智能电报、自动电话、可视图文电话、IP 电话等。近年来，随着网络技术的日新月异，以计算机为核心的信息通信技术已广泛应用于社会生活的各个领域。这一技术的发展和成熟不仅是信息社会发展的必然趋势，也是实现行业间融合的关键所在。现代通信技术具备数字化、大容量等特点，并与网络系统和计算机技术紧密结合。

2. 信息化技术的元素

信息化技术是为人类服务的，是人类为了更好地认识与了解自然，赢得更多更好的生存机会和生活条件而发明创造的。从这个意义而言，信息化技术是为了扩展或加强人类的信息器官的功能而存在的，这也是信息化技术的本质意义。人类的信息器官通常包含：①感觉器官，如听觉、视觉、触觉等，主要功能是获取信息；②传导神经，主要包括导入与导出神经网，主要功能是传递信息；③思维器官，主要指的是具有推理、联想、记忆、分析等功能的器官，主要功能是加工和再生信息；④效应器官，如用来讲话的口、可以行走的脚或用于操作的手等，主要功能是使用信息。

信息化技术，作为人类信息器官的功能延伸，必须具备获取、传递、加工、再生及使用等功能。据此，信息化技术的基本构成元素，可分为以下四项：首先，感测技术，该技术通过传感、遥测、测量、遥感等手段，显著增强了人类的感觉器官功能；其次，通信技术，它突破了空间的限制，使人类传导神经网络功能得以拓展，为信息的传递、交换和分配提供了有力支持；再次，计算机和智能技术，该技术以硬件、软件为基础，结合人工智能，显著强化了人类的思维器官功能，对信息的加工和再生具有重要意义；最后，控制技术，该技术作为人类效应器官的延伸，通过输入指令，即决策信息，实现对外部事物运动状态的干预，具有信息时效功能。这四项技术共同构成了信息化技术的核心。

信息化技术是一个有机整体，其构成元素之间既相互独立，又有机结合，共同拓展了人类的认知空间。其核心是通信技术与计算机和智能技术，它们是信息化技术存在的基础。感测技术和控制技术则是联系信息化技术与外部世界的纽带，感测技术是信息的来源，控制技术是信息的归宿，这两者是信息化技术实现其基本功能的前提。因此，信息化技术的构成元素是一个有机的整体。

在当今社会中，信息化技术已成为发展最迅速、应用最广泛、影响最深远的技术之一。它不仅改变了人们的生活方式、教育方式和学习方式，还对整个社会的经济与生活结构产生了巨大的影响。

3. 信息化技术的特征

（1）周期短。信息化技术更新换代快，源于科技人员便捷获取信息，高效传递共享机制推动产品创新，促使科技产品快速升级，推动社会技术进步。

（2）投入高。信息化技术涉及精密仪器、尖端材料、复杂开发活动，需大规模资金支持，高成本项目包括硬件购置、高素质人才培养与招聘，考验综合实力，需资源充足才能保持技术领先。

（3）智商高。信息化技术发展依赖高技术前沿研究，需高素质科技人才，高智商推动技术进步与更新，引领社会进入全新未来，高智商人才贡献不仅推动技术进步，更引领未来。

（4）风险高。信息化技术研发高投入带来高风险，主要体现在不确定性、低成功概率、市场变化等方面，企业需适应创新、降低不确定性、提高成功概率、灵活应对市场变化，以取得长期竞争优势。

（5）竞争高。信息化技术是现代社会竞争力关键指标，全球信息流量激增带来挑战，需有效技术解决方案，国际竞争实质是信息化技术竞争，掌握应用信息化技术决定全球竞争地位，需关注信息化技术发展，创新应用，提升信息化水平，适应信息时代潮流，脱颖而出。

（二）信息化教学的优势

信息化教学的优势在翻译教学中表现得尤为显著，具体如下：

第一，信息化教学能够极大地提高学生对学习的兴趣。传统的翻译教学往往依赖于课本和教师的语言表述，这种方式容易使学生感到枯燥和无趣。而信息化教学则通过丰富的图像、音频、视频等多媒体资源，使翻译教学更加生动有趣，这些生动的形象和声音刺激能够激活学生的感官，从而激发他们的学习兴趣和积极性。

第二，信息化教学能够拓宽学生的学习渠道。传统的翻译教学受时间和空间限制，学生只能在课堂上接受知识。然而，信息化教学突破了这些限制，学生可以通过网络自主学习，随时随地获取更多优质的翻译资源。这样的学习方式不仅方便了学生，也使得学习内容更加丰富，从而提高了教学质量。

第三，信息化教学能够提高教学效率。传统的教学方式往往依赖于教师的语言表述，信息传递速度较慢，而且教师难以为每个学生提供个性化的教学。而信息化教学手段可以通过快速的信息传递和反馈，提高教学效率。同时，教师可以根据学生的反馈，更好地关注学生的个体差异，从而进行有针对性的教学。

第四，信息化教学平台有助于促进师生之间的互动。在传统的教学中，师生之间的交流方式有限，而且难以实现实时交流。而信息化教学平台则提供了便捷的沟通工具，有助于师生之间的实时交流，提高师生互动频率。这种互动能够让学生更加主动地参与教学过程，激发他们的学习积极性。

二、基于信息化的大学英语翻译教学资源

在当前信息化时代，大学英语翻译教学资源越发丰富，为提高教学质量及效果，教师应充分挖掘与利用各类教学资源。以下就教材拓展、在线翻译平台以及专业翻译软件三个方面进行探讨，以期为大学英语翻译教学提供更多实效性的建议。

（一）教材拓展：丰富课堂教学内容

1. 电子教案：辅助教学利器

（1）与教材配套。教师可以选用与教材相辅相成的电子教案，以便于在课堂上进行实例讲解。

（2）提高理解与应用能力。通过电子教案，教师能更好地引导学生理解翻译知识，并将其应用于实际翻译场景。

（3）丰富教学方法。电子教案可以呈现多种形式，如文本、图片、音频、视频等，丰富教学手段，增强学生学习兴趣。

2. 网络课程：开启翻译学习新视野

（1）利用网络资源。教师可以引导学生利用丰富的网络课程资源，如在线视频、音频等，深入了解翻译背景及文化差异。

（2）提升翻译素养。网络课程能帮助学生接触到更多的翻译实践，培养跨文化交际能力，提升翻译综合素质。

3. 多元化素材：锻炼翻译实战能力

（1）收集相关素材。教师可收集与教材主题相关的多元化素材，如新闻报道、学术论文、文学作品等。

（2）课堂翻译练习。让学生在课堂上进行翻译练习，提高实际翻译能力。

（3）培养实战经验。多元化素材能帮助学生在课堂上模拟真实翻译场景，积累实战经验，提高应对各类翻译任务的能力。

（二）在线翻译平台：提供实时翻译实践机会

随着全球化的发展，翻译技能在我国的重要性日益凸显。在线翻译平台为学习者提供了便利的实时翻译实践机会，有助于提高其翻译水平和实战能力。以下对在线翻译平台进行探讨，分析其在我国翻译教育中的重要作用，并提出一些实践策略。

1. 在线翻译平台的优势

（1）实时翻译实践机会。在线翻译平台如谷歌翻译、百度翻译等，为学习者提供了丰富的翻译实践机会。学生可以在短时间内接触到大量的实际翻译案例，提高翻译能力。

（2）提高翻译技巧。通过在线翻译平台，学生可以学习到不同领域的专业知识，并结合翻译技巧进行实践。这有助于学生在实际翻译工作中更好地运用所学知识。

（3）便捷的互动交流。在线翻译平台为学生与母语为英语的人士提供了便捷的互动交流渠道。学生可以通过与外国人士进行交流，了解不同文化背景下的语言差异，提高翻译实战能力。

2. 在线翻译平台的实践策略

（1）语言交换平台。鼓励学生利用语言交换平台与母语为英语的人士进行在线交流。这种方式既能提高学生的口语表达能力，也能使其在实际交流中掌握更多翻译技巧。

（2）翻译竞赛。教师可组织或引导学生参加各类在线翻译竞赛。以赛促学，激发学生的学习兴趣，提升翻译水平。

（3）课程设计与在线翻译平台结合。教师可根据教学需求，将在线翻译平台融入课程设计中。让学生在课堂学习中实际操作，提高翻译能力。

（4）充分利用谷歌翻译等工具。教师可指导学生如何运用谷歌翻译等在线翻译工具，提高翻译效率。同时，提醒学生注意避免完全依赖机器翻译，要学会灵活运用翻译工具。

（三）专业翻译软件：提高翻译质量和效率

1. 专业翻译软件在提高翻译质量方面的作用

（1）处理复杂句子结构。专业翻译软件可以帮助学生更好地解析复杂句子，以确保翻译准确无误。

（2）处理长篇文档。通过专业翻译软件，学生可以轻松处理长篇文档，避免因疲劳导致翻译失误。

（3）确保术语一致性。专业翻译软件可以帮助学生统一文档中的术语翻译，提高翻译的专业性。

2. 专业翻译软件在提高翻译效率方面的作用

（1）批量翻译。专业翻译软件具有批量翻译功能，可一次性处理大量文本，节省翻译时间。

（2）自动翻译。部分专业翻译软件具备机器翻译功能，可自动将原语言翻译成目标语言，提高翻译效率。

（3）协同翻译。专业翻译软件支持多人协同翻译，便于团队合作，提高翻译效率。

三、基于信息化的大学英语翻译教学策略

（一）任务驱动教学法：提升学生翻译实践能力

在大学英语翻译教学中，任务驱动教学法是一种有效的教学策略。教师可以根据学生的实际英语水平，设计具有挑战性和趣味性的翻译任务。这些任务可以涵盖不同领域，如文学、商务、科技等，以激发学生的学习兴趣。在完成翻译任务的过程中，学生可以通过查阅相关资料、与他人讨论等方式，不断提高自己的翻译技能。此外，教师还需引导学生反思和总结自己在任务完成过程中的经验和教训，以便在今后的翻译实践中取得更好的成绩。

（二）合作学习策略：在互动交流中提高翻译水平

合作学习策略是另一种基于信息化的大学英语翻译教学方法。教师可以利用信息化平台，组织学生开展小组合作翻译项目。通过这种方式，学生可以在互动交流中提高翻译水平。在合作过程中，学生可以互相学习、取长补短，发挥团队合作的优势。教师在此过程中需关注学生的合作情况，适时给予指导和建议，确保合作项目的顺利进行。同时，教师还可以通过合作项目，培养学生的团队协作意识和跨文化沟通能力。

（三）个性化教学策略：满足学生个性化需求

个性化教学策略旨在满足不同学生在翻译学习中的个性化需求。教师可以借助信息化手段，了解学生的学习需求和进度。在此基础上，为学生提供个性化的翻译学习资源和建议。例如，针对英语水平较高的学生，教师可以推荐一些具有较高难度的翻译素材，以提高学生的翻译能力；对于英语基础薄弱的学生，教师可以提供一些简单易懂的翻译素材，帮助他们逐步掌握翻译技巧。通过个性化教学策略的实施，教师可以更好地满足学生的学习需求，提高教学质量。

四、基于信息化的大学英语翻译教学评价

（一）过程性评价：实时监控与指导

在信息化环境下，过程性评价已成为教育改革的重要举措，尤其在翻译教学领域，教师可以充分利用现代技术手段，对学生的翻译过程进行实时监控和评价。这种评价方式旨在更好地了解学生在学习过程中的困惑和问题，为个性化教学提供依据，从而提高教学质量和培养学生的翻译能力。

1. 实时监控：确保学习质量的关键环节

实时监控是指教师在教学过程中，通过观察、提问、课堂互动等方式，对学生的翻译过程进行实时跟踪。这种方式有助于教师全面了解学生在翻译过程中的表现，及时发现学生的薄弱环节，为后续的教学调整提供依据。此外，实时监控还有助于教师了解学生的学习态度、学习方法等方面的情况，为个性化教学提供支持。

2. 个性化指导：提升学生翻译能力的有效途径

根据学生的实际表现，教师可以为学生提供针对性的指导，帮助学生解决翻译过程中遇到的问题。个性化指导具有以下四个方面的特点。

（1）针对性强。教师根据学生的困惑和问题，提供有针对性的解决方案，帮助学生突破学习难点。

（2）实时性。教师及时发现学生在翻译过程中遇到的问题，并迅速给予反馈，确保学生能够在短时间内解决问题。

（3）因材施教。教师根据学生的学习能力、兴趣和特长，制订个性化的学习计划，引导学生发挥优势、弥补不足。

（4）激发学生积极性。教师在指导过程中，注重培养学生的自信心和增强其成就感，激发学生参与翻译学习的积极性。

3. 教学策略调整：提高教学效果的关键

根据学生的实时表现，教师可以及时调整教学策略，以提高教学效果。教学策略调整包括以下四个方面。

（1）优化教学内容。根据学生的实际需求，教师可以调整教学内容，重点讲解学生薄弱环节，提高教学的针对性。

（2）改进教学方法。教师可以根据学生的学习特点，采用适合的教学方法，提高教学的实效性。

（3）强化实践训练。增加实践环节，让学生在实际操作中提高翻译能力。

（4）创设良好的学习氛围。教师要营造轻松、愉快的学习氛围，激发学生的学习兴趣和潜能。

（二）成果性评价：量化评价与综合评估

在当前全球化的背景下，翻译技能已成为我国学生在英语学习中不可或缺的一部分。基于在线翻译平台的学生翻译成果，我们可以从以下方面进行量化评价，以全面、客观地评估学生的翻译能力。

1. 准确性：评价学生在翻译过程中的掌握程度

准确性是翻译基础，也是衡量学生翻译水平的重要指标。评价学生在此方面的表现，可以关注以下三个方面。

（1）词汇选用。评价学生在翻译过程中是否能准确选用词汇，确保译文意思与原文一致。

（2）语法规范。评估学生在翻译过程中是否能遵循目标语言的语法规则，使译文结构完整。

（3）句型处理。观察学生在翻译过程中是否能恰当处理原文的句型，使译文在语言表达上符合目标语言的习惯。

2. 流畅性：评估学生翻译作品中的语言表达

流畅性是翻译作品中至关重要的一个方面，能够反映学生在翻译过程中的语言运用能力。在评估学生翻译作品的流畅性时，可以关注以下三点。

（1）语言连贯。观察学生翻译作品是否能围绕主题，使各部分之间连贯、衔接顺畅。

（2）表达自然。评估学生在翻译过程中是否能运用恰当的语言表达，使译文读起来自然、不拗口。

（3）语域适应。检查学生在翻译过程中是否能根据不同语境，选用合适的语言风格和表达方式。

3. 文化适应性：衡量学生在翻译过程中的文化内涵

文化适应性是翻译过程中容易被忽视的一个环节，但在实际翻译中具有重要意义。评价学生在这方面的表现，可以关注以下三个方面。

（1）文化背景了解。评估学生对原文中所涉及的文化背景、习俗、历史等方面的了解程度。

（2）文化差异处理。观察学生在翻译过程中是否能注意到原文中的文化差异，并采取适当的方式进行处理。

（3）文化内涵传达。检查学生在翻译过程中是否能准确地传达原文的文化内涵，使译文读者能够理解并感受到原文的文化魅力。

4. 创新性：评价学生在翻译过程中的独到见解和创意

创新性是翻译过程中体现学生个性和创造力的一个方面。在评估学生在这方面的表现时，可以关注以下方面。

（1）翻译策略：观察学生在翻译过程中是否能运用独特的翻译策略，提高译文的质量。

（2）个性化表达。评估学生在翻译过程中是否能发挥自己的创意，用独特的语言表达方式呈现译文。

（3）批判性思维。检查学生在翻译过程中是否能对原文进行深入分析，提出独到的见解。

（三）同伴评价：互动交流与共同进步

在教育领域，同伴评价作为一种实现互动交流与共同进步的方式，已经得到了广泛的关注和应用。它是一种学生之间的互评互促机制，通过相互评价，学生可以对彼此的翻译作品进行深入的探讨和分析，从而实现知识的传递、技能的提升和思想的碰撞。

同伴评价的优势在于其客观性、公正性和互动性。首先，在互评过程中，学生需要对同伴的翻译作品进行全面的审视，从翻译的准确性、语言表达、文化传递等方面进行深入的分析和讨论。这有助于提高评价的客观性和准确性，使评价结果更具说服力。其次，同伴评价强调学生之间的互动交流，通过互相学习、互相借鉴，学生可以发现自己的不足之处，从而激发学习兴趣和主动性。最后，同伴评价有助于实现共同进步。在评价过程中，学生可以相互分享学习心得、交流翻译技巧，从而营造一个良好的学习氛围，使每个人都能够在互动中不断成长。为了更好地实施同伴评价，教师可以采取以下策略。

第一，明确评价标准和流程。在评价过程中，教师应明确评价的标准和方法，让学生清楚了解评价的重点和注意事项。同时，教师还需设计合理的评价流程，确保评价活动的顺利进行。

第二，引导学生积极参与。在同伴评价过程中，教师需要激发学生的参与热情，鼓励他们积极提出自己的意见和建议。此外，教师还应关注学生的情感需求，营造一个宽松、安全的评价环境，让学生敢于表达、勇于担当。

第三，强化评价结果的反馈。教师应及时将评价结果反馈给学生，以便学生及时了解自己的优缺点，调整学习策略。同时，教师还应关注学生的进步情况，给予有针对性的指导和帮助。

第四，鼓励多元评价。在同伴评价中，教师应尊重学生的个体差异，鼓励他们从不同的角度和层面进行评价，以促进学生的全面发展。

（四）教师评价与反馈：引导与激励

在信息化环境下，教师的角色发生了重要的变化，他们不仅是知识的传授者，更是学生学习过程中的引导者和激励者。在这个过程中，教师评价与反馈起到了至关重要的作用。

第一，教师应及时关注学生的翻译过程，这包括学生对翻译任务的理解、翻译策略的选择、翻译过程中的问题和困惑等。通过对这些方面的关注，教师可以全面了解学生的学习状态，为后续的评价和反馈提供依据。

第二，教师评价时要注重发现学生的优点和潜力，给予积极的鼓励。每个学生都有他们独特的优点和潜力，教师应该敏锐地捕捉到这些优点和潜力，并在评价中予以体现。这样的评价可以帮助学生正确认识自己，增强自信心，从而激发他们的学习动力。

第三，教师在评价学生的翻译能力时，也不能忽视他们的不足之处。在给予积极评价的同时，教师需要指出学生的不足，并提出改进建议。这样的评价可以帮助学生明确自己的不足，知道如何改进，从而在以后的学习中取得更好的成果。

第四，教师评价与反馈的目的是激发学生的学习动力，帮助他们不断进步。因此，教师在评价和反馈过程中，要注重引导学生正确认识自己，既要看到自己的优点，也要正视自己的不足。只有这样，学生才能在学习过程中保持积极的心态，不断提高自己的翻译能力。

（五）信息化手段在评价中的运用：创新与拓展

随着信息技术的发展，教育评价领域正面临着前所未有的变革。传统的评价方式逐渐无法满足教育需求，而信息化手段在评价中的运用则为我们提供了一条新的道路。以下探讨信息化手段在评价中的创新与拓展应用。

第一，利用在线翻译工具：提高翻译效率和准确性。在跨国交流和学习的过程中，语言成为一个重要的障碍。在线翻译工具如谷歌翻译、百度翻译等，可以迅速地将一种语言转化为另一种语言，极大提高了翻译的效率。此外，这些工具还具备一定的语义理解能力，能够保证翻译的准确性。教育工作者和学生们可以充分利用这些工具，突破语言壁垒，促进国际学术交流与合作。

第二，搭建在线评价平台：实现实时评价与数据分析。在线评价平台可以将评价过程搬到互联网上，让评价变得更加便捷、高效。借助云计算和大数据技术，平台可以实时收集和分析评价数据，为教育工作者提供及时、准确的教学反馈。此外，在线评价平台还可以实现多种评价方式的融合，如形成性评价、终结性评价等，从而全面评估学生的学习成果。

第三，运用人工智能技术：为学生提供智能化的评价与反馈。人工智能技术在教育评价中的应用前景广阔。通过对海量教育数据的挖掘和分析，人工智能可以为学生提供个性化的学习建议和评价反馈。例如，智能教育系统可以根据学生的学习习惯、兴趣和能力，推荐合适的课程资源和评价方式。

同时，人工智能还可以对学生的学习过程进行实时监控，进而发现学生的学习困难，并提供有针对性的指导，从而提高学生的学习效率。

第四，融入多元化的评价形式：如音频、视频、图片等，丰富评价内容。传统的评价方式主要以纸质试卷为主，形式单一，难以全面反映学生的能力。随着信息化手段的普及，教育评价可以融入多元化的形式，如音频、视频、图片等。这不仅可以让评价更加生动有趣，还可以充分挖掘学生的潜能，全面评估学生的各项能力。例如，在音乐、美术等艺术类课程的评价中，可以采用音频、视频等形式，让学生展示自己的作品；在语言类课程的评价中，可以让学生通过录音、演讲等方式展示自己的口语能力。

第三节 信息化助力大学英语跨文化翻译教学探究

在信息化背景下，传统教学模式需要结合现代教育技术来促进教学，面对这样的时代变革，教师要实时转变，努力学习先进教学技术手段改善教学。目前英语学习的软件有许多，主要是聚焦于一些技能性的词汇训练，无法满足基础学习者的跨文化诉求，因此，市场急需一款针对跨文化翻译的英语学习软件，助力英语跨文化翻译教学。

一、利用科技技术开发大学英语跨文化翻译软件

随着移动互联的发展，英语学习类软件（APP）作为新型的移动学习资源，充分利用了移动设备的优势和强大的学习功能，为语言学习者提供了更生动活泼的学习平台。英语学习类 APP 已经成为英语学习的一种重要工具，因此，利用好英语学习类 APP 资源非常重要，可以促进学习效果的进一步提升，同时增强学习者的学习兴趣。

科技企业应对英语学习类 APP 进行深入的市场调研与分析，努力创新并研发具有特色的学习应用。只有以市场需求为导向，才能持续满足英语学习者的需求。通过使用这类 APP，学生在学习语言知识的同时，也能深入了解英语背后的文化内涵。同时，教师在运用 APP 的过程中，得以巩固自身学术素养，拓宽视野，增强文化意识。科技企业应着力于开发一款专为大学英语学习打造的跨文化翻译 APP，为大学英语教师和学生提供一个综合性交互平

台，以辅助大学英语跨文化翻译学习。此类应用有助于培养学生自主学习能力，并为大学英语教学提供有力的辅助手段，具有极其重要的现实意义。

另外，针对目前高校英语教学资源聚焦于词汇和语法训练，因此，开发与设计大学英语跨文化翻译的 APP，应将大学英语的跨文化知识，融入用户的交互式模式的设计，为广大高校教师和学生提供跨文化知识和背景，用清新、生动、时代感的文字以及视频信息给予他们支持，丰富学习者的学习资源。同时，APP 可以用于辅助大学英语教学，成为大学英语“混合教学”的辅助手段，推动大学英语跨文化翻译教学的改革和进步。

二、利用科技软件促进大学英语跨文化翻译教学

第一，作为教学主导的教师，应务力做到结合传统理论，把现代技术运用到自己的英语跨文化翻译教学中，实时转变教学策略，要善于学习现代英语教学信息技术，结合传统教学方法和翻译理论，让大学英语教学顺应时代的发展。教师还要不断思考前进中的问题，积极解决教学中遇到的难题。

第二，大学英语跨文化翻译 APP 功能包括多个模块，分为课前、课中、课后的多样化的组合方式。在课前的训练阶段，学习者可以通过观看视频提前学习授课内容，深入学习和研究课上将要学习的知识内容；而教师则根据学习者所做的学习任务解析，之后再进一步制订学习计划，从而为后面的学习资料的补充提供科学依据，进而可以通过服务器推送端给学习者提供更加丰富的知识内容。

第三，学习者不仅能够对平台提供的课程内容进行自学，还可以通过此类平台与其他学习者进行交流，组建学习小组，共同探讨和研究学习内容，解答彼此之间的疑惑。教师则可从服务端了解学习者遇到的问题，为后续课程教学方案的设计提供依据，从而有利于教学的顺利进行。这种模式使教师和学习者在情感上均具备平等地位，进而更能促进教育教学的有效实施。

第四，为满足大学英语教学改革的需求，大学英语跨文化翻译 APP 应在模块设计上借鉴众多词汇 APP 的设计和互动优势，注重词汇的文化信息传播，在语言语境和文化背景下记忆和训练单词，以实现理解和消化吸收。

第五，跨文化学习的软件帮助学习者掌握英语学习中的跨文化翻译知识，软件数据库应选用大学英语读写教程，作为学习者学习的材料。通过不断地让学习者体验不同单词的词性运用，来充分体会文章的文化内涵。在文本词汇阶段，设计词汇文化背景信息、词汇的来源、词形的演变，以及词汇在具

体语境中的意义进行分类学习。

总而言之，将跨文化内容通过统计、整理融入用户交互式行为模式的设计，为广大高校教师和学生提供更加生动的英语学科文化背景知识和应用途径，为他们未来更进一步的英语学习提供更多文化资源和智力支持。在全球化的今天，这对弘扬中国的传统文化有着积极的意义。在提升学生的跨文化意识之后，让学生完成翻译练习，这不仅能够强化学生的翻译技能，而且能够拓宽学生的文化视野。

第四节　信息化时代大学英语交互式教学模式运用

教学模式需具备两大要素，即一定的指导思想以及该思想指导下的相对稳定的教学过程。信息化时代下的交互式教学模式，是在建构主义理论的指导下，借助信息化技术的辅助，在大学英语翻译课堂上实现的多元深层次、全过程交互的教学过程。

大学英语交互式教学模式为教学注入了更多趣味性和互动性，成为提升学生语言综合运用能力的关键途径，并在当前大学英语教学理论和模式的探索中占据主导地位。该模式契合建构主义的基本理念，英语教学旨在培养学生的交流能力，尤其是翻译教学需要在两种语言间进行转换，因此更需要教学方式从被动灌输转向主动建构，学习过程从独立进行转为互助合作，师生关系从对立控制转变为对话交往。

网络技术的高度发展满足了教育领域对教育信息化的需求，推动了信息化教学的诞生。信息化教学以现代教育理念为引领，依托信息技术支持，运用现代教育方法开展。具体而言，它运用信息技术手段，使教学全环节实现数字化，从而提高教育质量和效率，构建适应信息化社会需求的新教育模式。在信息化背景下，交互式翻译教学模式的实施包括课前准备、课堂成果展示、课堂运用实践三个环节，具体内容如下。

一、信息化时代大学英语交互式教学模式的课前准备

为了让学生充分参与课堂任务，激发学生的学习兴趣和求知欲，教师应利用网络教学平台发布预习任务，并将课前任务资料上传到教学平台课程资

料区，并设置与下次上课需要翻译的文本相关的问题，将学习的主体地位交给学生。教师不仅要让学生回答自己设置的问题，还要引导学生思考设置问题的用意何在，通过分析问题、解决问题来进行问题分类，培养学生的积极翻译思维意识。

针对英译汉和汉译英两种不同的翻译类型，所设置的问题也有所侧重。英译汉的翻译要侧重提问原文中出现的疑难词句和模糊意义，以及学生容易忽视和误解的重点和难点，这样不仅可以培养学生的翻译思维和意识，还可以培养学生认真踏实的学习精神和态度。汉译英的翻译要侧重汉语文本中涉及的文化要素和文化内涵，注重两种语言之间的跨文化交际，这就需要教师在日常的教学中引导学生关注其他国家的历史、地理、人文等知识，才能在两种语言的转换之间做到胸有成竹。

二、信息化时代大学英语交互式教学模式的课堂成果展示

课堂上教师讲解完本堂课的主要内容、重点、难点（每学时 90 分钟，教师讲解环节控制在 30 分钟以内）之后，由挑选出的学生代表，轮流展示本组的研究成果，包括设置问题的答案和分类总结、译文的背景知识、小组讨论的争议之处或结果、翻译的思路等。学生以小组为单位对其他小组的展示发表意见并评分。最终，由教师进行评价，结合各小组的表现，选出本周最佳小组。在实际的翻译过程中，参照专业翻译公司的译审模式。

三、信息化时代大学英语交互式教学模式的课堂运用实践

在信息化时代，大学英语教学正面临着从传统模式向交互式教学模式的转变。交互式教学模式以学生为中心，强调学生与教师之间的互动、学生之间的合作，以及学生与教学内容之间的互动。以下探讨如何在课堂实践中有效运用交互式教学模式，以提高大学英语教学的效果。

第一，明确交互式教学模式的核心理念。这种教学模式强调课堂不再是教师单向传授知识的场所，而是学生主动参与、积极探索、互动交流的场所。在这个过程中，教师的角色发生了变化，他们不再是知识的传递者，而是引导者、组织者和辅导员。学生在这种模式下，不再是被动的接受者，而是主动的参与者，他们通过与教师、同学和教学内容的互动，主动构建知识体系。

第二，探讨如何在课堂实践中实现交互式教学模式。一方面，教师需要精心设计教学活动，确保这些活动能够激发学生的兴趣，调动他们的积极性。

这些活动可以包括小组讨论、角色扮演、案例分析等。另一方面，教师还需要充分利用现代信息技术，如网络资源、多媒体教学设备等，为学生提供丰富的学习资源，创设生动的学习环境。在这个过程中，教师需要注意以下五点：一是要确保教学活动的目标明确，二是要引导学生明确自己的学习目标；三是要鼓励学生积极参与；四是要关注学生的个体差异；五是要及时给予反馈和指导。

第三，教师要关注课堂管理。在交互式教学模式下，课堂氛围更加活跃，学生之间的互动增多。教师要确保课堂秩序良好，引导学生开展有益的讨论和交流，避免发生无效的争论和冲突。同时，教师还要注意培养学生的团队合作精神，让他们在互动中学会尊重、理解和包容。

第四，评估交互式教学模式的效果。评估可以从两个方面进行：一是对学生个体进行评估，看他们在学术成绩、语言能力、思维能力等方面的提升；二是对整个课堂进行评估，看课堂氛围、教学效果等方面的改善。通过对这两个方面的评估，我们可以不断调整教学策略，优化教学方法，以提高教学效果。

第九章 大学英语翻译教学的多元化实践研究

随着全球化的加速和跨文化交流的日益频繁，英语翻译教学在大学教育中的地位越来越重要。然而，传统的翻译教学方法往往过于单一，缺乏实际应用和多元化。为了解决这个问题，我们需要开展多元化实践研究，以提升大学英语翻译教学的效果和质量。因此，本章重点围绕大学商务英语翻译教学实践、大学科技英语翻译教学实践、大学旅游英语翻译教学实践、大学财经英语翻译教学实践进行研究。

第一节 大学商务英语翻译教学实践

一、商务英语及其翻译标准

商务英语是英语的重要分支，广泛应用于世界各国的商务活动，其翻译为“Business English”。初期，商务英语主要应用于外贸贸易，因此被称为外贸英语。随着全球化进程的不断深入，商务英语的应用范围逐渐拓展至经济、文化、科技、教育等领域。这一变化呼应着全球化的趋势，使商务英语成为跨领域交流的重要工具。

商务英语由商务活动与英语两个要素构成，以英语为传播载体，同时展现出商务特性。商务英语的独特之处在于，它并不是简单地将商务活动与英语相加，而是两者相互促进、融合的产物。在商务英语中，商务活动的特点与英语的语言规范相互交织，共同构成了一种独特的语言体系。

在商务英语的语言环境中，商务话语扮演着至关重要的角色。这些商务英语是商务活动中使用的语言，与商务活动紧密相连，直接影响着商务活动的顺利进行。语言运用在商务活动中具有重要意义，因为它不仅是交流的工具，更是思想和信息的载体。商务活动塑造了语言使用特点，因此从事商务活动的人士需要选择适宜的语言表达方式，以展开精确与规范的商务交流与沟通。在商务领域，精准的语言表达可以减少误解和不必要的风险，提高合作效率和质量。

商务英语在国际商务活动中扮演着举足轻重的角色，其重要性不言而喻。这种特殊领域的语言需要具备丰富的专业术语、词汇和短语，以确保商务活动的顺利进行。在商务活动中，语言信息与活动密切相关，因此必须采用准确得体的商务用语，任何不当之处都可能导致活动的阻碍与不顺利。

商务人士在实践中需要掌握各种各样的技能和知识，不仅仅局限于商务词汇。他们需要了解职业套语、专业术语以及如何进行有效的商务表达。商务英语作为英语的重要变体，被归类为专门用途英语的范畴之一，与旅游、科技、法律英语有着某种程度的相似性。

商务英语具有其独特的特色，主要应用于商务环境，是国际商务交流的重要语言工具。其内容十分丰富，包括基础语言知识、专业翻译技能、各种表达方式以及人际关系等方面。商务英语的语言结构相当复杂，涉及专业术语、词汇、职业套语，甚至委婉语等多种形式，这些语言形式既适用于口语又适用于书面语，因此在运用时需要极为谨慎。

在运用商务英语时，必须特别注意准确性、得体性和合适性。一句话的表达可能牵扯到复杂的语言结构，对于专业术语的准确使用更是必不可少。此外，商务交流往往关乎到商业合作和关系的发展，因此语言的得体性也是至关重要的，不当的表达可能会造成误解或者冒犯对方的情况发生，从而影响商务关系的发展。

（一）商务英语的组成要素

商务英语涵盖范围了极为广泛的领域，其内容包括语言技能、专业知识、跨文化沟通技巧等多个方面。作为国际商务活动的重要基石，商务英语的学习和掌握对于成功开展国际商务活动至关重要。首先，商务英语要求学习者具备扎实的语言基础，包括但不限于词汇量丰富、语法准确等方面。其次，商务英语还要求学习者掌握相关的专业知识，包括商业管理、市场营销、国际贸易等方面的知识，以便能够在商务交流中准确地表达自己的观点和想法。最后，了解不同国家和地区的文化习俗也是商务英语学习的重要内容之一，这有助于避免因文化差异而造成的交流障碍，提高商务交流的效率和质量。

第一，商务英语的主要用途在于促进商务交流与合作。在国际商务活动中，良好的交际能力是至关重要的。交际能力基于优秀的语言能力，包括听力、口语、阅读、写作等多个方面，并且强调实践性和达意性。在商务场合，人们需要能够准确地理解对方的意图，并清晰地表达自己的想法和要求。因此，商务英语的学习不仅是为了掌握语言技能，更重要的是要能够在实际的商务环境中灵活运用这些技能，与他人进行高效的沟通和交流。除语言技能外，社交能力也是商务英语学习中不可忽视的一部分，因为商务活动往往需要与各种各样的人打交道，良好的社交能力有助于建立信任和友好的合作关系，推动商务活动的顺利进行。

第二，商务交际能力在商务英语研究中被视为至关重要的方面。这种能力的重要性在于，商务交际不仅涉及语言本身，还涉及非语言交流，并且受到商务背景的影响。在商务活动中，不同的情境和需求需要交际者具备不同的技巧和对特定词汇的理解能力。因此，交际者的表达方式和语调往往直接反映了他们在商务交际能力方面的水平。举例而言，商务谈判中的语气和措辞可能与商务会议中的交流方式有所不同，这就要求交际者能够灵活运用语言和非语言技巧，以适应不同的商务环境。

第三，商务英语翻译是一项复杂的工程，对译者的要求十分严格。译者需要深入了解商务英语的语言特点、背景知识和专业术语，这远不只是简单的语言翻译。在进行商务英语翻译时，译者需要保持对原文的忠实性，准确表达原意，而不是简单地将一种语言转换为另一种语言。特别是对于商务英语中的专业术语和短语，译者需要结合自己的背景知识和丰富的翻译经验，避免仅仅对表面意思进行翻译，而应该理解其背后所蕴含的商务文化和专业含义。因此，商务英语翻译要求译者具备高超的语言技能和深入的行业理解，以确保翻译结果能够满足商务交流的需求，并且保持准确、流畅，并符合商务规范。

第四，在商务活动和商务英语翻译中，从业人员必须具备扎实的语言基础、跨文化意识和优秀的交际能力。这两者相辅相成，因为商务英语翻译不仅是简单地将一种语言转换成另一种语言，它涉及两种语言和文化背后的深层交流。了解商务文化是确保跨文化交际顺利进行的关键。在商务环境中，文化差异可能是交际中最显著的挑战之一，缺乏对交流对象文化背景的了解往往会导致交际失误。因此，对于商务英语翻译人员来说，不仅需要精通两种语言，还需要了解两种语言背后文化的细微差异，以避免产生误解和不必要的冲突。

翻译过程本身就十分复杂，需要译者掌握两种语言的表达方式以及多种文化内涵。这意味着译者需要超越语言层面的理解，还要对不同文化的习惯、礼仪和商务惯例有深入的了解。在商务英语翻译中，译者扮演着文化的桥梁角色，他们需要能够在不同文化背景之间进行平衡和沟通，以确保信息的准确传达和商务关系的顺利发展。因此，商务英语翻译人员需要具备双语知识和跨文化交际能力，以完成翻译任务。除语言技能外，他们还需要具备良好的沟通技巧和解决问题的能力，以应对在商务环境中可能出现的各种挑战和复杂情况。

（二）商务英语的语言特点

商务英语是一种延伸和功能变体，拓展了普通英语的范围，涉及广泛的基础英语知识和商务领域的专业知识。这一领域综合了基础知识和实用技能，其中包括语音、词汇、语法、修辞和交际等方面的基础知识，以及商务领域的活动表达、服务、合作和金融等方面的专业知识。

在技能方面，商务英语要求学习者掌握听、说、读、写、译等基本技能，并注重培养跨文化交际、商务合作等实践技能以及运用多媒体和信息技术的先进技能。这种全面的学科要求学习者在各个方面都具备扎实的能力，以适应商务交际的多层面需求。

商务英语的应用领域非常广泛，可分为谈判英语、广告英语等多个领域。这些特定领域的学习使学生能够更好地适应商业环境中的专业要求，提高他们在相关行业的竞争力。这一学科具有跨学科性，与经贸、管理、文化等学科交叉融合。学习商务英语不仅是学习语言，更是了解商业背景和文化差异，为跨国企业和国际交往提供更深层次的理解和支持。

实用性是商务英语的最大特征，其目标是实现商务交际的目标。学习者通过对商务英语的学习，能够更有效地应对商业环境中的各种挑战，提高沟通效率，促成商务合作。

商务英语具有特殊的语言特点，包括词汇、句式、语篇、修辞等方面。这些特点反映了商务领域的专业性和严谨性，需要学习者深入研究和理解。通过对这些特点的掌握，学习者能够更准确地表达商务意图，提高沟通的精准度和效果。

1. 商务英语词汇特点

商务英语在各个领域中与普通英语密切联系，但也展现出独立性和特征，成为普通英语的社会功能变体。其独特之处体现在对商务活动专业性词汇的深入研究，这一领域属于专门用途英语研究的范畴。然而，许多学习者对商务英语存在误解，往往简单地将其视为商务专有词汇的集合，未能深入了解其更广泛的社会功能和语言特征。

（1）词汇形式的丰富性。商务英语的词汇形式呈现出丰富多样化的特点，可分为公文体形式、广告体形式和论说体形式。在公文体形式中，商务英语词汇常用于合同、信函和通知中，表现出严谨规范和正式简洁的特点。这种形式的语言应用要求准确无误，以确保文本的法律效力和交流的明确性。相较之下，广告体形式的商务英语词汇更新迅速，通常具有一词多义的特性，使用口语化和通俗化的表达方式，以增强吸引力和与时俱进的效果。论说体形式的商务英语运用书面词汇，较为严谨和正式，主要出现在报告和演讲中，具有专业性特点，旨在传递严肃的商务信息。这种多样的词汇形式使商务英语更具适应性，可以灵活应对不同语境和交际需求，为商务交流提供了丰富的表达工具。

（2）专业缩略语的大量运用。商务英语词汇作为商业交流的主要工具，涵盖了丰富的词汇形式和专业缩略语，其范围之广泛可谓无所不及。在商务英语词汇的演变历程中，商业英语缩略语早已有其存在，如电报专用缩略语等。随着对商务语言的研究日益深入，许多旧有的缩略语已被逐渐淘汰，为新的语言形式让路。

商务英语中的缩略词是常见且至关重要的一部分，多音节词汇通常会被简化为单音节或少数音节，以便更简洁地表达。近年来，随着全球经济一体化的加深和商务活动的增加，商务从业者更倾向于采用商务英语缩略词，以适应快节奏的商务环境，节省时间和精力，提高商业活动的效率。

商务英语缩略词已经在商务运用、结算、交流、支付等领域得到了广泛的应用，为商务活动提供了极大的便利。无论是在商业文件的撰写中，还是在商务会议中的交流过程中，这些缩略词都扮演着重要的角色。在现代商务交流中，使用正确的缩略词不仅能够加快信息传递的速度，还能够增强沟通的效果，使得商务活动更加高效、便捷。

（3）新词汇层出不穷。商务英语是一个充满活力和创新的语言体系，除其已被广泛认知的特性外，它还在不断涌现出丰富的新词汇。全球商业的蓬勃发展推动了新科技、创新思想、独特工艺和先进技术的应用，这些新事物的出现也成为商务英语中新词汇涌现的动力。在商务英语中，新词汇大多呈现为复合词或合成词，由两个或多个词汇组合而成，反映了商业活动的多样性和复杂性。与此同时，一词多义现象也增加了新词汇的产生，比如“discount”在不同领域有不同的含义，这种语言的灵活性使商务英语词汇的应用更加多样化和丰富。

2. 商务英语句式特点

商务英语具有独特的句式特点，它们为商业交流提供了严密而精确的语言框架。商务英语的句式以严谨、准确和简洁为主要特点。这种准确性体现在语言结构的复杂性和正式性上，尤其在商务投标、合同等领域广泛应用。商务英语的句式通常较长但固定，不常见虚拟句式、倒装句式等，这种稳定的结构为商业文件和交流提供了一致性和可预见性。

（1）句式简洁，表达准确。在商务英语中，句式的简洁和表达的准确性至关重要。这种简洁性体现在排比句、简单句以及较短的复合句等句式结构上。此外，商务英语中的缩略字母也是句式简洁的一种体现。简洁的句子有助于商务信息的传播和理解，为商务活动的顺利开展提供了重要支持。简洁的表达方式不仅节省了时间，也降低了交流的误解和歧义的可能性，从而促进了商务活动的高效进行，提高了工作效率和沟通效果。

（2）被动句式较常见。在商务英语中，被动句式主要目的在于确保信息的准确性和客观性，并避免主观臆断的出现。商务英语的叙述常采用第三人称，强调的是“所做的事情”和“做事的方式”，而并非强调实施动作的个体。这种被动句式的运用不仅提高了商务信息的客观性，还增强了信息的准确性和可信度。在严肃的商务文体中，被动句式更为常见，其使用方式能够使得信息更加客观且严谨，避免了个人情感或主观态度的介入，从而确保了商务交流的精准性。

（3）商务英语的句式结构常常以长句、复合句和并列复合句为主。虽然简洁而准确的句式在日常交流中更为常见，但由于商务英语的专业性和严谨性，复杂句式的运用变得更为普遍，尤其在经贸合同等正式文件中。这些复杂句式往往需要借助于短语、从句等结构进行详细的说明和限定，从而确保信息的完整性和准确性。然而，这种结构的复杂性也使得句子显得较为冗长，有些甚至可单独成段。因此，在商务英语的写作中，恰当地运用复杂句式成为一项重要的技能，能够更加清晰地表达复杂的商务概念和内容，确保信息传达的完整性和准确性。

3. 商务英语语篇特点

商务英语语篇特质显著，其结构严谨，重视连贯性。在表达过程中，商务英语通常先展现综合思维，再呈现分析思维。这一特点揭示了商务英语在语篇构建上的独特性和共性。同时，语篇特质在很大程度上反映了其词汇和句式的特点。总体而言，商务英语的语篇结构合理，语言精练，内容具体，论述客观。以下将针对商务英语的语篇特质进行详细剖析。

（1）标题简洁醒目，多用缩略语。商务英语语篇的标题一直以来都以简洁明了、生动形象著称，这样的特点使其具有极高的辨识度和吸引力。一般来说，商务英语标题能够准确地传达出语篇的核心论述，让读者一眼就能抓住主题。此外，商务英语标题通常采用简单句式，如陈述句、疑问句等，并通过添加破折号、冒号等标点符号，进一步突出标题的简洁性和主题性。

（2）语体规范正式，遵循通用商务语体。商务英语作为一种专门用途的英语，其商务特点决定了它在表达和使用过程中不能过于随意和口语化。商务英语使用者需要在平等合作的基础上，遵循规范化、正式化和通用化的商务语体进行沟通与交流。这一特点使得商务英语在实际应用中更具专业性和可靠性。

（3）行文结构具有固定模式。商务英语主要用于跨国商务活动，其使用语境特殊，因此在语篇结构上通常遵循一定的固定模式。这种特点在商务英语信函中尤为明显。以下探讨两种常用的商务英语行文结构模式。

第一，解析型语篇结构模式。在商务英语中，解析型语篇结构模式被广泛应用。这种模式首先将整体分割为若干部分，将复杂问题简化为多个较小的问题，然后对这些问题进行详细分析。通常情况下，购销合同和个人简历等文档会大量采用解析型结构语篇模式。

第二，比较—对比型语篇结构模式。在论述商务英语商品、服务等方面的相似和不同之处时，商务英语语篇可以采用比较—对比型结构。比较是对两个对象的相似性进行分析，而对比则侧重于分析两个对象的不同之处。比较—对比型结构模式常见于商务英语信函、调查报告等。

4. 商务英语修辞特点

（1）委婉。商务英语作为一种专门用于商务活动的语言，其重要性不言而喻。在商务活动中，参与者来自世界各地，他们需要借助商务英语来进行沟通与交流。然而，由于文化背景、语言习惯和思维方式存在差异，人们在交际过程中很容易出现表达、认知和情感上的分歧。为了缓解这种分歧，使交际过程更加顺畅，商务英语中常常采用委婉和模糊的表达方式。

委婉语和模糊语虽然内涵有限，但它们的外延却十分广泛。它们能在很大程度上帮助交际双方接受对方的观点，具有极高的包容性。同时，这两种语言表达方式还具备一定的弹性，为商务活动参与者留下了思考和想象的空间。在这种情况下，商务英语的交际效果不仅能够得到提高，还有助于促进商务合作的达成。

然而，在运用委婉或模糊的商务英语进行交际时，商务活动参与者还需要遵循礼貌原则。礼貌原则是商务英语交际中的基石，它能够帮助人们在商务活动中建立良好的人际关系，为顺利开展业务奠定基础。遵循礼貌原则的商务英语交际，不仅能体现交际双方的相互尊重和关爱，还能有效地避免因言语不当而引发误会和冲突。

（2）夸张。在商务英语中，夸张修辞手法不仅频繁出现在日常交流中，还扮演着至关重要的角色。夸张手法并非随意夸大或无根据地使用，而是基于事物的本质，从内在层次对其进行修饰。换言之，夸张手法是以事物的本质为基础，通过想象力对事物的特征和内在进行扩大，从而达到增强表达效果的目的。首先，运用夸张手法能够提高商务英语的感染力。在商务交流中，适度地夸大事物可以吸引对方的注意力，使信息更加生动有趣，从而更容易让对方接受和理解。其次，夸张手法有利于商务活动的顺利进行。在商务谈判、推销和广告等场景中，夸张修辞可以使产品或服务显得更具有优势，激发潜在客户的需求，进而促进商务活动的成功开展。

在商务英语广告中，夸张手法被广泛应用，其目的主要是通过夸大其词，使产品或服务的优势更加突出，从而吸引消费者的注意力并激发其购买欲望。同时，夸张手法具有语言精练、表达准确等特点，能在短时间内抓住消费者的心理，提高广告的传播效果。

（3）排比。排比这一修辞手法，无论在汉语还是英语中，都占据了至关重要的地位。它的基本含义就是将结构、意义、语气等方面相似或者相近的词语或句子进行并列使用。这种表达方式，其结构特征显著，呈现出对称的美感。尽管在表达过程中，并没有明确指出各项内容之间的共性、差异或内在联系，但是读者却能够从中感知到事物之间的内在联系和异同点。

在商务英语的语境中，运用排比结构可以使文章的表达更具有节奏感，提升文章的阅读体验。同时，排比结构也有助于将核心信息、关键内容表达得更加明确、清晰。排比手法的运用，就像是在文章中加入了一种特殊的“韵律”，让读者在阅读过程中，能够更好地理解和记住重要信息。此外，排比手法还能增强文本的感染力。通过对相似或相近的词语、句子进行并列使用，可以强化表达的力度，使文章更具说服力。在商务英语中，这种修辞手法能够提升文章的专业性和权威性，使读者更加信服。

（三）商务英语的翻译标准

1. 翻译的“三原则”标准

翻译的“三原则”标准最初由英国学者亚历山大·泰特勒提出，其主要观点见于他的著作《论翻译的原则》。这一标准的核心包括三个关键要素：首先是完整地表达原文的思想，其次是保持原文的风格与作者的笔调，最后是确保译文通顺流畅。起初，这一标准偏向于文学作品的翻译，特别是在诗歌翻译中的应用备受强调。事实上，这一标准在各种文体的翻译中都具有普适性，特别是在商务英语翻译领域发挥着重要作用。

“三原则”标准强调译文与原文的一致性，旨在使译文读者能够产生与原文读者相似的阅读感受和反映。在商务英语翻译中，这一原则显得尤为重要。译者必须准确地表达内容，同时促使收信者产生预期的反映。这意味着译者不仅要理解原文的含义，还要考虑到目标受众的文化背景和语言习惯，以确保译文的准确性和可理解性。

因此，商务英语翻译者需要具备高超的语言技巧和文化意识，以确保其译文不仅忠实于原文，而且能够有效地传达信息并引发目标读者的预期反应。这种在商务领域的翻译实践中运用的“三原则”标准，不仅是一种技术指导，更是一种促进跨文化交流与理解的重要工具。

2.“信、达、雅”的翻译标准

“信、达、雅”的翻译标准源自于清代翻译家严复的提出，最早见于其著作《天演论·译例言》。这一标准包含着三个关键要素：信、达、雅，分别强调了忠实于原文、译文通顺规范以及译文具有文采特点的重要性。“信”，意味着译者必须忠实传达原文的思想、观点和内容，严禁对原文进行篡改或遗漏，这要求译者具备全面准确理解原文的能力。“达”，指在确保忠实于原文的基础上，译文必须通顺规范，避免出现语言错误，以确保读者能够准确理解译文内容。“雅”，指译文应该流畅自然，同时具备一定的文采特点，实现从易到难的过程，让读者在阅读中享受到语言的美感。

商务英语翻译受到“信、达、雅”标准的深刻影响，要求译文不仅要忠实于原文、通顺规范，还必须具备一定的文采。在商务英语翻译中，译者需要保持原文的风格，使译文易于理解且得体，与商务文本的语言特色相契合。因此，商务英语翻译不仅需要准确传达信息，还要注重语言的流畅性和文化的表达，以便更好地满足读者的阅读需求。

“信、达、雅”标准在翻译界产生了重大影响，不仅适用于商务英语翻译，也影响着其他领域的翻译实践。对商务英语翻译的具体阐述包括忠实、通顺、得体以及与商务文本语言特色相符。这一标准的贯彻实施，不仅提升了翻译质量，也促进了跨文化交流与理解的深入发展。

3.“直译”与“意译”的标准

在英语翻译实践中，直译与意译是两种经常被采用的翻译方法。直译与意译各有其适用之处，译者需要根据具体情况灵活选用。直译强调保持原文的形式和内容，意译则更注重传达原文的意义。这两种方法在英语翻译中都有广泛的应用，但译者需明确何时应采用直译，何时应采用意译。

（1）直译。直译，顾名思义，就是将原文一对一地翻译成目标语言。这种方法能够使译文既保留原文的具体形式，又呈现出原文的具体内容。在英语翻译中，直译法被广泛应用于各种场景，如文学、商务、科技等领域。直译的优势在于能够较好地保持原文的风貌，让读者在阅读译文时能够感受到原文的韵味。然而，直译也有其局限性，尤其在处理一些具有文化特色的词汇和表达时，直译可能导致译文读者难以理解。

（2）意译。意译，又称自由翻译，虽是一种注重原文内容，但不保留原文形式的翻译方法。在英汉两种语言存在较大差异的情况下，尤其是当原文的形式和内容存在一定的矛盾，不能同时兼顾时，译者就需要放弃直译，转而采用意译。意译法的优势在于其能够更有效地传达原文的意义，让译文读者更容易理解。然而，意译也可能导致原文的一些特色和风格在译文中丢失。

在英语翻译中，直译和意译往往需要相互结合，根据具体情况灵活运用。一个优秀的译者应当在充分理解原文的基础上，根据译文读者的需求和语境，适时地调整翻译策略，既保持原文的内容，又使译文通顺易懂。在实际翻译过程中，译者还需不断积累经验，提高自己的翻译水平，以便更好地完成直译与意译间的切换。

4. “功能对等”的翻译标准

“功能对等”的翻译标准是一种广泛应用于翻译领域的理论，旨在寻求源语言和目标语言在意义、功能和效果上的一致性。这一理论起源于德国翻译学者赫尔穆特·费尔米尔（Hans J.Vermeer）和凯瑟琳·雷斯（Katharina Reiss）于 20 世纪 70 年代提出的功能翻译理论。在我国，功能对等理论得到了广泛的研究和应用，为翻译实践提供了有益的指导。功能对等翻译标准主要包括以下五个方面。

（1）忠实原则。要求翻译者在翻译过程中遵循原文的内容、风格和作者的意图，使译文真实地反映出原文的信息。这意味着译者在翻译时，要充分了解原文的背景、语境以及作者的表达方式，确保译文的准确性。

（2）达意原则。要求译文在目标语言文化中能够使读者产生与原文读者相似的理解和感受。这意味着译者在翻译过程中，需要充分考虑目标语言的表达习惯和读者接受程度，使译文易于理解、符合目标语言的表达规范。

（3）语言功能对等。要求译文在语言层面上与原文保持一致的功能。这包括词汇、语法、修辞等方面，使得译文在形式和内容上都能够满足目标语言读者的需求。

（4）文化功能对等。要求译文在目标语言文化中传递出与原文相同的文化内涵。这意味着译者需要对两种文化都有深入的了解，以便在翻译过程中消除文化障碍，使译文符合目标语言文化的审美标准和价值观。

（5）风格对等。要求译文在风格上与原文保持一致。这包括作者的语气、口吻、修辞手法等方面，使得译文在风格上与原文相似，从而达到与原文相同的艺术效果。

5. “语义翻译”与“交际翻译”的标准

在英语翻译领域中，语义翻译与交际翻译被认为是至关重要的标准，这一观点最早由彼特·纽马克在《翻译探索》中提出。语义翻译是对直译原则的一种总结，其着眼点在于尽可能忠实地传达原文的意思和语义，注重于保持文本的准确性和完整性。而交际翻译则更加强调地道性和流畅度，其核心在于传达的是意思，而非逐字逐句地翻译，更加关注于读者或听者的理解和接受。这两种翻译标准的结合能够产生更好的翻译效果。通过兼顾语义和交际两个层面，翻译能够在保留原文意思的基础上，更好地适应目标语言和文化背景，使译文更加地贴近原意，易于读者理解和接受。

在国内外的翻译标准中，都强调了翻译信息的对等性，但在侧重点上有所不同。例如，在商务英语翻译中，除关注语义信息的准确传达外，还需要考虑到风格信息、文化信息等方面的对等。这意味着翻译不仅要确保内容的准确性，还要考虑到在商务场景中的礼貌、正式性以及与目标受众的文化背景契合度。

二、大学商务英语翻译的教学原则

在当今全球化的背景下，商务英语的翻译显得尤为重要，它不仅涉及国际贸易、商务交流等方面，而且是传播企业文化、宣传产品和服务的重要手段。为了确保商务英语翻译的质量和效果，教学过程中需遵循一定的原则。以下是对大学商务英语翻译教学中的三大原则进行详细论述。

（一）准确性原则

准确性原则是商务英语翻译的基础。在翻译过程中，译者需充分理解原文的内容、思想和意图，并以准确的方式将其表达出来。为了达到这一目的，译者需要具备扎实的英语功底、丰富的商务知识以及敏锐的文化意识。在实际教学中，教师应着重培养学生的语言基本功，提高他们的跨文化交际能力，使他们在翻译过程中能够准确地传递原文的信息。

（二）忠实性原则

忠实性原则在商务英语翻译中具有举足轻重的地位。它要求译者的译文与原作者的原文信息对等，确保译文忠实于原文的内容和风格。忠实性原则的遵循由商务英语的性质决定，同时是对原作者知识产权和创作成果的尊重。在翻译过程中，译者要避免篡改、歪曲或遗漏原文所表达的思想，以确保译文的忠实性。

（三）通顺性原则

通顺性原则是商务英语翻译的基本要求。译者在翻译过程中应使译文的词汇、句子通俗易懂，符合商务活动的规范和要求。此外，在保证译文通顺的基础上，译者还需注重用词的准确性，避免生硬化和艰涩化。例如，“I work at the Bank of China.”如果译成“我工作在中国银行”，则不符合汉语表达习惯。因此，教师在教学中应着重培养学生的语言表达能力，使他们能够翻译出通顺、自然的译文。

总而言之，在大学商务英语翻译教学中，准确性、忠实性和通顺性三项原则是指导译者进行翻译的重要准则。只有遵循这些原则，译者才能翻译出高质量的商务英语作品，满足国际商务活动的需求。因此，教育工作者需高度重视这些原则在教学中的应用，努力培养具备高素质商务英语翻译人才。

三、大学商务英语翻译教学中的常见误区

商务英语翻译与普通英语翻译存在显著差异，译者需在具备基本英语翻译技能的基础上，充实商务领域的专业知识。商务英语的篇章结构较为复杂，部分句式较长，从而加大翻译的难度。这些误区产生的原因包括缺乏文体意识、对专业术语不熟悉、对原文理解有误、译者疏忽以及文化差异等因素。总结而言，商务英语翻译中常见的误区如下。

（一）文体不当的失误

商务英语翻译是一项要求极高的任务，译者需要具备敏锐的文体意识。在商务领域，不同的文体要求也各不相同，例如广告、信函等，都有其独特的语言风格和表达方式。尤其是商务信函的翻译，更需要译者对严谨、委婉、规范等特点有着深刻的把握。译者在处理商务信函时，必须注意重现原文所体现的委婉和礼貌语气，这既能保持原文的意义和情感，又能使译文更符合商务文化的要求。

为了确保翻译质量，译者需善于运用恰当的语言表达，以传递准确的信息并保持商务信函的专业性。此外，译者还应遵循译入语的习惯，避免使用口语化和广告化的表达方式，以免引起读者的误解或不适当的理解。因此，翻译过程中的语言选择和句式结构至关重要，要考虑到不同语言之间的文化差异和语言习惯，以确保译文的流畅和准确。

（二）错译、误译、死译、硬译现象

由于不了解商务英语的专业术语，从而导致错译、误译、死译、硬译等现象。下面分别对其进行简要说明。

1. 错译、误译

商务英语是专门用途英语的一种常见形式，与普通英语有显著区别。它融合了大量与商务相关的专业术语和缩略语，以提高交流效率。翻译商务英语不仅要掌握英语语言，还需要深入理解其商务特色和语言特点，否则可能会导致专业术语的不准确或不恰当使用。举例来说，像“flat rate”被误译为“评价”，而“flat sales for the month”则被错误地翻译为“这个月的平面销售”。这种误译可能导致严重的沟通问题和商务合作的困扰。此外，商务英语中的词汇可能在不同的商务领域或活动中具有不同的含义，这就是所谓的一词多义现象。如果翻译者只是简单地根据字面意思进行翻译，而不考虑上下文和专业领域的特殊含义，就很容易出现错译或误译的情况。举例来说，像“floating”这个词在不同的商务背景中可能会有不同的解释。在金融领域，它可能指的是浮动利率或浮动汇率，而在航运行业，它可能指的是货物漂浮或船只漂浮。如果翻译者没有充分了解上下文，可能会误将其译为“漂浮”或“浮动”，而忽略了其特定的商务含义。

2. 死译、硬译

商务英语翻译与一般英语翻译有所不同，这要求译者选择合适的方法。在这个领域，直译法和意译法是常用的策略。直译适用于一些词语，比如“bad debts”（坏账）和“paperless transaction”（无纸交易）。然而，直译并不总是导致死译或硬译，因为这两者并不简单等同。在一些情况下，直译可能会导致死译或硬译，这时候就需要采用意译的方式，比如将“cash crop”（经济作物）和“black economy”（地下经济）翻译为符合语境的表达。如果译者死抠字面意义或者生搬硬套原文，将会影响商务英语文本的整体理解。因此，在商务英语翻译中，选择合适的方法并灵活运用直译和意译是至关重要的。这样才能确保译文准确传达原文意思，同时符合商务文本的语境和风格，从而实现有效的沟通和交流。

（三）文化差异造成的误译

商务英语翻译不仅是简单的语言转换，更需要考虑到文化差异的存在。

翻译商务英语需要深入了解目标语国家的文化背景以及本国的文化内涵。这包括了解国家的历史、价值观念、社会习俗等方面的信息。在这个基础上，翻译者可以更好地理解原文中所蕴含的文化意义，从而更准确地传达原文信息。在理解国内外文化差异的基础上，翻译者需要灵活运用翻译技巧来消除这些差异，从而提升商品在海外市场的竞争力。这可能涉及语言的语用习惯、表达方式的转换以及文化符号的替换等方面的技巧，以确保译文既保留原文的意义，又符合目标语受众的文化习惯和接受程度。

1. 颜色引发的文化差异

颜色在不同文化中承载着不同的意义，这进一步加深了跨文化差异在翻译中的影响。不同语言中的颜色词汇可能存在着文化差异，即相同的颜色在不同的语言中可能有不同的词汇表达。其次，即使颜色词汇相同，其文化含义和语用意义也可能存在差异。例如，“红色”在中国文化中代表喜庆，而在西方文化中可能与爱情或警示相关。未深入了解颜色词的文化含义和语用意义，就容易导致误译，如将“红豆”误译为“Red bean”，从而丧失了原文中所蕴含的文化意义。因此，在翻译颜色词时，翻译者需要在理解语义基础上深入了解文化信息，以确保准确传达商务英语的真实意义，避免因文化差异而导致的误译，从而更好地促进跨文化交流与商务合作的顺利进行。

2. 数字引发的文化差异

在思维方式和风俗习惯上，中西方文化存在着显著的差异。这种差异不仅体现在日常交往中，也深深体现了数字在不同文化中的含义和重要性。在西方国家，特别是欧美地区，数字“七”享有特殊的地位和内涵。举例而言，在商务英语中，数字“7”被视为吉祥之数，因此诸如“7-Up”这样的产品被翻译成了“七喜”而非直译为“七上”，这反映了文化间的差异和在理解上的不同。而在中国文化中，数字“八”则备受喜爱，因其与发财致富的“发”谐音联系在一起。此外，英式英语和美式英语之间的词语差异也可能导致误译，因此在商务领域，翻译者除了要准确理解特定术语的含义，还需了解文化背景及其在不同国家间的差异。

商务英语对于翻译者来说，不仅要求掌握扎实的基础知识和文化修养，还需要灵活运用翻译技巧来避免误译。在翻译过程中，理解商务英语的标准、原则和策略至关重要，同时要警惕可能出现的问题，比如在翻译商业文件或合同时的误解或失真。因此，翻译者需要具备全面的商务英语知识，以确保翻译作品的准确性和专业性，从而有效地传达跨文化交流中的信息和意图。

四、大学商务英语翻译的问题与教学技巧

（一）大学商务英语翻译中存在的问题

当前，商务英语翻译正处于不断优化与发展的阶段。无论是商务英语的研究者还是实践翻译者，都已积累了一定的经验，这有利于商务英语翻译的持续稳健发展。然而，值得注意的是，商务英语翻译领域仍然存在一定的问题与不足，这些问题势必会对我国的国际贸易活动产生影响。以下将从三个方面对商务英语翻译中存在的问题进行系统阐述。

1. 词汇问题

词汇问题在英语翻译中，尤其是在商务英语翻译中，表现得尤为突出。商务英语所涉及的专业术语和词汇广泛且丰富，涵盖各个领域。这些专业词汇与普通英语存在显著差异，若译者在翻译过程中未能充分考虑商务英语的表达习惯，便会产生词汇翻译错误，导致译文无法准确传达原文内容，从而降低商务英语翻译的规范性和专业性。

此外，商务英语翻译中还存在一词多义的问题。在此类情况下，若译者未能准确把握词汇差异，便会影响整个译文的准确性、规范性和专业性。以“shipper”和“carder”为例，在日常生活中，这两个词语意思相近，但在商务英语语境中，它们却代表了截然不同的含义。“Shipper”指的是货物交出者，而“carder”则表示货物运输的中间方。因此，在翻译此类词汇时，译者需特别留意其商务英语表达的准确性。

2. 句式问题

众所周知，西方国家注重抽象思维，而中国主要以形象思维为主。再加上中西方风俗习惯、文化背景等方面的差异，英语和汉语在句式结构上也存在很大的差异。

汉语句式以“意”为核心，不注重句子的完整性，更倾向于句子的意会，在表达中最为常用的方法是人称表达法。而英语句式则以“形式”为核心，注重句子的完整性。因此，译者在翻译商务英语的过程中，通常采用被动句式，这样有利于保证商务信息的准确性、正式性。

总而言之，句式问题也是商务英语翻译中一大问题，如果译者不能解决这一问题，就会在具体翻译中出现句式错位、偏差等问题。

3. 翻译文化负载词的问题

由于英、汉两种语言在很多方面存在很大的差异，所以，并不是所有的英语词汇均能在汉语中找到完全对应的词语。商务英语也不例外。这种现象被称为词语空缺。面对这种情况，译者必须在翻译过程中适当地增加释义，以便让译文读者准确地理解原文所表达的内容信息。

总而言之，在商务英语翻译过程中，译者必须准确把握商务英语的各项特征，了解商务英语的特殊性，考虑商务英语中的词语空缺现象，并结合自身的知识和文化功底，使译文和原文在文化信息上实现对等。

（二）大学商务英语翻译教学技巧的形式

1. 完全对译与部分对译技巧

通常而言，面对一些专业名词、专用术语，译者可以使用完全对译的翻译方法。如果没有出现一词多义的情况，那么使用这种翻译方法就非常简便。

如果在翻译过程中出现了一词多义的现象，译者就要借助具体的语境、联系上下文等明确该词在当前的语境中具体代表哪些含义，尽量选择与原文含义相近的译文词语。可以看出，在不同的语言环境中，“credit”有着完全不同的含义，因此，在商务英语翻译中，译者必须着重考虑语境因素，根据具体的语境选择最为合适的翻译词语，从而达到翻译的准确性。当然，这种情况不只出现在英语中，在汉语中也非常多见。

在几个句子中都含有“价格低”的意思，但是由于它们有着不同的语境，因此，要想翻译得最贴切，就要根据这些具体语境，合理选用对应的英语表达。实际上，即使译者借助汉英词典来查询“便宜”的英文表达，也只能查询到部分的英文释义；而使用英汉词典进行查询，译者往往也很难查找到合适的汉语表达。以“best”为例，这个英语单词只在特定的语境中或者在固定的搭配中才会具有“优惠的、便宜的”这个含义。对于中国的学习者而言，当他们想要用某个英语单词表示“便宜的”意思，他们往往会优先选择“cheap”这个单词，这个单词比较常见，然而在英语的文化中，“cheap”这个单词往往具有一定的贬义，因而译者在翻译的过程中要慎重使用。

在商务英语翻译过程中，如果出现了一词多义的现象，译者就必须考虑具体的语境，根据上下文选择最恰当的表达方式，千万不能只翻译表面意思或常见意思。例如，商务英语中常见的“发放贷款”，可以用英语中的“to launch a loan”来表达。而其中的“launch”就属于一词多义，“to launch a training class/course”表示“开设训练班”，“to launch a satellite”则表示“发射卫星”。又如，翻译“Boss is firm with his men”时，如果按照“firm”的普遍含义译为“坚定”就不够准确，使翻译流于形式，其内在含义应该译为“严格 / 严厉”，只有这样才能准确表达原文意思。除此之外，在商务英语翻译中还有可能出现一些很难在译语中找到恰当对应的词，这些词原本的含义无法在译文中得到准确体现，这就需要译者按照具体语境，对该词的含义进行引申延展，从而找到合适的表达。

2. 翻译的艺术化处理技巧

翻译是对原文的一种再创造。有时简单地对译就能满足翻译的要求，但这种情况比较少见，即使是简单的对译，译者也要考虑英汉语序的转换。有时，一个英语单词包含的含义往往需要译者运用若干个汉语词汇来翻译，因而译者在翻译英汉对译的时候要运用一定的翻译技巧，即对译文进行艺术加工。在商务英语的翻译中，译者经常运用的艺术化处理技巧主要包括以下方法。

（1）合句法。合句法是指在翻译过程中，将若干较短的句子整合为一个长句的技巧。众所周知，汉语倾向于意合，因此句子较短；而英语注重形式和完整性，句子通常较长。这就要求在将汉语译为英语时，译者适当运用合句法，以使译文更符合西方人的表达习惯。简而言之，译者可以将原文中的多个简单句或一个复合句，根据译语的语用习惯整合为一个单句。

例如：晚上十点三十分的时候，网上交易量就少了。

译文：The time is 10：30 p.m.，and transactions on the net are light.

（2）分句法。译者在具体的翻译过程中可以对原句结构进行一定的改动，将冗长的英文句子拆分成短句，这就是分句法，这种方法有利于译文读者顺利阅读。

对英语句子具体的拆分可以选在关系代词、主谓连接处、并列转折处等地方，在这些地方进行拆分不会使句子的本意发生变化。这种翻译方法既有助于整体上保留英语原有的语序，又符合汉语的语序习惯，可以使译者顺译全句，使译文更加清晰、流畅。

（3）词类转化法。由于英语与汉语是两种完全不同的语言体系，因此英汉语言存在诸多差异，其中语法结构方面的差异较为明显。在商务英语翻译中，译者要想成功地完成翻译任务，让译文读者在阅读时没有过多的障碍，就必须对原文中的词类进行灵活处理，通过转换词类使译文更加流畅，更具可读性。下面对商务英语翻译中的词类转换类型进行具体分析。

第一，转化为动词。商务英语翻译过程中可以将一些本身含有动作意味的名词、形容词、副词、介词等转化为动词。

第二，转化为名词。商务英语翻译中可以把一些由名词派生的动词、部分形容词及副词转化为名词。

第三，转化为形容词。商务英语翻译时把某些形容词派生的名词及副词转化为形容词。

第四，形容词转化为副词。商务英语翻译可以将部分形容词转化为副词。

（4）加词法。加词法是指译者在具体的翻译中根据实际需求适当地添加能够表达原文意思的词语，从而使译文更加准确和通顺。译者可以添加的词语种类很多，如名词、动词等，需要注意的是，加词法只能增加词语，不能随意增加其含义。除此之外，要想让译文更加生动准确，译者还可以对已经出现过的词语进行重复，适当地概括总结前文，这也是加词法的合理应用。

在汉语的表达中，中国人经常使用没有主语的句子，然而在英语的表达中，西方人则很少使用没有主语的句子，因而译者在把汉语翻译为英语时，除英语中极个别的结构可以使用无主句之外，译者要为大部分的英语译文加上主语，从而方便读者理解。

例如：What is on following the discussion of the prime interest rate？

译文：讨论完优惠利率后，下一项议程是什么？（增译主语）

英语与汉语在词汇方面之差异颇巨。详而言之，英语表达习性偏重于运用代词，故在将汉语译为英语的过程中，总者需适时增补物主代词，并加以连词。此外，在英语表述中，西方人士常大量运用介词与冠词，翻译时亦应适当添加。需注意的是，增译法之运用需讲求合理，在确保语法结构完善的基础上，力求译文之精确与清晰。

（5）减词法。与加词法相对应的是减词法，减词法要求译者在遇到一些无法译出或者没有词意的词时，不必将这些词翻译一一翻译出来，这样有助于提升译文的简洁性。

对仗是汉语中常见的语言表达，这种句式结构有助于增强文章的气势，但是在英语中这种表达方式并不多见，因此，在翻译中可以进行适当的省略，这样的方法既符合英语的语用表达习惯，也使译文显得更加简短有力。

如果将这句话翻译成“性质相反的毒药能够互相抵消”，就会使译文过于冗长，不够精练。

在商务英语翻译过程中，译者还可以适当地省略一些没有重要含义的冠词、代词、连词、介词、动词等，这样形成的译文会更加符合译语读者的阅读习惯与思维方式，会更显精练准确。

（6）换词法。换词法是指在翻译过程中，译者可以按照具体的语境要求，在保证语意连贯的前提下，更换更为恰当的词语进行翻译，这样可以使译文完整地传达原文的意思，避免出现译文离题的情况。

（7）正译法与反译法。无论是在英语中还是在汉语中，人们描述同一个事物、讲述同一种观点时，都可以采用正说与反说两种方式，正译法与反译法就是在此基础上建立的。正译法就是按照与原文相同的语序或表达方式进行翻译；反译法就是按照与原文相反的语序或表达方式进行翻译。实际上，正译法与反译法的效果一般是相同的，不过在汉译英的过程中，反译法更适合英语的语用习惯与思维方式，会使译文显得更加贴切原文。

在英语表达中有一些词语与句子本身不含否定含义，但是其呈现出来的语义是否定的；还有些词句属于否定形式，但表达出来的却是肯定的含义。面对这种情况，译者首先要准确理解语句的真正含义，再使用正译法或反译法将原文含义翻译出来。

（8）深化法与浅化法。在商务英语翻译中，译者会根据语境与语用习惯，灵活地采用深化法或浅化法。深化法是将一般概念中的特殊情况提炼出来，以突出重点或细节；而浅化法则是将特殊情况归纳为一般概念，以简化表达或提高可读性。这种灵活运用使翻译更加贴合目标语言的表达习惯，更加准确地传达原文的意思。

（9）倒译法。在英译汉过程中，译者常常需要运用倒译法来调整语序，以适应中西语言表达习惯的差异。例如，将英语中的定语和状语放置在被修饰语的后面，是倒译法的一种常见应用。这种调整不仅使译文更符合汉语的表达方式，也确保了译文的流畅度和自然度，增强了读者的理解和接受程度。

（10）包孕法。在英语长句的翻译中，译者将英语的后置成分前置，按照汉语语序使修饰成分在译文中形成前置包孕，这就是包孕法。需要注意的是，译文中的修饰成分不应过多，不然会显得烦琐啰唆，还有可能导致汉语句子结构的混乱不清。

（11）重组法。译者在翻译商务英语时经常会遇到各种句式，有些可能与目标语国家的表达习惯不太相符。为了保持译文的通顺和流畅，译者会采用重组法对句子进行调整。这种重组法不仅包括语序的调整，还可能涉及词语的替换或结构的重新构建，以确保译文既忠实于原文，又符合目标语言的语言规范和表达习惯。

（三）大学商务英语翻译教学技巧的提升策略

1. 了解文化背景差异

中西方文化差异源于地理、气候、风俗和历史等多方面因素，这些差异深刻地影响着英语和汉语。在翻译实践中，译者必须深入了解作者的历史和文化背景，以确保准确传达信息，避免产生误译和文化冲突。全球各民族的文化体系展现了他们的生活和精神风貌，是民族智慧的核心所在。文化因素对翻译具有巨大影响，特别是在商务英语翻译领域，译者必须审慎细致地考虑多种因素，以免造成重大错误。

2. 讲究专业术语对等

商务英语涵盖了大量的专业术语，这些术语在不同的商业场景中扮演着关键的角色。专业术语是在多个专业领域或学科中使用的固定搭配词汇，其具有单义性，能够准确传达科学含义。对于商务英语的翻译工作而言，译者必须对这些专业术语有深刻的理解，这要求他们拥有广泛的学科知识，并能够将这些知识灵活运用到翻译实践中。

商务英语翻译并非简单的字面对应转换，而是需要遵循功能对等原则，既要全面理解原文，又要从语篇层面进行翻译。在翻译过程中，译者必须谨慎选择词语，考虑到通顺性、表达效果、文化背景和逻辑性等多方面因素，尤其是在选择专业术语时更需要谨慎。因为在不同的语境中，相同的英语词汇可能具有不同的含义，而商务英语中的一些常见词汇往往在特定领域中具有专业含义，即专业术语。因此，译者在翻译过程中需要遵循术语对等原则，强调其单一释义特征，确保翻译结果准确无误。

在商务英语翻译中，准确把握专业术语的含义至关重要。译者需要通过深入的研究和学习，不断提升自己的专业水平，以确保能够准确地理解和翻译这些术语。同时，译者还应该具备良好的逻辑思维能力和跨文化沟通技巧，以确保翻译结果在不同文化背景下都能够被准确理解和接受。总之，商务英语翻译是一项复杂而严谨的工作，只有具备扎实的语言功底和专业知识的译者才能够胜任。

3. 注意增词与减词

在商务英语翻译中，确保合同的准确性至关重要。译者必须在翻译商务英语合同时，根据原文意图进行适当的增减词语，以确保译文的准确性和贴切性，从而使合同具有法律效力。此外，译文应当精确完整，甚至可以适度添加隐含信息，以使结构更清晰易读，使双方在合作过程中能够明确理解各项条款。在选择词语时，译者必须谨慎考虑其含义、语境和文化背景，以准确传达原文的意思，避免引起误解或歧义。尤其需要注意区分易混淆的词语，以防止误传意思。在运用翻译技巧时，译者可以适当增减动词、形容词等词语，根据上下文、语言特点和习惯选择合适的表达方式。然而，译者必须在实践中不断积累经验，才能够准确把握增减词语的时机和方式，从而确保翻译的准确性和流畅性。

文本翻译是一门复杂的艺术，其中涉及各种语言之间的差异和文化的交融。为了简化文本并避免产生歧义，译者通常会采取删减词语的方法。这种方法使得翻译更加直接，避免了逐字逐句翻译所带来的笨拙和混乱。然而，英语中存在许多词汇在汉语中没有直接的对应词语，甚至有些词汇在汉语中根本不存在。因此，译者需要采取特殊的翻译措施来应对这种情况。以“Nike”为例，其音译为“娜基”在汉语中可能难以被普遍理解。因此，译者往往采取模仿音节的翻译方法，将其翻译为“耐克”，这样更容易被接受。这不仅凸显了品牌的耐久性和毅力特点，也为消费者提供了更加直观的理解。此外，西方文化与中国文化之间存在着诸多差异，这也会导致同一词语在不同文化背景下产生不同的词义。因此，翻译人员需要根据具体情况调整其文化角度，以确保翻译的准确性和通顺性。只有通过充分理解原语言和目标语言之间的文化差异，译者们才能够更好地进行翻译工作，使得译文更加贴近原文，并且能够被目标语读者理解和接受。

4. 语篇文体翻译要恰当

商务英语翻译的艺术在于准确把握各种文体特点，因为商务文体类型繁多，例如广告体、公文体等，每种文体都有其独特的语言风格和表达方式。不同的文体类型决定了翻译的风格和整体方向。因此，要想做到精准翻译，就需要深入理解各种文体特点，并根据特性进行语言翻译。

契约文体通常具有正式和文艺性的特点，翻译时应使用精确的词语，避免使用弹性大的不常用词，以确保翻译的准确性和权威性。而公文文体相对正式和形式化，常常使用专业术语，翻译需简单明了，不宜使用过多修饰性词语，以确保文意清晰，不引起歧义。

在翻译广告文体时，需要具备吸引力，常使用形容词和最高级，旨在吸引消费者，增加企业的知名度。因此，在确定翻译文本的文体之后，应根据文体特点确定翻译方向，以保证翻译的合理性和有效性。

对于缺乏了解的翻译者来说，可能会导致文体不当使用，从而影响翻译的质量和效果。因此，了解和熟悉各种文体特点对于商务英语翻译者来说是至关重要的，只有这样才能做到准确地传达原文的意思，并使译文达到预期的效果。

5. 调整“无对应词”的翻译

在跨文化翻译中，对于一些没有直接对应的词汇，需要进行适当的调整以符合目标受众的文化背景。例如，“Benz”汽车在中国市场最初面临着糟糕的翻译问题，译名“笨死”和“平治”无法让消费者产生共鸣，因而未能成功打入市场。直到采用了“奔驰”的翻译，才成功地赢得了消费者的认可。这个例子表明，文化背景对于翻译的重要性不言而喻。适当的调整可以使产品更加贴近目标受众，增加其市场竞争力。

6. 合理使用词类转译

在进行商务英语翻译时，我们必须充分重视翻译的风格。尽管不同民族间的生存环境和条件存在一定的差异，导致文化内涵的翻译并非总能顺利进行，但人类在主观需求和思维方式上并非完全不同。正是这些文化差异使得翻译工作充满挑战，译者需要全面了解各种文化背景，以促进不同文化间的交流和理解。

在翻译过程中，如果译者忽视了原文的风格特点，那么翻译结果很可能无法准确传达原文的信息，甚至可能导致译文不够合理。因此，商务英语翻译必须充分关注原文的风格特点，确保译文的准确性和合理性。

此外，国际商务英语涵盖了多种文体和语言形式，译者需要对此有所了解并恰当处理。在实际翻译中，译者经常会遇到词典中词语的含义与上下文并无关联的情况。如果译者直接将词典中的含义应用到译文中，可能导致译文模糊不清，甚至让读者误解原文含义。因此，译者需要充分利用自己的语言知识，理解上下文语境，进而解读词语的引申含义。

五、大学商务英语翻译教学的实践内容

（一）大学商务英语翻译教学内容——商品说明书

商品说明书在商务活动中具有专业性和语言简洁性的特点。在翻译商品说明书时，译者需要掌握一定的基本准则和技巧，同时了解商品说明书的语用特点。这意味着翻译不仅需要准确传达原文信息，还需要确保翻译后的文本能够继续发挥其传递信息和指导使用的作用。

1. 商品说明书概述

商品说明书作为向消费者介绍商品相关知识和使用方法的桥梁，扮演着引导消费者正确使用产品、充分发挥商品的使用价值的重要角色。通过商品说明书，消费者可以获得清晰的指导，避免因误用而导致的损坏或安全隐患。另外，商品说明书还是消费者了解生产企业的途径之一。通过对商品说明书的阅读，消费者可以了解到企业的生产理念、质量控制标准等信息，从而增加对商品的信任度。因此，商品说明书不仅是一份简单的指南，更是一种有力的广告宣传手段，能够增强消费者对商品的信赖，促进销售。

（1）商品说明书的主要内容。一份优秀的商品说明书应当包括商品的用途、构造、使用方法等信息，并以小册子的形式呈现，方便消费者阅读和保存。在英语中，常见的翻译形式有 Instruction、Direction、Description 等。无论采用何种形式，内容应当科学、条理清晰、通俗易懂，以满足不同消费者的阅读需求。另外，根据商品的特点和使用场景，说明书还应对各方面进行详细说明，例如在家电产品的说明书中，需要详细介绍安装方法、注意事项等；在化妆品说明书中，则需要详细列出成分、使用方法等信息。因此，一份精心编写的商品说明书不仅能够提升消费者的使用体验感，还能够加强品牌形象，提高产品竞争力。

（2）商品说明的语言特点分析。

第一，商品英语说明书的词汇特点。

一是广泛运用缩略词。缩略词的存在是为了方便人们的使用和记忆，尤其是在科技领域，缩略词的使用更是普遍。因此，在商品英语说明书中，我们可以看到大量的缩略词。作为译者，需要对这些缩略词有深入的了解，并能够熟练地运用它们。这不仅可以提高翻译的效率，也可以使翻译出来的文本更符合读者的阅读习惯。

二是大量使用专业词汇。商品说明书本身具有较强的专业性，因此其中含有大量的专业词语，这些专业词语中，有一部分是由普通词语转化而来的，译者在进行翻译时就需要仔细辨别，确保翻译的准确性。此外，对于一些特有的专业词汇，译者还需要了解其背后的专业知识，以便更好地进行翻译。

三是善于运用合成词。在商品英语说明书中，我们会经常看到许多合成词，它们大多是由已有的单词拼接而成的。这些合成词可以有效地简化描述，使文本更加简洁明了。因此，译者在翻译时应掌握这些合成词的用法，并在适当的情况下运用它们。

第二，商品英语说明书的句法特点。

一是倾向于使用一般现在时。商品英语说明书通常较多地采用一般现在时，原因在于，说明书主要阐述商品的品质与功效，这些品质与功效并非短暂或个别现象，而是普遍且持续的。以“Moisturizing Color Gloss”为例，其说明书中使用了“protects and softens chapped lips”这样的一般现在时表述，强调滋润为其主要且持久的作用，其他时态或许无法达到此种说明效果。

二是广泛运用条件句。在使用商品过程中，人们不可避免地会遇到各种问题，为了对这些问题和解决方法进行阐述，商品说明书需采用大量条件句来设想这些情况，进而指出相应的解决方案。

三是倾向于使用被动语态。商品说明书的目的是描述产品，因此应遵循事实，以事实为基础，强调产品的本质特征，此时宜采用被动语态。被动语态的表达更为简洁，符合商品说明书的要求。

第三，商品英语说明书的语篇特点。由于商品说明书的目的是让读者快速地掌握商品的功能与用途，因此，它的语篇较简短，语句结构较简单，使读者能够一目了然。具体而言，商品英语说明书的语篇特点有以下几个方面。

一是专业性强。商品说明书的专业性是其最为突出的特点。这是因为，商品说明书的主要目的是对产品进行详细、准确的描述，以便于消费者了解产品的特性、用途和使用方法。在这个过程中，商品说明书必须注重其应用性，使用稳定性较强的词汇，甚至是一些特定的“行话”，以满足各行各业的需求。

二是信息准确。消费者在了解或选择商品时，往往会依赖商品说明书提供的大量信息。因此，商品说明书必须提供准确、详细的信息，不仅要为消费者提供参考，还要激发消费者的购买欲望。为此，说明书的语言必须客观、准确，以确保消费者能够信赖并遵循说明书中的指导。

三是语言客观。商品说明书的语言应当客观、严谨。这是因为，说明书需要全面、客观地介绍产品，做到实事求是，让消费者对产品有全面、正确的了解。因此，商品说明书的语言必须客观严谨，真实地呈现商品的全貌。

四是通俗易懂。商品说明书面向的是广大的消费者，而这些消费者的文化水平存在差异。因此，商品说明书的语言要尽量简单明了，避免使用过于复杂的词汇和句式，以满足大多数人的阅读需求。这样，消费者在阅读说明书时，既能理解产品相关信息，也能感受到商品的价值。

2. 商品说明书翻译教学的主要原则

在当今全球化的背景下，商品说明书的翻译变得越来越重要。商品说明书翻译教学的主要原则可以概括为准确原则、简洁原则、等效原则和文化适应原则。以下探讨这些原则在商品说明书翻译教学中的应用及其重要性。

（1）准确原则与简洁原则。商品说明书翻译的准确性和简洁性至关重要。由于产品说明书涉及的技术术语和构造较为复杂，译者在翻译时应确保用语严谨、准确，并尽量使用逻辑性强的语言。此外，说明书的目标受众通常是消费者，他们可能对产品不太了解。因此，商品说明书应尽量减少复杂语句的使用，多采用平实、易理解的表述。这一原则有助于确保消费者在阅读说明书时能够快速、准确地了解产品相关信息。

（2）等效原则。商品说明书的翻译应遵循等效原则，即在保证信息传递准确无误的前提下，使译文与原文在功能和效果上达到一致。由于说明书属于科技应用文范畴，其在翻译过程中应特别注意语用功能的实现。许多商品的英文说明书存在语用失误，这会对海外客户对商品的了解、厂家形象以及产品质量产生负面影响。因此，译者在翻译商品说明书时应充分关注等效原则，确保译文质量。

（3）文化适应原则。中西方文化之间存在思维模式差异，因此在翻译商品说明书时，译者应关注句法选择和内容描述方式。了解文化差异有助于译者采用适当的翻译方法，准确传达原文含义，并满足受众的阅读口味。例如，一些具有中国特色的表达方式在英文中可能难以找到对应的词汇或表达，此时译者需根据英文表达习惯进行调整，使译文符合目标语言文化。

3. 商品说明书的词汇翻译教学

（1）商品说明书词汇的翻译原则。商品说明书翻译的原则关键在于准确地传达产品的特点和用法。在进行翻译时，必须注重原文的含义和信息传达，以避免造成模棱两可或歧义。同时，专业性是不可或缺的，翻译人员需具备相关领域的知识和经验，确保所翻译的内容符合产品的实际情况。简洁明了也是重要的原则之一，翻译应该尽量保持简洁清晰，使用户能够轻松理解产品的特点和使用方法。

（2）商品说明书词汇的翻译方法。

第一，意译：在翻译中，译者必须根据原文的意思选择合适的表达方式，确保传达原文的精确含义，以便读者能够准确理解。

第二，字面译：专业英语中的新词通常源于旧词，如将“window”译为“窗口”，其含义随着读者的熟悉程度而逐渐形成约定俗成的意义。

第三，音译：根据单词的发音进行翻译，如将“sonar”译为“声呐”，将“clone”译为“克隆”。

第四，半音半意译：在翻译过程中，结合音译和意译的方法，如将“Monel metal”翻译为“蒙乃尔合金”，将“Doppler effect”翻译为“多普勒效应”。

第五，形译：采用英语字母的形状来表达技术术语，使得翻译更加形象直观，易于理解。

第六，移植译：针对派生词或复合词，译者会将各个词素进行翻译，如将“microwave”翻译为“微波”。

第七，外文缩写词：直接采用英语字母的缩写，如将“ISDN”直接译为“综合业务数字网”，避免翻译过程中的拖沓和不必要地增加文字。

译者在翻译前应明确词汇在说明书中的含义，并尝试翻译多个译名，对比后选择最合适的表达。商品英语说明书翻译要求译者具备较高的英语水平及汉语修养，以确保将说明书含义精准传达。

4. 商品说明书的句法翻译教学

（1）祈使句翻译。祈使句是商品说明书中常见的一种表达方式，用于传达命令、请求或建议。在英文商品说明书中，祈使句的使用频率较高。这种语言风格简洁明了，通常包含简单句、祈使句以及短语。由于商品说明书的篇幅限制，译者在翻译时需要着重突出这些特点。一种有效的翻译方法是利用状语从句对条件进行限定，以表达商品使用的特定条件。通过这种方式，不仅可以传达原文中祈使句的含义，还可以准确地表达商品使用的前提条件，使读者对商品的使用方法有更清晰的了解。

（2）被动语态翻译。被动语态简洁而客观，符合商品说明书注重客观性和准确性的特点。由于商品说明书的目的在于传达产品的功能和特性，过度使用第一、第二人称会使得表达过于主观。因此，在翻译时，应尽可能地采用第三人称和被动语态，以保持客观性和准确性。通过这样的方式，可以确保翻译的文本与原文一样清晰明了，同时传达出商品的真实特性，为读者提供准确的信息。

（3）非谓语动词结构的翻译。商品说明书的翻译工作必须遵循三项重要原则：清晰、简洁、准确。只有这样，才能确保有效地传达商品的功能和使用方式。清晰的语言可以消除歧义，确保消费者准确理解产品的特点和用途。简洁的表达则能使信息更易于理解，避免消费者在阅读时感到疲惫或困惑。最重要的是，翻译必须准确无误，确保所传达的信息与原文一致，以避免引起误解或造成不良后果。

第一，分词短语作定语。当分词短语用作定语时，需遵循特定的语法规则。单个分词通常置于名词之前，而分词短语则置于名词之后，两者之间不需要使用逗号隔开。常见的构造是通过"的"字结构来形成前置定语，这有助于保持句子的流畅性和简洁性。这种语法结构的运用，使得商品说明书的表达更加自然、清晰，有助于消费者快速理解产品特性及使用方法，提高了阅读体验和信息传递效果。

第二，动词不定式。在商品说明书中，动词不定式的使用频率较高，并且具有多种用途。动词不定式可以替代从句表达，充当除谓语以外的任何句子成分，如主语、宾语、定语或状语等。这种结构的运用使得句子更加简洁明了，减少了冗余的语言，同时增强了句子的表达力和信息传递效果。通过合理运用动词不定式，商品说明书可以更好地满足消费者对产品信息的需求，提升了阅读体验的质量。

（二）大学商务英语翻译教学内容——商务合同

商务合同翻译的要求更加严格和细致。在考虑合同语言特性时，翻译人员需要深入理解商务合同的专业术语和法律条款，以确保翻译的准确性和一致性。严谨规范是商务合同翻译的基本要求，任何疏漏或错误都可能导致法律纠纷或经济损失。因此，翻译过程中应该严格按照原文的表达方式进行翻译，避免出现任何歧义或误解。另外，商务合同的翻译还需要符合商务文本的格式和结构要求，包括措辞的正式性、文本的布局等方面，以确保翻译结果的专业性和可信度。

1. 商务合同翻译教学的标准分析

商务合同翻译教学标准分析的首要关注点在于商务合同条款的翻译挑战。这些合同条款直接关系到各方的经济利益，尤其是在涉及跨国合同时，不同国家的法律差异增加了翻译的复杂性。因此，翻译人员必须具备深厚的法律和商务知识，以确保翻译的准确性和一致性，从而避免可能导致的纠纷和损失。此外，商务合同的文体严谨，词语使用规范，因此翻译工作必须准确无误地传达原文的意思，避免任何歧义的产生。为了实现这一目标，翻译人员应当严格遵循一定的翻译标准，确保翻译结果的专业性和可靠性。

（1）准确严谨。商务合同是商业活动中至关重要的文件，具有专业性和兼容性。合同翻译需要准确严谨，以避免歧义误解的发生。在翻译过程中，合同文本必须准确反映双方的需求，而不应过分注重文采。因此，翻译工作需要特别注意词语的准确性，以体现其专业性。例如，译者需要确保词语的精准对应，如将"accept"翻译为"承兑"，以确保合同文本的清晰和完整。此外，译者还需区分类似意思的词汇，如"shipping advice"与"shipping instruction"，以及区分细微差别，如"shipment date"与"delivery date"。这些细微差别可能在商务活动中产生重大影响，因此译者必须仔细辨别词语的含义，以避免可能导致的误解和纠纷。在合同翻译过程中，确保准确传达双方意图是至关重要的，这需要译者在专业知识和语言技巧方面具备高水平。因此，合同翻译工作应当严格按照专业标准进行，以确保商务活动的顺利进行和双方利益的保障。

（2）规范通顺。在合同翻译规范通顺方面，首要的考量是合同的法律效力。由于合同具有法律约束力，翻译必须保证其准确性和规范性，以免造成不必要的法律风险和误解。此外，规范、通顺的翻译要求译者不仅要准确呈现合同文本的特点，还要符合汉语的语法规则和语用习惯，确保读者能够清晰理解合同内容。

商务合同翻译有两大基本原则，分别是"准确严谨"和"规范通顺"。准确严谨是商务合同翻译的首要原则，如果翻译不够严谨，就可能导致双方在签订合同后产生纠纷，甚至对簿公堂。而规范通顺则是确保合同双方能够清楚表达自己意愿的前提，如果译文过于晦涩难懂，那么签订双方就无法理解合同的具体内容，这样一来，翻译的价值也就有所影响。首先，准确严谨的翻译可以有效避免因语言差异导致的误解。在商务合同中，词语的含义和用法往往十分重要，任何细微的差错都可能影响到合同的执行。因此，译者需要对法律术语和商业术语有深入的了解，确保翻译的准确性。其次，规范通顺的翻译有助于提高合同的可读性和易懂性。商务合同涉及的内容通常较为复杂，如果译文表达不清晰，可能会使双方在执行合同过程中产生误解，甚至引发纠纷。因此，译者需要注重语言的表达方式，使译文符合汉语的表达习惯，易于理解。

总而言之，商务合同翻译的两大原则——准确严谨和规范通顺，是确保合同法律效力和执行的关键。只有遵循这些原则，才能使翻译成果具有实际价值，为合同的顺利执行提供保障。在实际翻译过程中，译者应充分了解法律和商业背景，运用自己的专业素养和语言能力，将原文准确、清晰地呈现出来，以实现合同翻译的目标。此外，商务合同翻译还需要具备一定的跨文化交际能力。因为不同国家和地区有着不同的法律体系和文化背景，译者在翻译过程中需要充分考虑这些因素，以确保译文符合双方的法律规定和文化习惯。这样，翻译出的合同才能在实际操作中发挥应有的作用，为双方的商务合作奠定坚实的基础。

2. 商务英语合同的词汇翻译教学

（1）商务英语合同的词汇特点。

第一，专业术语单义性。在国际贸易领域，合同的明确性至关重要。为了确保合同条款不会引起误解或争议，商务英语合同中经常使用各种专业术语，例如海运提单、运费到付等。这些术语的单义性是确保合同表述清晰明确的科学方法之一。通过专业术语的使用，合同可以在不同语言和文化背景下得到准确理解，从而降低了合作风险。例如，“海运提单”一词在国际贸易中具有特定的含义，而这个含义在不同的合同中应该是一致的，这就需要专业术语的单一解释。因此，专业术语的单义性是国际贸易合同中不可或缺的要素之一。

第二，普通词汇半专业性。在贸易合同中，不可能完全依赖于专业术语来表达所有内容。合同往往涉及多个领域，而且有时需要使用普通词汇来描述某些特定情况。这些普通词汇逐渐在合同中获得了半专业性的地位，并延伸出新的含义。这种现象反映了贸易合同的复杂性和灵活性。例如，像“合理”“充分”这样的词汇在不同的合同中可能有不同的解释，这取决于具体的上下文和行业惯例。因此，尽管专业术语在合同中起着重要作用，但普通词汇的半专业性也是为了更好地适应贸易合同的实际需求，使合同条款更具灵活性和可操作性。

第三，外来词使用较多。商务英语合同中常用外来词，如force majeure（不可抗力）和as per（根据），源自多种语言，如法语、希腊语等，这种现象展示了语言的融合与延伸。在全球商务交流的背景下，商务英语作为一种国际交流的通用工具，不可避免地吸收了来自不同语言的词汇。例如，法语中的“force majeure”在商务合同中用以指代不可抗力的情况，而“as per”则源自拉丁语，意为“根据”，在商务文书中常用于说明依据或参照。这些外来词汇的运用不仅丰富了商务英语的词汇库，也体现了商务合同语言的多元化和国际化特点。

第四，古体语相对常见。在商务英语合同中常见古体语，如hereafter（今后）和therein（在其中）。尽管这些古老的词汇在现代英语规范中已不常见，但它们在商务合同语境下仍被广泛使用。这种现象源于商务合同需要准确、严谨地表达各项条款和条件，古体语所具有的严谨、庄重的特点恰好与此相符合。例如，使用“hereafter”代替现代英语中的“in the future”能够使句子更为正式和规范。而“therein”的使用则能够清晰地指明所涉及的具体内容或条款，增强了合同文本的准确性和权威性。因此，尽管这些古老的语言形式与现代英语规范有所不同，但它们在商务合同中的运用却彰显了其独特的功能和价值。

（2）商务英语合同翻译的教学技巧。

第一，明确合同内容目的。商务英语合同翻译的核心目标在于保证译文与原文的完整一致，以避免由合同理解上的偏差引发的纠纷。在这一过程中，译者应立足于功能翻译理论，深入分析并明确合同条款的实际含义与目的。面对不明确之处，译者应及时与合同拟定者沟通，以确保准确理解。为了保持一致性，合同翻译过程中常采用单义性词汇和调整句式等手段。值得注意的是，合同翻译者肩负着独特的职责，其翻译工作直接影响双方当事人的权益。因此，他们需要严格遵循功能翻译理论和忠诚翻译原则，这是对其职业道德素养的重要考验。

第二，保证合同译文连贯性。商务英语合同的翻译是一项极为重要的工作，因为合同本身具有法律效力，要求其译文必须保持严谨规范和连贯性。就像汉语中的叠词一样，英语中的词汇重叠也是常见的现象，其含义通常不会发生过大的变化。然而，在翻译商务合同时，过度使用重叠词汇可能导致译文变得冗长且难以理解。因此，翻译人员在理解合同内容的基础上，必须根据汉语的表达习惯，巧妙地运用一个词语来代替多个重复的词汇，以确保译文的连贯性和清晰度。这种做法不仅能够使译文更加简洁明了，还能够避免可能产生的歧义和误解，从而提高合同的可理解性和可执行性。因此，翻译人员在进行商务英语合同的翻译时，除注重词语和句法的严谨性外，还需要灵活运用汉语和英语的表达特点，以确保译文符合专业要求，能够准确传达合同的意图和内容，从而为商务交流和合作提供坚实的语言支撑。

第三，准确把握句法特征。不同句式在合同中具有不同的应用范围，例如，陈述句常用于清楚表述利益或支出，而被动句则常用于明确责任、权利、义务等内容。因此，译者需要深入了解句子类型特征，并在翻译过程中选择合适的汉语句型进行转换。特别是在面对结构复杂的长句时，译者应当将其拆分为简单明了的短句，以便合同双方能够准确理解，从而避免歧义和误解，确保合同的条款清晰明确。

第四，熟悉各类缩略词及其翻译标准。商务合同常常使用简单字母、符号的缩略词来表达复杂的含义，例如，FOB 即为“Free On Board”，表示离岸价格，而 A/R 表示“all risks”，意为全险。译者需要充分掌握这些缩略词的含义及其翻译标准，以确保翻译的准确性和效率。只有通过对这些缩略词的准确理解和恰当运用，译文才能贴近原文的意思，避免产生歧义或误导，从而确保合同条款的精确传达和执行。因此，在商务英语合同的翻译过程中，对句法特征和缩略词的准确把握是确保翻译质量的关键要素之一。

3. 商务英语合同的句法翻译教学

（1）商务英语合同的句法特点。商务英语合同的句法特点展示了其独特的语言风格。通常情况下，合同文本偏向于使用陈述句、复合句或并列扩展式长句来表达条款和条件。这种选择有助于准确传达复杂的法律条款和商业规定。同时，被动句和名词性结构的运用也是常见的。通过被动语态和名词结构，合同可以强调行为的客观性和宾语的重要性，从而确保条款的明确性和准确性。此外，商务英语合同更倾向于使用现在时态和直接表达式，以确保句子简洁明了，避免歧义和误解，从而为合同双方提供清晰的法律约束和责任。

例 1：At USD 20 per carton net FOB DALIAN.

译文：每箱净价 20 美元，成交条件大连港离岸价。

名词化结构在商务英语合同中的运用是合同语言中的重要特点之一。其中，使用“of”连接主谓关系或动宾关系的结构相当普遍。这种构造方式使得合同条款更加简明扼要，易于理解和解释。同时，将被动语态转化为名词的做法也是常见的，这有助于突出行为的客观性和重要性，进一步强调合同的权利和义务。此外，将副词与动词视为整体，转化为名词词组的方法在商务英语合同中也得到了广泛应用。这种结构简化了句子，使其更加紧凑和明确，有助于减少歧义，从而促进合同各方之间的有效沟通和执行。

例 2：Delivery on time with the stipulations of the contract is of vital importance.

译文：按照合同规定按时装运是十分重要的。

上面的两个例子体现了名词化结构可以表示不同的句子关系，商务活动总是会存在不少变数，因此在拟定商务英语合同时，不仅要考虑双方应该享有的权利以及应尽的义务，更重要的是，还需要将商务活动过程中容易出现的情况一一列明，这就使得条款中会使用大量的条件句，该句型可以将各种情况详细描述出来，有效保证了双方的经济利益。常见的表达方式有：if，without，unless，should，provide that，on condition that，in case of，in the event of 等。

商务英语合同的典型句法特征体现在其语言的客观性上。合同常采用并列短句构成复合句，这样的语法结构确保了全面表达合同内容，从而保障了双方的利益。通过这种方式，合同文本不仅清晰明了，而且避免了歧义，使得合同条款具有明确性和可执行性。因此，商务英语合同的语言风格通常以简洁、明了为主，以确保交易双方的权益。

（2）商务英语合同句法翻译的教学技巧。

第一，长句翻译。相对于国内合同，涉外合同则更倾向于采用长句结构。这是因为长句能够更完整地表述双方的权利与义务关系，减少了内容的烦琐度。长句若组织不当或表意不明确，则容易引发误解，给合同的履行带来风险。因此，在撰写涉外合同时，虽然长句可以提供更多的信息，但需要特别注意语法结构和逻辑表达的准确性，以避免双方在合同条款解释上出现歧义或争议，从而确保合同的有效执行。

第二，在合同中，被动语态的普遍运用是一个常见现象，为了提高翻译的准确性和易读性，应当将其转换为主动结构。被动句的使用能够清晰表达合同一方的权利与义务，并且适当的词汇选择可以体现专业性。大量使用被动语态有助于凸显合同的专业性，并对最终签订的合同起到重要作用。在涉外合同中，灵活地将被动语态转换为主动语态，符合汉语的表达习惯。例如，对于涉外合同中的英文被动句，在翻译时应转换为中文的主动语态，以确保地道性和易理解性。这样的转换不仅有助于保持合同条款的准确性和专业性，同时有助于避免歧义和误解的产生。因此，在合同翻译过程中，适时地转换被动语态为主动语态是至关重要的，可以提高合同的质量和可理解性，确保各方的权益得到充分保障。

第三，否定句。一是否定提前。在合同撰写中，经常会遇到否定句的表达。处理这种情况有两种常见方式。可以将否定词放在情态动词或助动词之后，以形成陈述语序。另一种常见的处理方式是将否定词直接放在句首，从而形成倒装语序。在实际合同文本中，后一种方式更为常见和普遍。这种做法能够使得句子更加清晰易懂，符合法律文件的规范性要求。倒装语序的使用使得句子结构更为紧凑，也更符合法律语言的严谨性。二是移项否定。移项否定这种技巧常用于加强语气或强调特定条款。在合同中，移项否定可以通过将谓语位置移动到主语或宾语位置来实现。举例来说，合同中可能表达若双方不同意延长合同，则在合同期满后立即失效的条款。这种表述方式使得合同条款更加明确，强调了特定条件的重要性。通过移项否定，合同可以更清晰地阐述各方之间的权利和责任，为合同执行提供了明确的指引。这种精确的表达方式对于合同的解释和执行具有重要意义，有助于减少可能出现的歧义和争议。第四在涉外合同中，抽象名词是常见的语言现象。这些名词可以作为主语或宾语，使得文本更为凝练、严谨。然而，在汉语中，这样的使用并不常见。因此，在翻译涉外合同时，必须对这些抽象名词进行转换，以适应汉语的语言习惯，确保文意通顺完整。这种转换需要考虑到汉语表达的语法结构和语言特点，从而有效地传达英文原文的含义。通过合适的转化，可以使汉语翻译更加地贴近读者的理解，确保合同的准确性和权威性。

例 1：Partial shipments shall be allowed upon presentation of the clean set of shipping documents.

译文：分批发货是可以的，但有一个前提条件，需要准备一套清洁的装运单据。

在这里，shipment 与 partial 都实现了词性的转换，shipment 在译文中已经被转换成动词，而 partial 则被转换成了状语。

例 2：The products fair will be held at Shanghai Expo，China with the Buyer's representatives.

译文：买方代表将参加在中国上海博览会举行的产品博览会。

（三）大学商务英语翻译教学内容——商务广告

1. 商务广告概述

（1）广告的认知。广告一词源自拉丁语“advertere”，意为“引起注意”，后演变为中世纪英语时期的“advertise”。起初，广告是一种传播手段，用于告知和新闻报道。然而，直到 19 世纪末，阿尔伯特·拉斯克尔明确指出广告是一种营销手段，奠定了广告在营销中的地位。从本质上看，广告是为了宣传产品或服务而进行的付费传播活动。广告通过报纸、电视、互联网等媒体以多种形式出现，可根据媒体、诉求类型等标准进行划分。无论是品牌推广、产品介绍、促销活动或社会公益广告等类型，都是产品宣传的一种形式。其目的在于吸引目标受众的注意力，引导他们关注特定产品或服务，激发其购买欲望或行动。

广告是市场营销不可或缺的一环，其影响力远超简单信息传递。通过广告，企业可以增加品牌曝光度，塑造品牌形象，促进销售增长。广告不仅是商业行为，更是一种文化现象。它反映了社会和经济的多样性和发展。随着时间的推移，广告行业不断演变，呈现出创新的形式和策略。从最初的传播工具到如今的影响力之源，广告在推动商业发展的同时，也扮演着文化传播的重要角色。它随处可见，融入了人们的生活，塑造了消费观念和行为模式。因此，了解广告的历史和演变，不仅有助于理解商业世界的发展，也能透视社会文化的变迁和发展趋势。

（2）商务广告的语言特点。随着社会的发展和全球一体化进程的推进，广告在经济和文化中的作用日益显著。广告语言以其生动的叙述产品功能和独特的表现形式，引发了大众对产品的联想和购买欲望，直接影响了广告的成功与传播效果。商务英语广告在设计上充分利用语言资源，追求句子简短、用词精练、主题明确和内容突出，以达到留下深刻印象和实现广告目标的目的。通过精心构思的句式和精准选词，商务英语广告能够有效地吸引受众的注意力，提升产品的知名度和美誉度，从而实现市场推广的目标。

第一，商务英语广告的词汇特点。

一是杜撰词增加新鲜感。广告行业一直在不断探索各种创新方法，以保持其新颖性，并吸引消费者的注意力，激发其购买欲望。在这个竞争激烈的市场中，修辞手段扮演着至关重要的角色，其中，杜撰词被广泛运用以丰富广告的内涵，使其更加生动形象，并提高语言表现力。通过创造性的词汇组合，广告能够呈现出新颖独特的形象，从而吸引消费者的眼球。杜撰词的运用不仅丰富了广告的表现形式，还能够突出产品的特点和优势，使广告更加生动有趣。当广告语言充满活力和创意时，消费者更容易被吸引，从而增加了他们对产品的兴趣和购买意愿。

二是褒义词突出优越性。在广告中，频繁运用褒义形容词是一种常见的营销策略，因为它们能够突出产品的优越性，对于产品的描述至关重要。这些形容词不仅是为了简单地表达产品的特点，更是为了渲染产品，让消费者产生主观认可，形成深刻印象，并最终激发其购买欲望。从"good""beautiful""true""super"等诸如此类的形容词来看，广告在粉饰美化商品的同时，也在塑造消费者的良好期望，进而促进消费行为的发生。特别是当广告中出现评价性质的形容词的最高级形式时，如"best""most beautiful"等，更是强调了商品的高品质，进一步提升了广告的销售价值。

三是人称代词拉近距离。人称代词在广告中用来建立广告商与受众之间更为紧密的联系，以促进消费者对商品的好感和认可度。通常情况下，广告会使用第一人称代表生产商，以展示他们的自信和责任感；而第二人称代表消费者，使得广告信息更具个性化和亲和力。通过采用这种方式，广告能够更有效地拉近生产者与消费者之间的距离，激发消费者购买的欲望。当消费者感受到广告中的个性化呼应时，他们更容易建立起对产品的信任和认可，从而增加了购买的可能性。因此，人称代词的运用不仅使广告更具人性化和情感化，也为消费者提供了更加亲近和贴心的购物体验。

第二，商务英语广告的句式特点。

一是在广告领域，简洁而有力的句型成为制胜法宝。广告设计师巧妙地运用简单句和省略句，以实现在有限空间内传递更多信息的目标。这种精练的句式不仅降低了空间成本，更提高了广告的理解度和注意力的吸引度。消费者在浏览短小精悍的广告时能够更迅速地理解产品特点，使得广告在激发购买欲望方面发挥更为显著的作用。

二是祈使句，作为一种直接而强烈的表达方式，成为广告推广中的常见手段，尤其在商务英语广告中表现得淋漓尽致。通过使用祈使句，广告不仅能够直截了当地呼唤消费者的注意，更能直接激发其购买欲望。商务英语广告中的这种手法，以其直接、简洁的特点，成为促使消费者积极行动的有效途径。这种直截了当的表达方式能够让消费者更迅速地认识到产品的价值，进而产生购买的欲望。

三是在商务英语广告中，疑问句常常成为引发共鸣和好奇心的利器。疑问句的设计巧妙地引导消费者思考，激发其对产品的兴趣。通过提出问题，广告不仅创造了一种与消费者互动的氛围，还在情感上拉近了与目标群体之间的距离。这种疑问句的运用，使得广告更具吸引力，让消费者更愿意深入了解产品，从而提高了广告的效益。

四是在广告设计中的另一项技巧是运用平行结构，通过语法结构的相似性突出语言意义，从而增强广告的传播效果和影响力。平行结构使得广告信息更为整齐有序，让消费者更容易理解和接受。通过这种结构的运用，广告在传达产品信息时更为生动有趣，使得广告更加引人入胜。这种巧妙的语法结构不仅提高了广告的可读性，也让广告更加具有说服力，进而更好地实现其传播目的。

第三，商务英语广告的修辞特点。

一是比喻。比喻是一种常见的修辞手法，通过隐喻、明喻和换喻等手段，使产品更加生动形象，让消费者直观了解产品特征，从而更容易接受产品。这种修辞手法为产品塑造了独特的形象，为消费者提供了直观的感受和认知。

二是拟人。拟人赋予商品人格化，将商品看作有情感、有意志的个体，从而增强了与消费者的情感联系，引发了消费者的亲切感。通过这种方式，消费者更容易与产品产生情感共鸣，建立起一种亲近感与信任感，从而更倾向于购买这种商品。

三是双关。双关是商务英语广告中常用的修辞手法之一，它能够展现句子双重意义，常常基于单词的同音或同形条件。这种修辞手法在广告中常用于创意广告语的构建，通过巧妙的双关语，吸引消费者的注意力，增加广告的趣味性和记忆性，从而提高了广告的传播效果。

四是夸张。夸张通过过分渲染描述事物，以延展产品性能，激发读者的想象力，从而提高了宣传效果。在广告中，夸张往往被用来突出产品的特点和优势，吸引消费者的注意力，加深对产品的印象，从而促进产品的销售。

商务英语广告具有独特的文体特点，旨在宣传商业性产品，常常具备幽默、美感的特点，并具备一定的艺术性。研究商务英语广告不仅具有语用价值，更具有产品宣传的现实意义。通过对广告文本的深入分析，可以更好地理解广告传播的本质和特点，为商业传播提供更为有效的策略与手段。

（3）广告的语篇结构。广告是一种常见的传播方式，通常由视觉形象要素和听觉形象要素构成。在视觉形象要素中，文字和图像是两大关键要素。

文字形象涵盖了广告的标题、正文、口号和附文等部分，而图像形象则包括绘画、商标、品牌、边缘和空白等元素。不同的广告文体和媒体呈现出多样化的形式和结构。印刷广告通常注重完整的文字形象要素，有些则以图像为主导。相比之下，广播广告更侧重于口号的突出，而较少使用标题。户外广告则更倾向于文字的简洁性，有些甚至仅包含标题和口号。然而，对于诸如招贴广告等特定类型的户外广告而言，它们则展现出文字的丰富性，包含了标题、口号、正文以及附文等多种要素。在广告创作中，标题、正文和口号的组合是最常见且应用最广泛的形式，它们之间相互配合，共同塑造出广告的整体形象并有效传达信息。

第一，标题。标题作为广告的核心位置，必须醒目引人。它包含引题、正题和副题三个部分，每个部分都需要精心设计以吸引受众的注意力。一个成功的广告标题具有四大特征：位置醒目、迅速引起注意、持续关注和激发购买欲望。位置醒目使得广告标题在整体布局中脱颖而出，迅速引起注意则确保广告能够在短时间内吸引受众的眼球，而持续关注则保证了受众对广告内容的长时间关注度。最后，激发购买欲望是广告标题的最终目标，它需要通过巧妙的措辞和情感共鸣来引导受众产生购买欲望。

第二，正文。在广告正文中，主体地位至关重要，它承载着对广告主题和目标受众诉求的解释。广告正文的功能主要包括解释广告主题和直观讲解目标受众的诉求。根据广告内容的不同特点和受众需求，广告正文可以分为信息型、情感型、叙事型和对话 / 独白型。信息型广告正文侧重于传递产品或服务的特点和优势，以及相关的信息和数据；情感型广告正文则通过情感化的语言和画面来触发受众的情感共鸣，引发共鸣后引导其产生购买欲望；叙事型广告正文通过生动的故事情节和人物形象来吸引受众的注意力，并以情节发展引导受众进入购买决策的过程；对话 / 独白型广告正文则模拟对话或独白的方式，与受众直接沟通，拉近与受众之间的距离，增强情感共鸣和信任感。因此，广告正文的精心设计和内容策划对于广告的效果起着至关重要的作用。

第三，广告口号。广告口号作为广告中的重要元素，旨在树立企业产品良好形象并激发购买欲望。它是一种简练而富有企业理念的语句，通过精练的表达，为产品赋予独特的魅力。通常采用短句形式，虽其篇幅简短，但却能够吸引人们的关注，从而达到宣传的目的。与标题相似，广告口号也是广告的核心组成部分，具有简洁明了的特点，能够迅速吸引目标受众的注意力。

广告口号与标题也存在一些差异。在目的上，标题旨在引起观众的注意，而广告口号则旨在形成观众对产品的初步认知和印象，进而引发其购买欲望。在位置上，标题通常位于正文开头，引导观众进入广告内容；而广告口号的位置相对灵活，可以出现在广告的任何部分，以确保最大限度地吸引观众。在使用时间上，标题通常是一次性的，只出现在特定的广告中，而广告口号则可以长期保持甚至无限期使用，成为企业形象的一部分，深入人心，与品牌紧密相连。

2. 商务广告翻译教学的原则

（1）目的性原则。翻译的目的不仅在于传达文字的表面含义，更重要的是要达到特定的目标或意图。商业广告及商务广告的翻译，例如，不仅是简单地将原文转换为另一种语言，而是要以吸引消费者为最终目标。在这种情况下，广告的设计应以消费者为中心，而译者则需要考虑到消费者的需求以及复杂的市场环境。这意味着译者在翻译过程中必须确保准确性，因为任何误解或不准确的翻译都可能影响到广告的效果和最终目标的实现。

（2）文化适应原则。由于不同国家、不同文化背景的读者之间存在着巨大的文化差异，广告译者必须深入了解两国民族的心理、文化风俗习惯，以确保译文读者能够理解广告所传达的信息。广告本身就是一种文化的体现，因此译者在进行广告翻译时必须对不同国家的文化有着相当的了解和敏感度。只有通过深入的文化了解，译者才能够确保广告在不同文化背景下的流畅传播，以及有效地触达目标受众。因此，文化适应原则不仅是广告翻译的要求，也是确保广告在国际市场中成功的关键之一。

（3）准确原则。在商务广告翻译中，准确性原则被视为至关重要的指导原则。商务广告的首要目标是全面介绍商品，扩大传播范围并激发购买欲望。因此，翻译商务广告时必须确保准确性，以免影响广告的效果或误导消费者。错误的广告信息可能导致商家形象和信誉受损，进而带来经济损失。为了避免这种情况的发生，译者需要全面了解产品的情况，并对广告内容进行准确翻译，确保信息传递无误。

（4）合法性原则。商业广告必须符合相关的法律法规，而许多国家都颁布了商标法来保护商标权益。在翻译商标时，译者必须考虑不同国家的法律差异。例如，在中国，商标可能会借鉴地名，但在英国，商标法可能不允许这样的做法。因此，译者在进行商标翻译时必须审慎考虑，并确保其符合目标国家的法律法规，以避免潜在的法律纠纷和侵权问题的发生。通过遵循合法性原则，译者能够确保商务广告翻译的合法性和合规性，为商家提供更可靠的翻译服务。

（5）易记原则。商务广告的有效传达依赖于两项重要原则，即易记原则和委婉原则。首先，易记原则强调广告需要具有易记性，以便更多的人了解产品并提高品牌知名度。在这一原则下，翻译的关键在于通俗易懂、生动，引起共鸣和联想。举例而言，像"Eat fresh."这样的快餐店广告，简洁明了地传达了新鲜食材的概念，令人印象深刻。这种简洁、生动的翻译方式使得广告信息更容易被消费者接受和记住，从而有效提高了产品的曝光度和影响力。

（6）委婉原则。委婉语在人际关系中起到调和作用，在广告中的运用更能降低消费者的反感和抗拒情绪。对于译者而言，考虑受众民族语言习惯，灵活运用委婉语至关重要。以"Whisper"为例，将其翻译为"护舒宝"，不仅突出了产品的优势，还避免了消费者可能产生的尴尬或不适感。这种巧妙的翻译方式，不仅有助于保持广告信息的完整性，还能够更好地融入目标受众的文化背景与情感需求之中，从而提升广告的传播效果和市场影响力。

3. 商务英语广告翻译教学中的美学传递

（1）从商务英语广告翻译看广告审美。

第一，广告美的认知。美的概念是一个多元的概念，其定义在历史上常常因人而异。从济慈的角度来看，美就是真实的体现，而健康也被视为美的一种表现形式，这说明了不同的人有着不同的美的认知角度。在广告世界中，美的概念通常更多地与实用美联系在一起。广告的目的在于追求品牌的宣传效果和经济利益，这使得广告中所呈现的美与其他形式的美有着明显的差异。

在广告语中，美感的体现常常体现在非理性意义的词汇运用上。例如，在英语中，固定的搭配和数量词的使用可以带来一种美感，而在汉语中，谐音和固定搭配也能够产生类似的效果。这些语言上的美感不仅是语言本身的美感，更是对文化、习惯以及社会背景的一种反映。译者在翻译广告时面临着挑战，他们需要追求广告本身的美感，同时确保译文能够准确地传达原文的意境，并最大限度地发挥广告的价值。这就要求译者不仅要具备出色的语言能力，还需要对广告背后的文化、市场和受众有着深刻的理解。只有这样，译文才能在跨文化传播中发挥出最佳的效果，真正实现广告的宣传目的。

第二，美在广告翻译中的定位。广告翻译的首要目标是追求广告之美，因为美是实现广告目标的重要手段。在现实生活中，广告承担着三个关键功能：信息功能、审美功能和说服功能。信息功能作为广告的基石，为审美功能和说服功能提供了坚实的基础。因此，在翻译广告时，译者必须充分重视信息功能的传达，确保广告的核心信息能够清晰地呈现出来。除了信息功能，广告还应该具备一定的美感，既包括内容上的吸引力，也包括形式上的艺术性。这种美感能够吸引观众和读者的注意力，使他们更愿意去关注广告所传达的信息。同时，广告语的选择也至关重要。广告语应该具有一定的随意性和新颖性，这样才能够在受众中产生共鸣和记忆点。广告语不应该过于强制，否则会导致受众产生反感，使广告失去原本的意义和效果。

例如：Where there is a will，there is a way.Where there is a way，there is Toyota.

译文：车到山前必有路，有路必有丰田车。

此句话深刻体现了丰田汽车的核心理念。背后的仿拟习语将中国传统智慧与现代汽车品牌相结合，巧妙地将品牌形象与受众心智联系起来。这种仿拟习语的使用在广告效果上产生了显著影响，吸引了受众的注意力，让他们感到亲切而温暖，愿意进一步了解丰田汽车的品牌故事与产品特色。

形式美感在广告中的重要性不言而喻。强调译文的形式美感对于确保广告的流畅性和自然度至关重要。直译可能会导致广告语过于生硬，失去原有的韵味和美感，进而无法达到预期的广告效果。因此，翻译建议译者采取措施增加广告的美感，而不是简单地进行直译。通过增加广告译文的文学性和情感色彩，可以更好地传达广告的情感内涵和品牌形象，确保广告语在目标受众中产生积极的情感共鸣和品牌认同。这样的翻译策略不仅能够提升广告的影响力，而且能够增强品牌形象在受众心中的地位和认知。

例如：Good to the last drop.——MAXWELL COFFEE

译文：滴滴香浓，意犹未尽——麦氏速溶咖啡。

这句广告词的翻译“滴滴香浓，意犹未尽”巧妙地展示了四字结构，这一特点结合了中国汉语的韵律美和声韵美，呈现了一种对称美的效果。这样的翻译不仅是单纯的文字转换，更是一种文化交融和审美追求的体现。

对于广告来说，美感是至关重要的，它包括内容美和形式美两个方面，而且两者缺一不可。内容美意味着翻译要忠实于原文，同时要具备韵律美和声韵美，以使受众愿意接受和记住广告信息。形式美则着重于采用特定的结构，比如四字结构和对称结构等，以吸引受众的注意力。然而，若仅仅追求广告的形式美而忽略了内容，那么广告将变得空洞，失去了传达信息和说服受众的功能。

（2）商务英语广告中美的传递。商务英语广告的翻译面临着一项重要挑战，即如何传达美感。英语和汉语广告有着不同的美感，因此在翻译过程中需要特别关注如何保留原文的美感。这种挑战不仅在于内容的转换，更在于审美的传递。要确保广告不仅传达商品信息，还要带来美感，以实现广告的目的。

在翻译广告时，吸引观众的注意是至关重要的。广告的目的是宣传商品，因此内容必须能够引起观众的兴趣。与此同时，传达广告的审美也是至关重要的，这意味着译者不仅要关注文字的直接意义，还要考虑如何通过语言形式和视觉效果来吸引消费者的眼球，确保广告在传递商品信息的同时，也能带来美感，从而实现广告的效果。

在翻译过程中，译者可以采用常规翻译策略，如直译，以尽可能准确地传达原文的意义。但是，为了传递广告的美感并吸引消费者的关注，译者还可以采用创造性翻译策略。这可能涉及对原文进行重新构思，以使译文更贴近目标受众的审美观，从而更好地实现广告的宣传效果。

总而言之，在翻译商务广告时，译者应巧妙地运用各种翻译策略，以确保广告语的意义、音韵和形式美得以准确传递。这可能需要译者有深厚的语言功底和对目标受众审美偏好的了解，以便在翻译过程中做出恰如其分的调整。通过精心的翻译，译者可以有效地传达广告的信息，同时带来美感，从而实现广告的最终目的。

（四）大学商务英语翻译教学内容——商标

随着世界一体化的不断推进，我国与世界各国之间的联系变得日益密切，中国也有很多优质的产品在世界范围内受到欢迎，在这个过程中，商标发挥了重要的作用。商标可以起到很好的宣传产品或者服务的功能，它能够加深消费者对于产品的印象和好感，这要求译者在翻译商标时要综合考虑各项因素，不仅要考虑商标本身的价值以及意义，还要考虑产品或者服务使用者的心理以及消费习惯。

1. 商标概述

（1）商标与其他商业标志的联系。

第一，商标与厂商名称的联系。厂商名称是指企业在工商企业注册后使用的特定名称，用以区别同行业其他企业，同时受到工商法的法律保护。与之类似的商业标记包括商标，它们都具有独占性，但两者之间存在着一些区别。

虽然有些企业的厂商名称与其商标相同，比如索尼，但也有一些企业可能会将其企业名称更改为商标，如波音公司。

商标主要用于标识产品或服务，以便消费者能够识别出来源，并可以与其他竞争对手区分开来。而企业名称则更多地用于区分企业自身，是企业在商业活动中的标识符。有些企业会将其企业名称作为商标进行注册，以进一步巩固其在市场中的地位。

在商标和企业名称的注册方面也存在一些差异。企业可以注册一个厂商名称，但可以注册多个商标，因为商标的数量取决于企业的产品或服务种类。此外，厂商名称没有时间限制，可以长期使用，而商标则有法定的保护期限，需要定期续展以保持有效性。这一差异使得企业需要根据其商业战略和市场需求来灵活管理其商标资产，以确保其品牌在市场上的稳固地位。

第二，商标与商品名称的联系。商标与商品名称虽然密切相关，但在实质上存在一些区别。商标通常被贴在或打印在商品的外包装上，或者直接标在商品本身上，以便于消费者识别品牌。与此同时，商品名称也起着类似的作用，帮助消费者辨识商品的品牌和名称，但它更注重传达基本的商品信息，不像商标那样具有独特的标识功能。商标是一种专用标志，不可公用，其使用权属于注册商标的持有者。相比之下，商品名称通常可供公众自由使用，除非涉及特殊情况，如法律限制或商业合同。

商标和商品名称之间存在着一定的转化关系。在特定的要素和条件下，商品可以注册为商标。然而，通用的商品名称通常不符合注册商标的条件，因为它们缺乏独特性。但是，如果一个商品名称具备显著的特征并且易于被消费者辨识，那么它有被注册为商标的可能。此外，商标的知名度也会影响其转化为商品名称的可能性，知名度越高，转化的可能性就越大。

第三，商标与外观设计的联系。外观设计作为工业品的外观构思和设计，必须满足三个关键条件。首先，其核心载体必须是工业产品本身，因为外观设计直接关系到产品在市场上的竞争力和消费者的接受程度。其次，设计师必须着重考虑形状和图案，这意味着设计不仅要美观，还要符合产品的功能和使用需求，从而提高产品的实用性和吸引力。最后，外观设计必须具备鲜明的视觉可见性，这意味着产品在市场中能够吸引消费者的目光，从而引发他们的购买兴趣。

与商标相比，外观设计虽然也是工业产权的一部分，但两者存在显著的差异。商标通常附着在产品外包装上，其形式相对固定，主要旨在方便消费者识别和寻找产品，以确保品牌的辨识度和市场占有率。而外观设计则更注重产品的独特形式，其目的在于通过视觉效果吸引消费者的注意力，激发其购买欲望。因此，外观设计不仅要与产品本身密切相关，还需要在设计上注重创新和个性化，以在竞争激烈的市场中脱颖而出，赢得消费者的青睐和信任。

第四，商标与域名的联系。商标和域名之间存在着紧密的联系，这种联系主要体现在两个方面：一是一致性。有时，商标所有人会直接以其商标作为域名进行注册，以便在互联网上建立一致的品牌形象。这种一致性有助于消费者更容易地识别和记忆品牌，并在网络搜索中更容易找到相关信息。反之亦然，有些商标可能源于先有的域名，商标所有人可能会根据其在网络上的活动和品牌建设需求注册相应的商标。二是注册需求。无论是商标还是域名，都需要进行注册方能获得合法权益。商标注册保护了品牌标识，防止他人未经授权使用，维护了商标所有人的权益。而域名注册则确保了在互联网上的唯一性和可识别性，避免了不同实体之间出现相同域名的竞争和混淆。因此，商标所有人通常会在不同的领域同时注册其商标和相关的域名，以确保品牌在各个渠道上的完整保护。

（2）商标的类别。商标主要分为商品商标和服务商标。商品商标通常附着在商品包装上，其主要功能是用于区分不同商品，帮助消费者在选择时作出明智决定。与之不同的是，服务商标则用于标记服务项目，比如商家提供的各种服务。这两者在实践中都扮演着重要角色，有助于维护市场秩序和消费者权益。

进一步细分，商标又可以根据是否已注册进行区分。注册商标是经过正式备案并获得法律认可的，享有法定保护，这意味着任何人都不得擅自使用该商标。相反，未注册商标则只能由商品权人使用，缺乏注册的商标权保护，容易受到侵权行为的影响。因此，对商标的注册与否直接关系到商标权益的有效维护，是企业经营中的重要环节之一。

此外，商标还可根据其知名度进行分类，包括普通商标和驰名商标。普通商标在一定范围内使用，知名度相对有限；而驰名商标则具有较强的影响力和知名度，在更广泛的范围内产生重要的商业价值。针对驰名商标，我国法律体系更加重视其相关利益的保护，采取更严格的措施来防止侵权行为的发生，以维护商标所有者的合法权益。这种不同对待也反映了商标在市场竞争中的不同地位和价值，为商业活动提供了稳定的法律保障。

（3）商标的作用。商标在市场经济中扮演着至关重要的角色。作为商品生产、流通和销售等环节的核心组成部分，商标具有重要的象征意义。

第一，商标不仅是一个标识，更是品牌的象征。通过商标，消费者能够轻松区分不同商品的生产者、经营者以及服务者。这有助于消费者在众多选择中找到心目中的名牌产品或具有良好信誉的生产或经营者的产品。商标的存在不仅是为了标识商品的来源，更是为了给消费者提供信心和保障。

第二，商标代表着产品的质量和企业的商誉。在消费者心目中，商标往往与产品的质量联系在一起。优质的产品往往会选择有品牌保障的商标，而商标也成为产品质量的一种保证。此外，在国际贸易中，商标更是至关重要的。很大比例的国际交易依赖于商标的认可和保护。商标的存在不仅是为了保护企业的利益，更是为了保护消费者的权益和利益。

第三，商标对于广告宣传起着不可替代的作用。设计醒目、文字简练的商标往往能够吸引消费者的眼球。通过商标的广告宣传，企业能够提升品牌的知名度和信赖度。消费者在购买商品时，往往会优先选择那些他们熟悉并信赖的品牌，而商标正是构建这种信任的桥梁。因此，商标不仅是商品的标识，更是企业广告宣传的有力工具。

第四，商标的存在对于企业的发展和持续经营起着重要的作用。通过建立良好的商标形象，企业能够提升品牌的竞争力，从而促进销售和市场份额的增长。在激烈的市场竞争中，一个独特而具有辨识度的商标能够让企业脱颖而出，吸引更多消费者的关注和青睐。因此，商标不仅是企业形象的重要组成部分，更是企业发展战略中不可或缺的一环。

2. 商标翻译教学的主要原则

商标翻译教学的原则主要有以下方面：

（1）准确的原则。商标在消费者心目中的影响力至关重要。一个成功的商标能够深深地烙印在人们的内心深处，影响着他们的购买选择和思维方式。这些商标所代表的产品不仅销售额可观，而且产品或服务质量有所保证，因此消费者更愿意选择这些产品。商标的选择需要考虑到消费者的心理和需求，最好选用具有美好寓意或让人感到舒适的词语，以引起消费者的注意并促进他们进一步了解产品。通过这种方式，营销目标可以更好地实现。商标不仅是一种标识，更是品牌文化和形象的象征，它潜移默化地渗透到人们的生活中。一个引人注目的商标能够在竞争激烈的市场中脱颖而出，吸引更多消费者的目光和关注。因此，在商标设计和选择时，必须考虑到品牌的长远发展和消费者的情感需求。通过精心设计和策划，一个独特而具有吸引力的商标可以成为品牌成功的关键之一，帮助品牌在市场中占据一席之地，并赢得消费者的信任和忠诚。

在中国市场，可口可乐最初的译名并不成功，这一点对其销售业绩造成了不小的影响。一旦将“Coca-Cola”译为“可口可乐”，销售业绩就出现了明显的提升。这一成功的译名不仅是一个简单的翻译，还是符合了中国人的审美心理和文化表达习惯。在中国文化中，“可口”和“可乐”这两个词语都有着积极的含义，它们不仅与美味和快乐联系在一起，还能够唤起消费者的共鸣。但是，并非所有品牌都能如此顺利地进行译名。“Goldlion”品牌在意译时遇到了困难，“金狮”的译名容易与“金失”混淆，这对消费者的印象产生了不利影响。因此，寻找一个更符合消费心理的译名变得至关重要。最终，将“Goldlion”译为“金利来”被视为更佳的选择。这个译名不仅凸显了品牌的高端形象，而且每个汉字都具有吉祥、好运等含义，符合中国人民的文化背景和消费心理。通过这种更贴近消费者心理的译名，“Goldlion”成功地打入了中国市场，赢得了广泛的认可和好评。这两个例子表明，在中文市场中，一个品牌的译名对于其在消费者心中的形象和地位具有至关重要的影响。一个恰当的译名不仅能够引起消费者的共鸣，还能够与当地的文化传统相契合，增强品牌的吸引力和认可度。因此，对于国际品牌来说，寻找一个符合当地文化和消费者心理的译名，是进军当地市场的关键之一。

此外，在商标翻译的实践中，准确性和文化融合是至关重要的原则。商标翻译应该确保名称的准确传达，并且能够在不同文化背景下引起共鸣。一个典型的例子是中国品牌“海信”，其英文译名为“Hisense”。这个译名由“high”（高）和“sense”（感知）两部分组成，意味着高灵敏度和高清晰度。这个翻译不仅准确地传达了品牌的含义，还在使用英语国家的消费者中产生了好感。一个引人注目的英文商标能够吸引消费者的注意，并激发他们对相关产品进一步了解的兴趣。因此，在商标翻译过程中，平衡准确性和文化适应性至关重要，这样可以确保品牌在不同市场中取得成功。

（2）简洁的原则。商标翻译的重要性在于其简洁易记，能有效助推宣传。英美商标通常由两三个音节构成，这种自然流畅的音译使其易于记忆和传播。然而，中文商标因音节结构的复杂性，其音译常常变得晦涩难懂，失去了宣传的效果。一些商标虽然没有进行音译，但翻译结果却显得复杂，如

“云山”翻译为“Cloud and mountain”，或者“红梅”翻译为“Red Plum blossom”，这种翻译方式没有突出产品的特点，缺乏商标的独特性。

有一些成功的商标翻译案例可供借鉴。例如，儿童护肤品牌“美加净”将其翻译为“MAXAM”，简洁明了，容易记忆。又如河南省的家电“新飞”翻译为“Frestech”，这样的翻译不仅符合品牌的形象，而且有利于西方受众的理解和记忆。这些成功的案例表明，商标翻译不仅要简洁易记，还需要符合产品的特点，能够在全球范围内传播和接受。因此，在进行商标翻译时，应该注重保持原有的特点和品牌形象，以便更好地实现宣传的效果。

（3）适应的原则。不同地区和民族的风俗、处世原则和态度形成了各自特定的文化感知习惯。这些习惯长期以来深刻地影响着人们的价值观念、审美标准以及消费习惯。对于译者而言，在商标翻译中必须认真考虑目标语消费者的语言表达习惯、文化氛围和审美理念，而不能简单地进行直译商标名称。直译商标名称可能会带来意想不到的后果，犹如中国和法国对孔雀的截然不同印象所显现的那样。例如，汉语中“蝙蝠”的发音与“福”字相同，因此被视为吉祥动物，象征着好运和幸福。然而，在西方国家，蝙蝠却被视为恐怖和不祥的象征。这种文化差异使得在商标翻译中必须审慎处理，避免产生误解和负面印象。

因此，译者在翻译商标时应该遵循适应原则，多了解其他国家和民族的文化，以确保翻译的商标能够在目的语社会中得到良好的接受和理解。这意味着译者需要深入了解不同文化间的差异，包括语言、习惯、信仰和象征意义等方面，以便作出合适的选择和调整。通过这种方式，译者才能更好地传达商标背后的意义和价值，确保商标在全球范围内得到有效的传播和认可。

（4）等效的原则。商标在产品的生产、营销以及流通过程中扮演着至关重要的角色。它不仅是产品的象征，更是品牌认知的重要组成部分。通过商标，产品得以宣传推广，品牌形象得以加深消费者心中的印象，进而吸引消费者的注意力，激发其购买欲望。然而，商标翻译在跨越不同语言和文化的背景下，必须遵循功能对等的原则，也就是等效原则。根据历史上的商标翻译观点的不同表明，在实践中，实现对等原则并不容易，甚至有些人认为这种对等是一种理想而非现实。然而，译者在早期阶段的主要目标是确保译文与原文在信息、风格、语言等方面的对等，而衡量标准则是读者的反馈和感受。

商标翻译不仅是语言文字的转换，更需要考虑消费者对译名的看法和感受，这符合商标功能对等原则的要求。奈达的等效原则理论为商标翻译提供了一种可行的思路。在商标翻译中，译者需要重视商标的语用等效，这意味着译者具有一定的自由度，不必刻意追求各个方面的对等，以免过度追求对等反而影响了翻译效果。因此，商标翻译不仅是一种文字的转换，更是一种文化和语言的转化过程，需要译者在尊重原文的基础上，注重翻译的实际效果，以确保商标在新的文化语境中能够传达出原本的意义和形象。通过这样的努力，商标才能在不同文化背景下得到有效传播和认知。

在中国，“杜康”是一种备受瞩目的白酒商标。其名字的谐音暗示着“好酒下肚，平安健康”的美好寓意，因此在中国市场广受欢迎。然而，西方人对“杜康”白酒品牌并不熟悉，直接音译为“Dukang”可能会让他们感到困惑，无法理解其背后的含义。为了解决这一语言障碍，译者可以选择采用西方人熟悉且喜爱的神话故事中的形象。比如，可以将“杜康”翻译为酒神“Bacchus”，这样不仅达到了语用对等的效果，也消除了西方人的困惑。通过将“杜康”与西方酒神“Bacchus”联系起来，不仅令西方人能够更好地理解其含义，还在文化交流中建立了一座桥梁。这样的翻译策略不仅传达了原始品牌的含义，同时为西方消费者提供了更加易于接受和理解的信息。因此，将“杜康”翻译为西方酒神“Bacchus”是一个有效的策略，有助于推广和传播中国的酒文化，促进跨文化交流与理解。

3. 商标翻译教学中的文化现象

（1）翻译与文化认知。翻译的本质在于实现语言之间的转换，其目的是让不同族群的观众能够理解和接受其他民族语言和文化的内容。这种转换涉及语言、文化、审美和民族传统等多个方面的迁移和转变。在这个过程中，译者需要深入理解并把握各种语言所承载的文化内涵。对于翻译者来说，重视文化的多样性至关重要，他们必须结合特定的文化背景来进行翻译，以提升翻译品质并达到翻译的目标。

一位优秀的译者不仅需要精通多种语言，还应该对不同文化之间的差异有深刻的理解。只有这样，译者才能够在翻译过程中准确地捕捉到原文所传达的意义，并将其转化为另一种语言的表达。在这个过程中，译者需要细致入微地考虑原文所包含的文化背景和特点，以及目标语言所对应的文化环境和接受者的认知习惯。

通过将原语言的文化内涵与目标语言的语境相结合，译者可以更好地传达原文的意义，并使之在目标文化中得到有效的传播和接受。因此，翻译不仅是简单的语言转换，更是一种文化的交流和传递。只有译者深入挖掘和理解不同文化的独特之处，才能够实现翻译的真正价值，使不同文化之间的沟通和交流变得更加顺畅和有效。在这个过程中，译者扮演着不可或缺的角色，他们的工作不仅是一种技术活动，更是一种文化的传承和创新。

（2）文化差异的具体表现。

第一，文化核心价值和心理差异。这种差异不仅存在于表面文化形式，更深刻地体现在民族心理和核心价值观上。举例而言，中国人对龙的崇敬与西方人对龙的不同理解就是一个显著的文化差异的体现。在中国文化中，龙被视为吉祥和权力的象征，因而备受推崇与喜爱。然而，在西方文化中，龙往往被描绘成具有威胁性和邪恶力量的象征，这种差异反映了不同文化间对符号和象征的解读差异。因此，深入了解不同文化的核心价值观和心理认知，有助于增进跨文化交流与理解。

第二，语言习惯与翻译挑战。每个民族拥有独特的语言和语言习惯，这些习惯往往与文化密切相关。在进行跨文化翻译时，必须考虑到不同民族的语言习惯和文化因素，以避免产生误解和文化冲突。例如，即使是在商业翻译中，一个简单的单词选择错误也可能导致销售业绩下降或者产生其他不良后果。因此，重视对目标文化的深入了解以及尊重目标语言的语言习惯，是进行跨文化翻译的关键。

第三，颜色在不同文化中具有不同的象征意义和文化内涵，了解这种文化差异在翻译中尤为重要。以红色为例，红色在中国文化中往往象征喜庆和祥和，因而被广泛运用于节日和喜庆场合。然而，在西方文化中，红色可能与危险、暴力等负面意义联系在一起。因此，在跨文化翻译中，需要特别注意颜色的文化差异，以避免产生误解或者对品牌形象造成不良影响。举例而言，将中国品牌名“红豆”直译为“Red Bean”可能会给西方消费者留下不良印象，因为在西方文化中，红色常与火、血等负面意义联想相关。因此，考虑到目标文化对颜色的理解和文化内涵，在翻译和营销过程中显得尤为重要。

（3）文化差异对商标翻译的影响。

第一，思维方式差异对商标翻译的影响。商标翻译涉及思维方式的差异，这一点至关重要。中国人倾向于形象性思维，而西方人则更偏向抽象性思维。在商标翻译的过程中，译者必须牢记这种思维差异，以免引发文化冲突。有效的商标翻译应当符合目标文化的思维特点，这样才能避免潜在的负面影响。以“Cocacola”为例，将其翻译为“可口可乐”，恰如其分地契合了中国人的思维方式。这种翻译不仅让商标更易于被中国消费者理解，还增加了其吸引力。

这样的翻译不仅是对标识的简单转译，更是对目标文化心理的精准把握。因此，商标翻译不仅是一种语言转换，更是文化和心理因素的融合。译者在进行商标翻译时，需要运用敏锐的文化洞察力，以确保商标的传播与目标文化的融合，从而最大限度地提升其在市场中的竞争力。

第二，社会价值观差异对商标翻译的影响。在全球化背景下，中西方文化差异在多个方面显而易见，不仅局限于思维方式，还深刻影响着社会的核心价值观。这些文化差异在商业领域中尤为显著，尤其是在商标翻译这一环节。翻译商标时，需要综合考虑各种因素，包括但不限于社会价值观。以中国钢笔品牌"白翎钢笔"为例，在国内市场上，该品牌以其优质的品质和合理的价格而备受欢迎。在走向国际市场时，将其商标直译为"White Feather"却引发了意想不到的问题。在西方文化中，"White Feather"一词常被视为贬义，给人软弱、无能的印象，这导致了销售困境的产生。这一情况揭示了中西方文化之间的深刻差异。西方社会普遍倾向于个人主义，因此商品常以个人名字命名，强调个性和独特性。相反，中国是集体主义文化国家则更注重集体利益和社会认同，品牌往往以集体或者抽象的名称来命名，强调共同体意识。然而，这种文化差异在跨文化交流中可能会导致误解和困扰。

因此，在翻译商标时，除考虑语言之间的直接对应关系外，还需要充分了解目标文化的社会价值观和文化背景。必要时，可以进行适当的文化调整和转换，以确保商标的意义在不同文化之间传达一致。这可能包括重新设计商标、调整名称或寻找更恰当的翻译方案等。通过尊重和理解不同文化之间的差异，企业可以更好地适应国际市场，避免文化冲突，提升品牌形象和销售业绩。

（4）商标翻译中的文化原则。

第一，语境原则。在跨文化翻译中，语境原则扮演着至关重要的角色。译者需要深入分析文本的语境，以理解交际双方的任务，避免误译和翻译脱离固定语境的情况发生。因此，译者在翻译实践中应高度重视语境的重要性，只有这样才能确保翻译的准确性和流畅性。

第二，意义原则。在考虑不同文化背景下的意义差异时，译者需要特别留意商标翻译的情况。商标翻译不仅要保留原含义，还要实现意义上的对等转换，这要求译者充分关注语境因素，力求在翻译过程中实现意义上的"融合"，以确保翻译的质量和效果。

第三，禁忌原则。不同文化之间存在着独特的禁忌，译者在翻译商标时必须注意避免触及这些禁忌。不了解文化禁忌可能会影响产品的销路，甚至引起群体抵制，从而损害跨文化交际中的情感联系。因此，交际双方应该增进对彼此禁忌的了解，以促进产品的销路和文化交流的顺利进行。

4. 商标翻译教学中的常见方法

（1）符合目标市场的文化特点。不同国家的人拥有不同的文化背景以及消费习惯，同时他们对事物的理解程度也是不同的。1921 年创立的“白象”牌电池在其推出国外市场时，曾命名为“White Elephant Battery”，不料其销量极差。公司经过调查才发现，原来“白象”在使用英语国家中的意思并不好，指一些比较累赘而且非常昂贵的大东西，由于西方文化中并不认同“白象”的汉语意思，所以西方人也不认同白象电池。1961 年，可口可乐公司推出了一种名为 Sprite 的柠檬味饮料——Sprite。在这款饮料进入中国市场之前，公司需要确定中文翻译，但是公司发现在汉语中“sprite”有“魔鬼”的意思，很显然，中国人是厌恶这个单词的，如果以“sprite”命名产品，显然不会取得很好的效果。所以经过可口可乐公司管理层的讨论，“sprite”最后被翻译成了“雪碧”，而且这一译文对饮料的宣传起到了重要的作用。在宣传上可口可乐公司主打“清凉”，作为一种饮料，也恰恰符合其实用性，所以雪碧在中国实现了较大的销量。

所以译者在进行商标翻译时，不能单纯地依靠自己的主观臆断，而是应该从目标市场的文化出发，考虑译文是否符合目标市场文化，这样商标的翻译才具备合理性，才能帮助企业创造较大的经济效益。

（2）符合目标消费者的审美情趣。我们在表达美好祝愿的时候，经常会用到“福”这个字，不管是“幸福”“福气”“福字”等都表达着一种美好的寓意，在珠宝领域，人们也喜欢用“福”字。例如，中国人都非常熟悉的珠宝品牌“金六福”“周大福”。而西方人有着很多神话，他们非常崇尚这些神，所以一些珠宝品牌就用神的名字命名，“Pandora”（潘多拉）就是最具代表性的例子。

5. 商标翻译教学中的语用策略

在商标翻译教学中，语用策略的应用至关重要。商标作为识别商品的重要手段，对人们的日常生活产生深远影响。一个优秀的商标名称有助于促进商品销售，甚至风靡全球；反之，若商标名称不佳，则可能导致产品滞销，进而影响整体销量。

（1）突出商标的表意功能。翻译商标时，必须准确传达其含义，以突出其形象并体现商品的特色，进而树立品牌形象。商标是品牌的重要标识，其表意功能在于通过文字、图形或符号传达品牌的核心价值和形象特征。一个成功的商标翻译能够使消费者更好地理解品牌所代表的含义，进而建立起消费者与品牌之间的情感联系。这种联系不仅有助于提升消费者的购买决策，也加强了品牌在市场中的竞争优势。

（2）展示民族文化与联想意义。通过突出民族风格和特色，商标不仅是商品的标识，更是一个国家文化的窗口。以英国食品公司商标为例，“Anchor”被翻译为“安可”，突出了产品质量的稳定性，体现了英国文化中对品质和稳定性的追求；美国的“Goodyear”翻译为“固特异”，保留了原音并突出了产品的耐用特性，同时传递了美国文化中对于创新和耐用品质的重视。这些商标的翻译不仅是语言的转换，更是对品牌背后文化和联想意义的展示。通过合适的商标翻译，消费者不仅能够更直观地感受到产品的品质和特点，也能够在潜移默化中了解和认同所购买的产品所代表的文化背景，从而增加对品牌的信任和购买需求。

（3）迎合消费心理，利用译名影响消费者心态。这意味着商标名称的选择不仅是一个简单的命名过程，更是一种战略性的决定。以“Bowling”为例，将其音译为“保龄”球，不仅在字面上准确表达了原始意思，更重要的是，这种译名蕴含着健康和益寿的意味，为消费者带来积极的联想。类似地，“Giant”音译为“捷安特”，不仅是对原文的翻译，更是在消费者心中增强了产品性能的信心，让消费者更愿意选择这个品牌。这种商标名的选择不仅是为了符合翻译的准确性，更是为了在消费者心中植入积极的品牌印记。

（4）根据市场定位和消费群体的喜好，以促进销售。以化妆品行业为例，“雅”字赋予了优雅、典雅的意涵，因此将这一字加入商标名称中，不仅吸引了有品位的顾客购买，更是在潜移默化中传递了产品的高品质与独特魅力。类似地，“Safeguard”这一商标被翻译为“舒肤佳”，这样的翻译不仅与消费者的审美和需求相契合，更是提高了产品的销量。这种精准的商标翻译，不仅是语言的转换，更是对产品定位和消费者需求的深度理解，从而为产品在市场上赢得更广泛的认可和销售机会。

（5）注意文化移情和符合审美心理的任务。译者应该遵循“易读易记”的原则，尤其是在常见的汉译商标中，多采用二字或三字表达。在汽车领域，诸如“奔驰”和“保时捷”以及餐饮领域的“全聚德”和“麦当劳”，这些商标给人以高贵、美好的感觉。因此，译者在进行翻译时应注重文化移情，激发消费者的猎奇心理，从而助力产品销路。

以“Transformer”（变形金刚）玩具为例，它不仅是一种娱乐产品，更是在儿童智力开发方面起到了重要作用。通过其独特的“变形”设计，展示了不同组合方式和形态，同时将“er”翻译为“金刚”，象征着强大的武艺，这样的翻译吸引了小朋友的喜爱，使得这个品牌在市场上得到了广泛的认可。

在不同的文化背景下，人们对事物的看法存在着差异，跨越文化障碍成功翻译成为译者必须考虑的重要因素。这种成功的翻译不仅会影响产品的销量，还能够提高民众的社会语用水平，因此具有重要的意义。因此，译者在进行商标翻译时，除准确传达品牌的意义外，还需要考虑目标受众的文化背景和心理特点，以确保翻译能够有效地传达品牌的形象和价值观。

（五）大学商务英语翻译教学内容——商务信函

1. 商务信函概述

商务信函是厂家之间交流业务、沟通感情的重要方式。通过商务信函，不仅可以表达双方对合作的期待和信任，还能够就交易内容和条款进行明确的约定。商务信函所达成的交易内容和条款在相应合同中通常是不可改变的，因此，商务信函承载着合同的法律效力，对于双方都具有约束力。此外，商务信函也在纠纷解决中起到关键作用，作为证据被用来确定责任和义务。因此，商务信函的记录和保存是至关重要的。为了有效管理和避免混淆，通常一事一信的原则被遵循，这意味着每个主题或事项都应当单独处理，以确保交流的清晰和准确。

（1）商务信函的格式。商务信函格式存在着几种不同的规范。一是齐头式，这种格式通常适用于美国人的商务信函。它要求信件的格式保持一致，易于打字，这有助于提高文件的整洁度和专业性。二是缩进式，主要适用于英国人的商务信函。相比于齐头式，缩进式的商务信函更加注重信息的清晰和易读性，通过合理的段落缩进来突出主题和重点。三是改良齐头式，结合了齐头式和缩进式的优点，既保留了齐头式的统一性和易打字的特点，又吸收了缩进式的清晰易读之处。在商务信函的书写中，不同部分之间通常以空行隔开，这有助于提高信函的可读性和条理性，使接收者能够更加迅速地理解信函的内容和意图。

（2）商务信函的语言特点。商务英语信函与一般书信具有共性，但由于其又具有一定的特殊性，因而从性质上来说，它又兼具公务与法律文书的特点。用词上多使用书面语、专业词汇，缩略词；句式上具有严密准确、礼貌体谅的特征，表现在语言结构上就是大量使用结构复杂完整的长句、被动句及委婉、礼貌的句式等，语言表达程式化。

第一，适当使用祈使句。在商务信函中，祈使句的应用颇具价值。不仅能够表达请求，还能实施劝诫或下达命令，从而提升对方接纳意愿。若采用陈述句来提出诉求，可能难以获得理想接受度，因为陈述句往往给人一种直白、生硬之感。此时，运用“Please”引导的祈使句则为上佳之选，既简化表述，又彰显礼貌。写信人除了可以使用祈使句向对方提出建议与要求，同时可以使用疑问句表达，而且，在表达礼貌的程度上，疑问句要优于祈使句。所以，从使用的频率上来看，疑问句要比祈使句的使用频率大。

感叹句虽然能在程度上增强语气，强化表达效果，但是因为商务信函具有严谨性，又重视客观表达，所以感叹句并未在商务信函中大量使用。

第二，多用复合句。商务信函主要是为了最后的合同签订进行提前的沟通，所以商务信函涉及的内容非常多，又力求细节，这也要求商务信函必须格式规范、措辞严谨。复合句和并列句则能保证格式的规范以及措辞的严谨，所以在商务信函中经常被使用。

例如：Though the price we offer this time is 2 percent higher than that of last time，we hope you can see that these are as low as we can offer considering the constantly rising prices of raw materials.

译文：尽管这次我方报价比上次高 2%，考虑到原材料的不断上涨，我们希望你方能理解这是我们的最低价。

复合句与简单句有着显著的差异，从结构层面上说，复合句的结构相对要复杂一些，因而其往往表达比较严谨的内容；而简单句的结构就相对来说比较简单，通常用它来表达一些简洁的内容。

我们不能有这样一个错误的认知，认为商务信函追求的是复合句，句式越复杂，信函写的质量就越高。实际上，复合句与简单句在商务信函中是同时存在的。在商务信函中，也需要使用简单句，复合句与简单句的结合才让商务信函的书写更加合理、规范。

第三，常用并列结构。在商务信函中，并列结构的应用颇为广泛。通常，此类结构需借助诸如“且”或“或”等连词加以衔接。通过并列结构，不同词汇之间的含义得以相互补充，从而使商务信函的表达更为精确，便于读者理解。

第四，适当使用虚拟语气。虚拟语气可以表达不同的内容，因此被写商务信函的人经常使用，它不仅可以表达假设、愿望，而且还可以表达请求与建议。

商务英语信函中可以表达虚拟语气的词汇有不少，一般常用的主要有wish，could 等，这些词汇在积极引导虚拟语气的同时，也表达出了一种委婉的请求。所以，在商务英语信函中使用虚拟语气是必要的，它有利于促进业务的往来。

例如：Should the foregoing proposal be acceptable to you，please let us know the specifications and quantity of your order.

译文：如贵方接受上述提议，请注明订货之规格及数量。

第五，巧用疑问句。疑问句通常是从听话人的角度发出的，由于其能够展现出向对方征求意见的口吻，因此会比直接命令或要求更加有礼貌、委婉，而且这种疑问句不仅可以将说话人想要表达的意思完整叙述出来，而且还能给听话人留下表达的空间。

一般情况下，疑问句中运用的不同词汇或者短语结构会出现不同的表达效果，例如，“Could you...”就表示说话人在表示请求或者询问对方，而“Might you...”相对来说就比较礼貌一些，听话人听了之后就会非常舒服。

2. 商务信函翻译教学的方法

（1）术语翻译规范。商务信函作为商业交流的主要形式之一，在跨语言交流中扮演着至关重要的角色。在翻译商务信函时，必须准确地传达商业与贸易领域的术语，确保翻译规范，以避免信息失真和误解。由于商务信函通常涉及法律、金融和商业等多个领域的专业术语，翻译人员需要对这些领域有深入的了解和熟悉，以确保翻译的准确性和专业性。因此，翻译商务信函不仅是简单的语言转换，更是对专业知识和行业背景的理解和运用。

（2）翻译要贴切再现原文的语气。商务信函作为公函语体的代表，其翻译必须保持准确、流畅和礼貌。在跨文化交流中，使用礼貌语言和客气措辞是建立良好交流氛围和公司形象的关键。翻译人员应当根据目标语言的习惯和文化背景，灵活调整部分内容，以确保翻译的自然流畅，并传达原文所带有的语气和意图。例如，在一些语言中，对于称呼和结尾语的表达方式可能存在差异，因此需要在翻译过程中进行适当调整，以符合接受者的语言习惯和文化礼仪。

3. 商务信函翻译教学的原则

语用学包括不少内涵，其中意义是其核心概念，译者应该熟练掌握以下翻译原则：

（1）严谨性原则。商务信函必须准确无误，以避免引起争议或经济纠纷。任何含混不清或不准确的陈述都可能导致误解或不必要的麻烦。其中，数字和日期的准确性尤为重要，必须使用明确的词语如“before”来界定日期，确保双方对时间表的理解一致。此外，在翻译商务信函时，选择合适的词汇也是体现严谨性的关键。例如，使用“hereafter”“hereof”等词汇来传达特定的含义，确保翻译内容不会因词汇的选择而产生歧义。

（2）礼貌性原则。不仅在面对面的交流中，礼貌也应当贯穿于信函往来的始终。翻译人员应当展现出礼貌的意图，使双方能够在情感上建立良好的交流和理解。语气和表达的选择尤为重要，翻译人员需要将陈述转化为礼貌的请求或建议，以促进双方之间的和谐关系。通过在翻译中体现出礼貌和尊重，商务信函的沟通将更加顺畅，有助于建立稳固的商业关系。

（3）专业性原则。商务信函涉及各种专业术语，翻译人员必须全面掌握这些术语，并以专业的方式来表达。例如，“beneficiaries”一词在商务信函中常被翻译为“受益人”，这不仅是专业的表达，也符合商务信函的文体特征。通过使用准确且专业的术语，翻译人员可以确保信息传达的准确性和可信度，从而促进商务信函的有效沟通和合作。专业性的表达不仅展现了翻译人员的专业素养，也为商务交流奠定了坚实的基础。

4. 商务信函翻译教学的策略

为了深入探讨基于语用学原理的商务英语信函翻译原则之有效性，在翻译实践中，译者应高度重视以下翻译策略。

（1）语义信息的准确与对等。在商务英语信函翻译中，保证语义信息准确对等是至关重要的。这不仅是为了确保双方之间的准确沟通与交流，更是确保商务活动的顺利进行。在这个过程中，翻译人员需要深入理解原文内容，并准确传达其中的含义，以确保信息的完整性和准确性。

专业术语的处理是翻译过程中需要特别谨慎的一环。商务英语信函中常涉及各行各业的专业术语，翻译人员需要遵循翻译原则，确保术语的准确性和一致性，以免造成误解或错误的翻译。只有通过准确的翻译，才能确保双方在商务合作中达成一致。

对商务英语信函中重要信息的细节如日期、货品数量等必须准确无误地传达。任何关于这些细节的错误都可能引发严重的经济纠纷，甚至损害信函双方的商业关系。因此，翻译人员在处理这些信息时必须格外小心，确保其准确性和一致性，从而避免潜在的风险。

在选择词汇时，翻译人员需要特别注意避免歧义问题。商务英语信函往往具有严谨的语境，而一个词的误解可能导致整个句子甚至段落的理解偏差。因此，翻译人员需要特别关注上下文语境，以确保所选词汇的准确性和恰当性，从而确保准确翻译。

（2）语言差异的注意与规避。英、汉两种语言的背景和文化环境差异显著，这导致了在翻译过程中出现了许多挑战。译者需要以语用学为指导，以确保翻译的准确性和流畅性。英汉语句的语序也存在明显的不同。在英语中，通常是先总结再叙述，而在汉语中，则是先叙述再总结。这种差异反映了中西方思维方式的不同。此外，英语句子的封闭和开放特点与汉语也有所不同。在语法上，英语倾向于使用被动语态，而汉语则常常没有明确的主语。因此，译者需要全面了解英汉语言之间的差异，只有这样，才能确保翻译的准确性和恰当性，使得信息能够在不同文化背景下得到正确理解。

（3）文化差异的认知与调整。语言作为文化的表达工具，承载着情感和观念的直接反映，因此对文化差异的认知与调整至关重要。每一种语言都是一种独特的文化现象，其背后蕴含着特定的价值观和传统。因此，当进行跨文化交流时，理解并尊重对方的语言和文化背景至关重要。语言不仅是简单的沟通工具，更是一种文化认同和身份的象征。通过语言的学习和运用，人们不仅能够加深对不同文化的理解，还能够更好地融入和适应不同文化环境。

在商务领域，特别是在商务英语信函翻译工作中，翻译人员扮演着中西方文化交流的桥梁角色。这需要他们对英、汉两种语言及其文化背景有着深刻的理解。由于中西方文化在思维方式、交际风格等方面存在显著差异，因此在翻译过程中需要敏锐地捕捉和转化这些文化特征。仅仅凭借语言功底是不够的，还需要对两种文化有着深入的了解，以确保翻译结果准确、得体。

翻译过程中，除对文化的理解外，还需要特别注意英汉语言之间的差异。例如，人名和地名的顺序，在中文中通常是姓氏在前，名字在后，而在英文中则是名字在前，姓氏在后，这一点在翻译中容易造成混淆。此外，公司名称的译法也是一个需要格外注意的地方，因为不同文化背景下对公司命名的理念和习惯可能存在差异，翻译人员需要在保持准确性的前提下，尽可能地贴近原文的语境和表达方式。

全球化进程推动国际贸易的繁荣，商务英语信函作为一种重要的商业沟通工具，扮演着举足轻重的角色。商务英语信函的丰富内容凸显了商业氛围，其中所包含的用语、表达方式和礼仪要求等都是商务交流中不可或缺的部分。因此，从语用学角度深入研究商务英语信函的翻译变得尤为重要。这不仅需要翻译人员具备扎实的语言功底，更需要他们对商务领域的专业知识有着深入的了解，以确保翻译结果不仅通顺准确，而且能够准确传达原文的意图和情感。

5. 商务信函翻译教学的标准

商务信函翻译教学的准则：商务英语信函时常会涉及众多商业专属词汇，若对这些词汇在商务环境中的真实含义不甚了解，可能会对商务合作伙伴产生误解，最终可能导致商务合作的失利。因此，在商务信函的阅读与撰写过程中，必须熟练掌握充足的商务英语词汇，并不仅停留在词汇的表面理解，还需深入探究其背后的文化内涵，从而实现对商务英语词汇的深刻理解。同时，翻译人员还需全面掌握各类商务知识。另外，鉴于商务信函篇幅有限，为确保商务伙伴能明确了解意图，需用简洁明了的文字突出诉求与合作核心，这也是商务信函目的性的体现。因此，在撰写过程中，务必严谨用词，确保结构规范，准确表达合作主题与重点。此外，信函在用词上需保证准确性，同时确保其中数据、结果等内容的准确性。撰写过程中应遵循商务原则与格式规范，避免主观臆断。

商务信函的功能主要可归纳为两点：信息传递与宣传。基于这两大功能，制定翻译标准时应关注以下方面。

（1）在书写信函时要绝对按照信函的标准进行。按照信函的格式规范进行书写，同时，要表现出一定的礼貌，这就要求译者既要了解英语这门语言，还要了解语言背后的西方文化。

（2）在书写时还要遵循广告营销标准。通常情况下，为了能使产品为对方所认可，一些商务英语信函中会添加些许广告，这些广告能帮助双方建立长久的合作关系。所以，译者在保证遵循信函标准的基础上，需要清楚了解一些广告营销的标准，以便书写时能达到最大的广告营销效果，促使交易另一方面有强烈的商务合作意愿。

6. 商务信函翻译的美学价值与运用

（1）商务英语翻译美学价值。商务英语翻译具有一定的美学价值，主要体现在以下方面。

第一，规范化。商务英语翻译美学的前提是规范，因为它通常情况下会被用于信函以及合约等正式文本中，所以其必须具备一定的严谨性与专业性，而这需要其在格式上保证规范，在用词上绝对准确。译者绝对不能擅自更改原文作者已经定下的内容，要在保证表达准确的基础上服从原文作者的意愿。因为一旦翻译有误，就有可能造成商务合作的失败。

第二，婉转化。商务英语翻译美学还具有婉转化价值。一是译者在选择词汇时考虑了礼貌与诚信问题，所以最后呈现出来的文本语言特别婉转。这是译者自身文化底蕴的体现，所以，这一价值是商务英语中比较特殊的美学价值。二是语言的运用重视优美性，婉转的表达方式能给对方一种轻松、舒适的阅读感受。

第三，简约化。商务英语翻译注重简约化，旨在简化交际与阅读过程。这种简约化并非意味着内容匮乏，而是在保持形式简洁的基础上，仍能传达核心信息。简约化主要涉及两方面，一是句式简约，二是词汇简约。在实际运用中，应适当采用复合词、缩略词，并尽量规避使用复杂词汇与句式。

（2）商务信函翻译美学运用。

第一，文化差异融合。中西文化有着天壤之别，所以商务英语信函翻译必须格外重视这种差异性，以确保翻译的准确性。另外，如果需要在信函中添加广告，还需要注意中西方的广告文化，西方广告文化比较开放，这就要求译者注意结合中国文化对广告进行恰当的翻译，以提高中国人的接受度。

信函表达的内容不同，其翻译的方式也会不一样。例如，如果合作双方的合作意愿比较强烈，译者就需要选取合适的词汇与语句将这种意愿表达出来，并且还需要结合对方的文化习俗进行，这样翻译出来的译文会符合对方的审美情趣，更重要的是，还能增强对对方的说服力，使其同样具有较强的合作意向。

第二，突出重点。首先，人们在阅读信函时往往都是看一个大概，直奔重点内容，所以，在书写信函时必须要考虑这一问题，尽量不要用复杂的句式，应该尽量表达简洁，对于重点内容，可以在标题或者正文的开头处直接表述出来。这样做的目的就是使看信函的人能立刻抓住重点，提起对信函的兴趣。信函中难免会包括一些直接的诉求，在表达这部分内容时一定要注意措辞，以免看信函的人产生不适感。另外，在书写重点内容时还可以使用非常创新的方式，一方面，这可以体现语言独特的风格；另一方面，还能让读者一目了然，增加其对商务英语信函内容的理解。其次，商务信函在表达意愿时通常会使用比较长的句子，这一点尤其在由汉字书写的信函中体现出来。因此，译者可以对原文中冗长的句子进行拆分，拆分成几个短句之后就能更好地翻译，而且拆分后的短句可以进一步凸显信函的重点内容，方便阅读。最后，译者要合理使用翻译技巧与策略，在翻译时如果无法将原文的意思用本族语表现出来，就可适当添加一些内容以补充信函的意思。

第三，措辞优美。在中西方语言中，均有文言体这一特殊文体。在书信撰写方面，译者宜采用文言体，因其更能彰显语言之美。因此，译者需熟练掌握英语与汉语的文言体，并在翻译过程中灵活运用，既确保书信的简洁性，又保持其优雅之风。

第四，运用模糊语。信函不仅能将合作的意愿表达出来，而且还有交流的作用。所以，原文本中总是会有一部分与商务合作无关的增进感情的内容。译者可以对文本进行模糊化处理，但是需要满足两个条件，一个是要以正确的翻译理论为指导，另一个则是要征得原文作者的同意。例如，在表达“较多”的含义时，译者没有必要将具体的数字描述出来，无关数字过多会使文本看起来复杂，同时增加了读者阅读的障碍。在所以这种情况下可以用模糊语来代替，如在文本中使用“Much、Many”等词语。

随着中国对外贸易体量的变大，中国社会越来越需要大量的、高质量的商务英语翻译人才。商务英语翻译除要遵循基本的规范外，还需要保留一定的美学价值，这能促进商务合作伙伴之间的友好交流。因此，在进行商务英语信函翻译时，译者也应该注意这一问题，在表达尊重与礼貌的同时，展现商务英语信函的美学价值。措辞优美，灵活使用模糊语，从而保证商务活动的顺利进行。

（六）大学商务英语翻译教学内容——商务名片及公司简介

商务名片作为社交和商务交往中的常见工具，扮演着重要的角色。它们是一种小卡片，根据其功能可以分为商业、公用和个人商务名片。现代商务名片注重制作精美，内容丰富，通常以双语或多语种呈现，因此需要了解翻译技巧。在商务英语翻译中，对公司简介的翻译尤为重要，因为它承载着公司的核心信息。对于商务名片的翻译，常用的方法包括直译和意译，以确保信息传达准确而流畅。而对于公司简介的翻译，除准确翻译公司名称和核心业务外，还需要注意句式和用词的选择，以使翻译文本与原文保持一致的风格和表达方式。在公司简介翻译中，常见的错误包括语法错误、术语不当以及文化差异造成的误解。因此，在翻译商务名片和公司简介时，专业性和准确性至关重要，以确保信息的准确传达和商务交流的顺利进行。

1. 商务名片的翻译

在商务名片翻译过程中，根据实际情况，我们可以采用多种翻译方法，包括音译、定义和释义等。以下将详细讨论各种翻译方法在商务名片中的应用。

（1）姓名的翻译。在中西方文化中，姓名的顺序存在差异。在中文中，姓名顺序为姓氏在前，名字在后；而在英文中，则是名字在前，姓氏在后。在具体翻译时，译者需根据约定俗成的顺序进行灵活处理，可采用音译法或定译法。例如，将中文姓名“张三”翻译为英文时，可以采用音译法，翻译为“Zhangsan”，或者采用定译法，翻译为“Mr.Zhang”。

（2）职务和职称的翻译。职务和职称的翻译较为复杂，其原因是中西方国家的国情不同，行政划分和职务名称各异。在很多情况下，译者难以找到完全对等的词语。在这种情况下，我们可以采用定义和释义的方法，对职务或职称进行解释，以便于对方理解。例如，将“总经理”翻译为“General Manager”，同时在其下方注明“负责公司整体运营和管理的高级官员”。

（3）地名和路名的翻译。在中英文地名和路名翻译中，存在很大的差异。英文地名通常是由小到大，即从具体的地点名称（如街道、广场等）到较大的区域名称（如城市、省份等）；而中文地名则是从大到小，先给出较大的区域名称，再给出具体的地点名称。在翻译地名和路名时，译者需注意这种差异，确保翻译的准确性。例如，将“北京市朝阳区工人体育场北路”翻译为“North Workers’ Stadium Road， Chaoyang District， Beijing”。

2. 公司简介的翻译

（1）公司简介的词汇翻译。英语公司简介多用较为简单词汇，而汉语公司简介则多用描述性词汇英文公司简介注重事实的客观陈述，在描述时往往使用较为简单的词汇，语言简洁精练，浅显易懂。中文公司简介受到汉语讲究词语整齐对仗、辞藻华丽特征的影响，在行文中往往使用极富感染力的词汇，尤其是四字成语，以渲染效果，提高企业的知名度。

（2）公司简介的句式翻译。

第一，英文公司简介注重于使用具体事实和数据来描述企业的规模与实力。通过数字和图表的运用，凸显公司在行业中的地位和影响力。这种风格的简介通常以简单明了的句子为主，以便读者能够迅速理解和获取信息。这种直接的表达方式有助于准确地传达公司的实际情况，从而吸引潜在投资者或合作伙伴的关注。这种简介的特点是其逻辑清晰，信息准确可靠，能够在短时间内给读者留下深刻印象。

第二，中文公司简介更倾向于概括性描述，突出企业的权威和规模。通常采用套语，如“坚持……为己任”，以凸显企业的理念和价值观。然而，这种套语的使用有时可能导致直译时语义重复和逻辑不清，使公司简介的表达效果不尽如人意。相较于英文简介的直接表达，中文简介可能在吸引读者注意力方面存在一定挑战。因此，在编写中文公司简介时，需要特别注意避免使用过多的套语，保持表达的简洁明了，以确保读者能够快速抓住关键信息，从而更好地了解企业的实力和特点。

第三，英语公司简介在描述方面偏向于使用分词短语或介词短语作为定语或状语，这种方式能让读者更清晰地了解公司的各个层面。相比之下，汉语公司简介更倾向于采用含有并列结构的长句，这种结构不仅能详细展示公司的各个方面，还能体现出公司的综合实力。

第四，在表达信守企业价值观、实现公司愿景和完成公司使命等重要内容时，英语公司简介常常采用祈使句，这种表达方式直接且有力，能强调公司对于这些目标的坚定信念和决心。而在汉语公司简介中，往往会使用无主句来阐述这些内容，通过客观的表述，展现出公司在追求目标过程中的严谨态度和责任感。

（3）公司简介翻译中的常见错误。许多中国公司的英文简介存在严重语用错误，其根源可以追溯至多方面的原因。首先，专业翻译人才紧缺，这导致了译文质量无法得到有效保障。其次，一些企业为了节省成本，采取了让不具备足够资质和技能的员工进行翻译的方式。这些员工缺乏必要的翻译训练和语言素养，因此往往无法做到准确表达，从而造成严重的语言错误。这种现象反映了企业主管对翻译行业的不了解和对翻译质量的重视不足。

公司简介的译文出现种种错误，会严重影响中国企业进入国际市场，不可小视。公司简介中常见错误大体有以下几个方面。

第一，在语言文字应用方面，翻译中常出现各种不当的情况。这些包括语法错误、名词翻译不统一、词语理解错误以及标点符号使用混乱等。语法错误可能会导致句子结构混乱，影响读者理解。名词翻译不统一而给读者造成困惑，降低文本的可读性。词语理解错误可能导致误解或者歧义，影响信息传递的准确性。而标点符号混乱使用则会让文本显得杂乱无章，增加阅读的难度。因此，在进行翻译时，译者需要注意这些问题，确保语言文字应用得当。

第二，翻译表达不自然或不准确也是常见的问题。这可能表现为生硬、翻译腔过重、信息不充分或冗余拖沓等。在翻译过程中，如果没有考虑到文化背景和关键词的特点，就有可能出现这些问题。例如，将“三包”直译为“three guarantees”可能不符合英文使用习惯，导致外国读者难以理解。因此，在翻译时，译者需要结合文化背景和关键词的特点，选择合适的表达方式，以促进国内外读者的理解。

第三，忽视文化差异也可能导致拙译。译者需要了解原文的文化背景，不能只是机械地进行直译，而忽略文化内涵。例如，将“白象牌电池”误译为“white elephant”，这个错误的翻译可能导致销量下降，因为在英文中，“white elephant”通常指代负担沉重且不实用的东西，而不是一种电池产品。正确的做法是结合翻译经验和文化背景，准确地表达原文的意图，避免文化差异带来的误解和困扰。

第二节　大学科技英语翻译教学实践

在全球化时代背景下，科技英语在国际交流中的地位日益凸显。在我国，大学科技英语翻译教学逐渐受到广泛关注，成为培养具备专业技能和跨文化交流能力的复合型人才的重要途径。以下旨在探讨大学科技英语翻译教学的实践方法及其在培养高素质人才中的应用，以期为相关领域提供借鉴。

一、大学科技英语翻译教学的重要性

在当今全球化时代，科技英语翻译教学在我国大学教育领域的重要性日益凸显。随着我国科技实力的不断崛起，国际交流合作的日益深化，科技英语已经成为国内外科研工作者、企业和政府部门之间沟通的桥梁。因此，加强大学科技英语翻译教学，提高学生的科技英语翻译能力，既是时代发展的

必然要求，也是我国培养高素质国际化人才的重要途径。

二、科技英语翻译教学的时代背景

在新时代背景下，我国科技创新能力在国际竞争中日益凸显，其地位和影响力不断扩大。科技英语作为传播科技创新成果的重要载体，已经成为国内外科技领域交流的关键环节。在此背景下，科技英语翻译教学的重要性不言而喻。

科技英语翻译教学在拓宽学生国际视野方面发挥着积极作用。通过学习科技英语翻译，学生可以了解国际科技发展的最新动态，掌握前沿科技知识，从而提升自身的科研创新能力。此外，科技英语翻译教学还能帮助学生更好地适应全球化发展趋势，提升跨文化交流能力，为我国科技事业贡献力量。

第一，科技英语翻译教学有助于提升学生的专业素养。通过对科技英语的翻译学习，学生可以深入理解专业知识，提升科技文献的阅读和理解能力，为今后的科研工作打下坚实的基础。

第二，科技英语翻译教学可以培养学生的创新思维。在学习科技英语的过程中，学生需要不断探索新的翻译方法和技巧，这有助于培养他们的创新思维和解决问题的能力。

第三，科技英语翻译教学有助于提升我国科技领域的国际地位。随着我国科技实力的不断壮大，科技英语翻译教学可以为国家科技发展战略提供有力的支持，推动我国科技创新成果走向世界，提升国际影响力。

三、大学科技英语翻译教学的实践策略

第一，优化课程设置。课程是教学的基础，为了更好地满足学生的专业需求和激发他们的学习兴趣，我们需要对课程进行精心设置和调整。根据学生的专业背景和兴趣，设置具有针对性和实用性的课程，涵盖科技英语翻译的基本技能、专业知识和文化背景等方面。此外，还要注重课程的层次性，使学生能够从基础知识逐步提高到实践应用。

第二，强化师资队伍建设。优秀的教师是提高教学质量的关键。引进具有专业背景和丰富翻译实践经验的教师，提高教师队伍的整体水平。同时，加强对现有教师的培训，提升其教育教学能力。通过定期举办研讨会、研究小组等形式的活动，来促进教师之间的交流与合作，不断提高教育教学质量。

第三，采用多元化教学方法。为了培养学生的实践能力和创新意识，我

们需要将现实案例与教学内容紧密结合，运用任务型教学、模拟翻译等方法。

第四，建立实践平台。与企业、研究机构等建立合作关系，为学生提供实习和实践的机会，增强其应用能力和综合素质。此外，还可以利用网络资源，如在线翻译平台、国际学术交流等，让学生接触到更多的实践场景，提高他们的翻译水平。

第五，完善评价体系。评价是教学的重要环节，我们需要建立一套全面、客观、公正的评价体系。注重过程评价，充分考虑学生在课堂表现、实践项目和期末考试等方面的表现，全面评价学生的翻译能力。同时，要加强对学生自我评价和相互评价的引导，使他们在评价中不断发现自己的不足，从而促进自我提高。

四、大学科技英语翻译教学在培养高素质人才中的应用

第一，提升跨学科素养。科技英语翻译教学有助于学生掌握相关专业知识和国际前沿动态，培养具备跨学科素养的高素质人才。在科技日新月异的时代，各类学科之间的交叉融合日益紧密，科技英语翻译教学为学生提供了全面了解其他学科的途径。通过学习，学生不仅可以充实自己的专业知识体系，还能紧跟国际科技发展趋势，从而提升自身的综合素养。

第二，增强跨文化交流能力。通过科技英语翻译实践，学生能够更加熟悉不同文化背景下的沟通方式和表达技巧，增强跨文化交流能力。在全球化背景下，对具备跨文化交流能力的人才的需求越来越大。科技英语翻译教学让学生在实际操作中体验和了解不同文化，培养他们在跨文化背景下有效沟通的能力，为今后的工作和生活奠定了坚实的基础。

第三，培养创新精神。科技英语翻译教学鼓励学生勇于挑战、不断创新，有助于培养具备创新精神的复合型人才。面对不断变革的社会环境，创新精神成为一个衡量人才的重要标准。科技英语翻译教学通过多元化的教学手段和丰富的实践环节，激发学生的求知欲和好奇心，让他们在挑战中不断成长，形成勇于创新、敢于突破的精神风貌。

第四，提升就业竞争力。掌握科技英语翻译技能的学生，在就业市场中具有较高的竞争力，能够胜任各类企事业单位的翻译工作。随着我国科技实力的不断壮大，企事业单位对科技英语翻译人才的需求逐年增加。学生通过科技英语翻译教学，不仅能够获得一份稳定的工作，还有机会参到国内外科技交流与合作项目，为自己的职业发展奠定良好基础。

第三节 大学旅游英语翻译教学实践

旅游英语翻译作为推介旅游资源的重要手段，对我国旅游业的发展以及对外交流都发挥着重要的作用。近年来，为满足社会市场对专业翻译人才的需求，许多高校开始重视专门用途英语课程，特别是旅游英语翻译课程的开设，能够推动旅游英语翻译事业的发展。“在强化译者语言基本功的同时，如何消除文化差异造成的不必要误解，提升对外旅游宣传质量，值得引起外语教育工作者的关注”[①]。旅游英语翻译作为翻译活动的一个分支，不仅是语际转化过程，更是两种不同文化的碰撞与交流。由此可见，正确处理文化交流与碰撞中遇到的问题，对提高旅游资料翻译质量至关重要。

一、旅游英语翻译实践革新的标准

翻译的标准问题从研究翻译活动之日起就受到人们的广泛关注，也是翻译界争议最多的一个领域。翻译实践革新的标准，是指翻译活动中译者所遵循的原则，也是翻译批评家评价译文时必须遵循的原则，它既是翻译实践的标准，在某种程度而言也是衡量译文好坏的尺度。翻译活动应该做到“信”即译文必须对原文忠实准确，译文应完全复写出原作的思想，译文的风格和笔调应与原文的性质相同，译文应和原作同样流畅。

在旅游翻译活动中，旅游资料翻译，作为我国对外宣传的重要手段，翻译效果的好坏直接影响我国的国际形象。因此，在遵守“信”的翻译标准、坚持正确性与科学性的同时，译者更应该树立跨文化翻译观念，将目标语言读者放在首要位置，强调旅游外宣翻译效度，有效传播中国文化，让更多人认识中国、了解中国。

二、大学旅游英语翻译教学的重要性

旅游英语翻译在大学教育中的重要性日益凸显，这一现象源于我国旅游业的迅速发展及其在全球范围内的影响力。旅游英语翻译教学的重要性可以

① 吴丹．跨文化意识下的旅游英语翻译教学［J］．海外英语，2014（10）：168.

从以下三个方面进行深入分析。

第一，旅游业作为我国重要的服务业领域，其发展势头迅猛，对旅游英语翻译人才的需求不断增加。旅游英语翻译不仅是传播我国丰富的旅游资源、历史文化和民族特色的有效途径，更是推动我国旅游业繁荣发展的重要手段。通过旅游英语翻译，我们可以将我国的美丽风光、深厚文化底蕴和独特民族风情推向世界，吸引更多的国际游客前来观光旅游，从而提升我国旅游业的整体竞争力。

第二，旅游英语翻译教学有助于提升学生的跨文化交际能力。在当今全球化的背景下，具备跨文化交际能力已成为人才培养的重要目标。旅游英语翻译教学不仅让学生掌握英语语言知识，更重要的是培养他们尊重和理解不同文化的态度。通过学习旅游英语翻译，学生能够熟悉不同文化背景下的习俗和礼仪，增进对世界各国文化的了解，从而更好地服务于旅游事业。

第三，旅游英语翻译教学可以培养学生的实践能力。理论知识的学习固然重要，但实际操作能力同样不可或缺。旅游英语翻译教学注重实践环节，这样可以让学生将所学知识运用到实际工作中，提升他们在旅游行业的竞争力。此外，实践能力的培养也有助于学生在未来职场中更好地应对各种挑战，为国家对外交流贡献力量。

三、旅游英语翻译实践革新的文化差异

旅游英语翻译主要是通过翻译让翻译后的旅游文本符合译语阅读者的审美情趣，起到传递信息、引导游客、宣传当地文化等功能。采取合适的翻译策略和方法来处理旅游英语翻译中的文化差异是十分必要的，其目的就在于使译文符合阅读者的审美观点和思维方式，让阅读者看后有深刻的印象。在旅游英语翻译教学中，应着重培养学生处理中英文化差异的能力，使其在进行旅游英语翻译时学会运用以下策略。

第一，景点名称的音译和意译的恰当选择。旅游英语专业学生在对一些景点、景区名称进行翻译时，常出现音译与意译运用混乱的现象。为避免此现象，应使学生明白音译与意译的特点，在翻译时作出恰当选择。

第二，特殊文化、事物的解释性翻译。对一些中国特有的历史事物、历史上的典故、神话传奇和独特的民族传统节日的翻译，应增添一些解释性的文字加以说明，以便更好地让其他国家游客理解。

第三，历史人物、事件等的说明性翻译。中国拥有悠久的历史和古老的文化，在介绍文物古迹的时候，总会联系到大量的历史事件和朝代名称，对其他国家游客而言，在文化旅游中最具有吸引力的是感触和体验异域的不同历史文化和风土人情，而这又是旅游翻译中的精髓所在。

第四，文化借用。文化借用就是借用英语文化中比较知名的人物或事件来解释中国文化所特有的内容。这样做的好处是可以让西方客人用中国文化与英语文化进行对比，增加他们的印象，更好地理解中国文化特有的内容。

四、大学旅游英语翻译教学的实践策略

第一，结合教材与实际案例进行教学。在旅游英语翻译教学过程中，教师应将理论教学与实践相结合，运用丰富多样的实际案例进行讲解。这样既能使学生掌握旅游英语翻译的基本理论知识，又能提升他们的实际翻译能力。例如，教师可以选取国内外旅游景点的介绍、旅游指南、宣传册等实际案例，让学生在理论学习的基础上，深入了解旅游英语翻译的实际应用。

第二，创设模拟实践场景。为了提升学生的旅游英语翻译实践能力，教师可以设计各种模拟实践场景，如景区介绍、旅游指南、宣传册等。这些场景能够让学生在课堂内就可以体验到实际翻译工作的氛围，从而更好地锻炼自己的翻译技能。此外，教师还可以组织学生参加校内外举办的各类翻译比赛，以提高他们的实战经验。

第三，开展校际交流与合作。学校可以与国内外其他高校开展旅游英语翻译教学的校际交流与合作，共享优质教育资源。定期邀请国内外专家举办讲座和实践指导，提高教师队伍的整体水平。同时，教师可以带领学生参观其他高校的旅游英语翻译教学成果，拓宽视野，激发其学习兴趣。

第四，强化信息技术在教学中的应用。充分利用网络资源和现代信息技术，如在线翻译平台、多媒体教学资源等，提高教学效果。同时，鼓励学生利用信息技术自主学习，如参加在线翻译课程、加入翻译学习社群等。这样既能满足学生个性化学习需求，又能提升他们的自主学习能力。

第五，注重学生综合素质的培养。旅游英语翻译教学不仅要注重学生的翻译技能培训，还要关注他们的综合素质培养。此外，还可以加强学生的团队合作精神，培养他们的沟通能力和组织协调能力，为他们将来的职业生涯奠定基础。

五、基于经济视域的大学旅游英语翻译教学实践

在经济全球化的大背景下，各个国家、地区以及民族之间的交流与合作越发频繁，英语翻译作为沟通经济往来的重要桥梁和纽带，发挥着至关重要的作用。尽管我国在英语翻译人才培养方面已取得一定成果，但在实践能力和综合知识培养方面仍存在不足，有待进一步提升。高校作为实用性人才培养的重要基地，需准确把握旅游英语翻译的特征，制定系统化的教学模式，并与教学特点和学生学情相结合，以促进学生翻译技能和素养的提升。随着全球经济一体化进程的不断深入，对复合型专业人才的需求日益增长，当前教育教学的核心任务便是培养此类人才。

英语翻译不仅是符号的转换，更重要的是对文化内涵的传递。近年来，我国旅游产业的蓬勃发展以及社会对旅游需求的变化，凸显出高校英语翻译教学的重要性和深远影响。具体表现在以下几个方面：首先，优质的高校英语翻译教学有助于拓宽学生就业渠道和实践能力提升。实用性是英语教学的核心原则，学校需以旅游经济发展和变化为依据，及时把握市场动态，深入了解学生需求，加大改革创新力度，从而促进大学生就业率的提高。旅游产业作为文化产业的重要组成部分，需要大量翻译人才，高校在培养人才方面应加大投入，尤其重视旅游英语翻译实践能力的培养，以满足社会发展需求。其次，旅游英语翻译教学能够促进学生实践能力的提升。通过系统化的教学设计和实践环节，学生可以更好地掌握旅游英语翻译技巧，提升跨文化沟通能力，为他们将来的职业生涯奠定坚实的基础。

（一）基于经济视域的旅游英语翻译教学问题

英语翻译教学与旅游产业的特征相结合，要求高校开展英语翻译教学活动时，不仅要让学生对大量旅游专业的词汇进行学习和摄入，还要让教师把基本的日常翻译教学工作做好，比如，首先旅游翻译中最基本的词汇和翻译内容涉及衣食住行和区域特色等方面；其次，旅游翻译要与旅游自身所具备的特征相结合，通过翻译将景区的景物内涵传递给外国游客，让游客对景区或景物背后的文化故事或文化价值进行深入了解。需要注意的是，与其他课程和学科相比，旅游翻译是一门新兴课程，难免会在教学中产生一些问题，主要包括以下方面。

1. 教学模式较为单一

从经济视域层面来说，高校必须结合旅游产业的发展开展英语教学活动，与学生学情相融合。但是在具体教学实践中，高校英语翻译仍然会产生以下问题。

（1）英语翻译教学忽视了旅游资源的重要性而未实现融合，特别是未融合民风和民俗等元素。长时间以来，以能力和知识为主的教学内容成为高校英语翻译教学的全部重点，没有融合旅游资源，导致学生在进行翻译的实践过程中只能利用词汇和语法完成翻译，不能与当地的特色旅游文化相结合，对旅游理解、旅游景区和旅游文化产生不利影响。

（2）单一的教学模式使得师生之间的交流互动不够密切。英语翻译具有非常强的实践性，只有通过教学活动让教师和学生、学生和学生之间的互动交流加强，才能提升学生的翻译能力和技巧。但是具体的课堂教学过程中存在的问题是，提问是师生互动的主要方式。根据相关研究统计显示，教师最喜欢的授课方式是视频授课，对学生的英语表达能力进行训练和加强，但是对于课堂上的互动交流有所忽视。

2. 学生跨文化意识有待增强

英语翻译作为一门语言课程，拥有非常浓厚的文化气息，旅游英语翻译的主要功能包括，向游客简单介绍旅游景区和旅游文化，翻译人员通过自己的专业能力和素养向外国人讲解本地区的文化资源。但是中方文化和西方文化存在很大的差异，他们对待同一事物形成不同的观点，因此，文化差异应有意识地渗透到旅游英语翻译教学中，让学生的跨文化意识不断增强。在英语课程实践中存在的问题是，教师对学生翻译进行引导的出发点和切入点是本民族视角，没有结合西方文化和西方思维，所以最后形成的翻译让外国游客难以理解，另外，旅游英语翻译要和我国各个区域的差异相结合，对本地区的文化进一步明晰。

3. 校企合作力度的不足

为适应市场对翻译人才的需求，学生的翻译实践能力必须不断提高。然而，据调查研究发现，高校与企业之间的合作和交流存在一定问题，导致为学生提供的实践机会有限。首先，学生在旅游翻译实践活动中的参与度和积极性较低。部分学生存在偏见，认为毕业后在旅游行业工作发展前景有限，因此对旅游翻译的学习缺乏积极性。其次，企业未能为学生提供充足的实践机会和平台，使得学生的翻译能力难以得到锻炼和提升。例如，企业往往认为学生缺乏旅游翻译经验，未能为他们提供积累实践能力和经验的机会，从而对学生的旅游翻译学习产生负面影响。

（二）基于经济视域的旅游翻译教学设计对策

1. 优化高校教学模式

旅游英语翻译作为一门教学课程，具有非常强的实践性，例如，开展旅游翻译，必须与本地区的特色旅游资源相结合，所以，优化高校教学模式是推动我国旅游产业发展的重要因素。

（1）高校要对多元模式进行积极建设，利用开展好语法教学活动和词汇教学活动的前提，与学生之间的个体差异相结合，对不同学生进行有针对性教学。例如，有些学生的英语能力比较薄弱，教师要帮他们对英语基础不断巩固和夯实；有些学生英语基础比较好，只要将翻译能力的培养作为对他们教学的重点内容。

（2）让翻译内容不断丰富。在开展旅游英语翻译教学活动的过程中，教师要对课堂内容不断丰富，在翻译课堂中融合地区文化特色，进而推动学生实践能力的真正提高。例如，学校与旅游景点之间加强合作，旅游景点向学校传递最新的旅游资讯，教师通过整合再将这些资讯应用到翻译教学活动中。

2. 规范旅游翻译规则

因为中西方文化存在很大的差异，在旅游英语翻译教学活动中要对这些差异格外重视，让学生对中西方文化之间的不同和区别进行深入了解。

（1）旅游翻译课堂活动的开展，要对不同国家的文化进行考虑，对彼此之间的契合点进行积极寻找。例如，我国海南省的著名景点天涯海角，如果不将文化因素纳入翻译中，游客很难理解该旅游景点和旅游文化，而以文化差异作为基础进行翻译，则可以让游客深刻了解和认识到这种旅游文化。

（2）此外，我国拥有多个民族，不同民族的文化各具特色，在翻译实践过程中，只有以这种文化差异作为基础，对翻译技巧灵活掌握和应用，才能让游客的体验和感受不断增强。例如，以翻译旅游景点来说，结合意译和音译才能够向游客传递准确的信息。

3. 加强校企合作实践

校企合作是帮助学生提高翻译实践能力的有效方式，将更多的实践舞台提供给学生，让他们积极参与。

（1）推动校企合作模式不断深化，将更多的实践机会提供给学生。例如，企业可以将专业的人员向高校派遣，将旅游翻译实践中会遇到的各种问题与教师进行沟通和交流，从而推动高校旅游英语翻译教学及时性地提高。

（2）让实践平台不断拓展，提高学生参与英语实践活动的积极性和主动性。实践活动的参与是学生提高英语翻译能力的有效渠道，因此，高校可以利用假期等课余时间，为学生提供更多进入企业开展英语翻译实践的机会。

（3）将英语翻译实践教学工作做好，在课程中应用真实的案例，让学生的翻译实践能力不断增强。例如，教师将历年来学生在旅游英语翻译中遇到过的问题进行整合和归纳，在课堂教学活动中展示出来，让学生对这些问题进行讨论和分析，推动他们翻译实践能力的提升。

4. 创新翻译技巧教学

教师开展旅游英语翻译教学活动的过程中，要对传统教学理念的约束进行突破，教学方式进行积极创新，在学生对翻译技巧进行掌握的过程中充分发挥指导作用，从而为有序开展翻译教学活动提供一定保障，如此一来，才能将具有较强综合性的英语翻译人才培养出来，来满足国家和社会的需求。

（1）要擅长使用修辞方式。修辞在翻译过程中的使用，可以增强文章的灵动性，尤其是在开展旅游英语翻译教学活动时，为了让翻译内容更加丰富，可以增强文本的趣味性，让排比和比喻的修辞手法融入翻译中，让游客感受到耳目一新。

（2）以语料库作为依据和基础进行翻译。翻译工作者对材料进行翻译时，始终要以语料库作为前提和依据，才能够推动翻译工作者翻译时效性和准确性的提高。除此之外，翻译工作者还要将与翻译材料相关的参考书籍提前准备好，便于随时查阅资料。

结合上文可以发现，全球经济的迅速发展和进步增强了各个国家和地区以及民族之间的交流，各国越来越重视旅游产业的发展。当下，人们对于旅游的需求不断增强，旅游业在许多国家发展国民经济的过程中发挥着越来越重要的作用，甚至已经是许多国家的支柱产业之一。旅游业作为一种经济发展形态，具有新兴特征，专业性英语人才是推动旅游经济发展的重要因素。就我国旅游产业发展的现状来说，其中，存在的最大问题是缺乏旅游英语翻译人才，因此，我国高校开展旅游英语翻译教学活动的重点和难点在于，培养出的英语翻译人才必须具有较强的实用性和专业性，这也需要高校对于改革不断深化推进，与市场对人才的需求相结合，对翻译教学模式不断创新，加强校企的沟通与合作，对翻译方法进行规范化和有序化，如此一来，才能促进我国旅游产业朝着健康良好的方向发展，进而推动我国经济的迅速发展，从根本上让我国的文化竞争力得到显著提升。

第四节　大学财经英语翻译教学实践

财经涉及面较广，包括金融、投资、保险、财会、经营管理、市场营销、信息处理、合同和法律文书等，由于涉及各领域权利和义务的方方面面，财经英语表达严谨，语法结构复杂，不允许有半点纰漏。

一、大学财经英语翻译教学的实践特点

财经英语翻译教学的特点是用词准确、语言明了、行文简洁、表达客观、条理清楚、内容确切。现分述有以下四点。

（一）术语性强，特色鲜明

第一，专业术语。财经术语词汇的含义同我们日常所熟悉的意思有所不同，需特别注意。equity（capital stock）股本，go public 上市，blue chip 蓝筹股（指由股实可靠的公司发行的值钱而又热门的股票），bull campaign 哄抬证券价格，pick up 股票上扬，liability 负债，current asset 流动资产，journal entry 日记账分类，periodic inventory system 定期盘存制，premium bond 溢价债券，underwriter 承销商，fractional reserve 部分准备金（银行根据法律必须保持存款中的一部分作为准备金），balance sheet 资产负债表，called-up share capital 实收股票资本，share premium 股票溢价，option 期权、选择权（在一定的时期内选择买卖的权利），in the money 实值期权、优价期权，at the money 平值期权，gold standard 金本位制，rate of turnover 周转率，share premium account 股票溢价账户（指公司股东的一部分基金，由购买新的股票溢价构成）。

第二，经常使用缩写。IPO（initial public offering）股票首发，LP（ledger page）分类账账页，FIFO（first in，first out）先进先出法，LIFO（last in，first out）后进先出法，CPA（Certified public accountant）注册会计师，VAT（value added tax）增值税，LCM（lower of cost or market）成本与市场孰低。

（二）语言正式、精练，用词严谨、词意准确

The very close links between all currencies and gold function well for the operation of international payments. 一切货币和黄金的紧密联系对国际支付活动发挥了良好的功能。

When financial account are prepared，the trading and profit loss accounts are indeed debit and credit accounts in their own right，conforming to normal double entry principles. 当编制结算账时，按照一般的复式簿记原则，交易账和损益账凭本身的性质确实是借记账和贷记账。

（三）内容缜密、周到，结构复杂

由于涉及双方或几方面的利益，金融合同、文件或一个条约所给的定义、条款和内容必须精确。为了做到准确无误，不产生任何差异，用英语拟订、书写这些文件、合同时，除用词恰当外，还会用许多从句、短语用来修饰或限定其内容，因此结构复杂、句子冗长。

（四）被动语态、非谓语动词和情态动词的广泛运用

为了做到语言简洁、内容表达客观公正和有关事项描述的准确无误，在财经英语的使用中通常会出现大量的被动语态、非谓语动词、情态动词以及各种从句。例如：

Accounting is an information system of re-cording，interpreting，measuring，and analyzing economic activities. 会计是记录、解释、衡量和分析经济活动的信息系统。

Capital transactions，whether long-term or short-term，are customarily designated as capital inflows and outflows. 资本往来，不论是长期的还是短期的，通常称作资本流入和流出。

These loans might include money borrowed from the bank along with money borrowed by issu-ing certain types of security which is to be repaid within one year. 这些贷款有的可能是从银行借的钱，还有通过发行某种形式的债券借的钱，这些都必须在一年之内还清。

二、大学财经英语翻译教学的实践策略

大学财经英语翻译教学策略有以下重点。

（一）准确理解原文的含义，掌握相关术语

一些财经英语的用法和日常英语的用法不大相同，我们平常所熟悉的一些普通名词在财经英语中意思经常会有一些变化，如何翻译这些术语和习惯表达法，以及这些词应该和哪些词搭配都是非常重要的。在翻译财经英语时我们必须根据上下文去把握和理解其真正的含义。例如：

sight deposit 即期存款（又称 demand deposit，在英国指存在银行等存款机构，不经事先通知即可用支票或提款单领取的存款），trust 信托，value date 计息日期，bank reconciliation 银行往来调整表，outstanding check 未兑付支票，check clearance 支票交换，discount rate 贴现窗口，hedge 对冲操作（它是在期货市场采取与现货等量而买卖相反的交易方式），spot dollar exchange rate against pound 美元对英镑的即期汇率，swap deal 掉（调）期交易（掉期交易是在某一日即期卖出一种货币 [美元]，买进另一种货币 [英镑] 的同时，反方向地买进远期美元，卖出远期英镑，即把原来持有的货币来一个掉期）。

例 1：Direct · response marketing is a channel of communication and distribution that allows providers of goods and services to interactively and directly access any person in a channel. 是一个交际和分销的系统，利用该系统商品和服务的提供者能直接与该系统中的任何人员进行双向联系。

解析：该句中“direct-response marketing”意思是“直复营销”。

例 2：Channel of distribution is a route taken by a product offer from supplier to consumer. 销售渠道是产品从供货商的手中传到消费者的手中所经过的途径。

解析：该句中“channel of distribution”的意思是“销售渠道”。

例 3：Marketing mix is the set of marketing tools that the organization uses to pursue its marketing objectives. 营销组合就是企业为了达到营销目的所使用的一套营销手段。

解析：该句中“marketing mix”意思是“营销组合”。

例 4：Segmentation is the dividing of a market into groups of consumers that share common needs. 细分市场就是把市场的消费者按其需求分成不同的群体。

解析：该句中“segmentation”意思是“细分市场”。

（二）深刻理会词类转换，把握好句子与段落间的联系

就句子内部而言，英语重形合，句子各成分联系紧密；汉语重意合，结构松散，更多依赖句内各成分的顺序。就句子之间的联系而言，汉语重视句子之间的联系，而英语不太重视句子之间的联系。

例 1：Cover note is an informal insurance document which indicates the temporary insurance coverage to enable the insured to enjoy the benefits of a pol-icy which is being prepared. 暂保单是一种非正式保险单据，它载明临时的承保险别，以便被保险人享用正在制备的保险单的权益。

解析：这个英语句子中有两个定语从句，全句是个有机的整体，但在翻译为汉语时变为几个并列的短句，因为汉语句子之间的联系非常紧密，前后都有一定的逻辑关系。

例 2：Public relation is the planned and sustained effort to establish and maintain good will and mutual understanding between an organization and its publics. 公关旨在为企业与其公众对象间建立并保持良好的意愿和相互理解的、有计划的、持续的努力。

解析：英语句子中的定语如果是短语的话一般放在所修饰的词语后，这样句子的各个主要成分联系紧密，句子结构形式一目了然。然而翻译为汉语时却要把定语放在所修饰词的前面，由于汉语句子重意合，结构相对比较松散的原因。

（三）适当增词、减词，平衡断句与并句的关系

英、汉两种语言句子结构、表达方式、修辞手段的特点不尽相同，所以在翻译的时候为了使译文更加精练，更符合汉语的表达习惯，有时需要省略部分词语；而有时为了满足译文更清楚，可按意义、修辞和句法的需要在译文中加入虽无其词而有其意的词，使译文更加通顺地表达出原文的思想内容。同时可以将原文的一句话分成单个短句，也可以根据具体情况把两句话合成一句，或将原文的顺序作适当的调整，这样做的目的是使译文的意思更完整准确。

例 1：Insurance policy or certificate is acceptable to the bank，but cover note issued by an insurance broker is not acceptable unless specially authorized. 银行接受保险单或保险凭证，但是，除非另有说明，银行是不接受保险经纪人签发的暂保单的。

解析：原文的两个句子用的都是被动语态，强调的是行为对象，即insurance policy or certifi-cate（保险单或保险凭证），但翻译成汉语时要用主动语态，若翻译为“保险单或保险凭证被银行接受，但是，除非另有说明，保险经纪人签发的暂保单是不被银行接受的。”则不符合汉语的表达习惯，读起来会显得非常别扭。

例2：There are two major prerequisites for any manager to devise or maintain a control system.Firstly，control requires plans.Secondly，control requires an organizational structure.The clearer，more complete and more integrated plans and or-ganization structure are，the more effective the control. 任何一位主管人员要设计或维持一个控制系统，必须具备两个基本前提：第一控制要有计划，第二控制需要组织机构。计划和组织机构越明确、全面和完整，控制工作就越有效果。

解析：英语句子和汉语句子结构的主要区别之一是，只要能表达一个完整的意思英语就是一个独立的句子，必须用句号结尾。而汉语则相反，只有所表达的内容完整才用句号，中间往往是用若干个逗号。上面的这段英语是四个句子，翻译为汉语时变为两个，并增加了一个冒号，冒号后的内容是解释两个句子必须具备的前提，这样调整后的汉语译文是一个有机的整体。最后一个句子中的control翻译为汉语时增加了“工作”两个字，变为“控制工作”，意思就显得更完整，也更符合汉语的表达方式。

三、基于经济视域的旅游英语翻译教学设计实践

在经济全球化的浪潮下，各国及地区间的经济交流与合作日益频繁，而英语翻译在这其中扮演着至关重要的桥梁角色。尽管我国在英语翻译人才培养方面已取得显著进展，但在实践能力和综合知识教育方面仍有待加强，特别是在满足国际经济合作与交流的需求上，仍有提升空间。高校作为培养实用型人才的重要基地，必须精确把握旅游英语翻译的特点，结合教学实际和学生特点，构建系统化的教学模式，来有效提升学生的翻译技能和综合素质。

随着全球经济一体化的深入发展，对复合型专业人才的需求越发迫切，这也使得培养此类人才成为教育教学的核心任务。以下从经济视角出发，聚焦旅游英语翻译，深入剖析其内在要求与核心要素。

（一）经济视域下旅游英语翻译教学的问题

结合旅游产业的特性，开展英语翻译教学活动，高校需确保学生充分掌握旅游领域的专业词汇，并提升日常翻译能力。首先，旅游翻译的核心内容涵盖衣食住行及地区特色等基础要素。其次，翻译应凸显旅游的特色，通过精准表达传递景区文化内涵，使外国游客能够深入体验并理解其背后的文化故事和价值。鉴于旅游翻译作为新兴课程，教学中难免存在挑战，主要包括以下几个方面。

1. 教学模式较为单一

从教育视角层面来探讨，高校英语教学模式较为单一的问题主要表现在以下两个方面：一是教学内容过于依赖传统学科框架，缺乏与旅游产业的深度融合；二是教学方法过于陈旧，未能充分发挥现代教育技术的作用，导致师生间的互动交流不够密切。

（1）当前高校英语教学在内容设置上对传统学科框架的依赖，与旅游产业的融合度不足。长期以来，英语教学主要聚焦于语言能力的提升和知识传授，却未对旅游资源进行有效整合。这种教学模式导致学生难以将当地特色旅游文化融入实践中，仅能通过词汇和语法完成翻译任务，对旅游理解及文化传播产生不良影响。在教学实施过程中，教师往往偏重于对语言知识的讲解，而忽视了旅游资源的引入，使得理论与实践脱节，学生难以将所学知识与实际应用相结合。

（2）目前的教学方法显得较为陈旧，未能充分利用现代教育技术促进师生间的互动交流。在当前的英语翻译教学中，师生互动主要依赖于课堂提问方式，但单一的互动形式难以有效提升学生的翻译能力和技巧。相关研究数据显示，教师在授课过程中过于依赖视频教学，忽视了课堂上的实时互动交流，这对培养学生的英语表达能力和实践能力产生了不利影响。

2. 学生缺乏跨文化意识

英语翻译作为一门新兴课程，拥有非常浓厚的文化气息，旅游英语翻译的主要功能包括，向游客简单介绍旅游景区和旅游文化，译者通过自己的专业能力和素养向外国人讲解本地区的文化资源。但是中方文化和西方文化存在很大的区别，他们对待同一事物形成不同的观点，因此，教学中文化差异也应有意识地融入旅游英语翻译教学中，让学生的跨文化意识不断增强。在英语课程实践中存在的问题是，教师对学生翻译进行引导的出发点和切入点是本民族视角，没有结合西方文化和西方思维，所以最后形成的翻译让外国游客难以理解，另外，旅游英语翻译要和我国各个区域的差异相结合，对本地区的文化进一步明晰。

3. 校企合作力度不足

为了与市场对翻译人才的需求相符合，必须让学生的翻译实践能力不断提升，但是在具体调查研究工作中发现，高校和企业之间的合作、交流存在一些问题，能够提供给学生的实践机会非常少。

（1）学生对旅游翻译实践活动的参与性和积极性不高，有些学生存在偏见，认为大学毕业之后在旅游行业中工作没有发展前景，因此，不会对旅游翻译进行积极练习。

（2）相关企业并没有将有效的实践机会和平台提供给学生，很难将学生的翻译能力进行锻炼和提升。比如，企业往往认为学生对旅游翻译缺乏经验，没有将积累实践能力和经验的机会提供给学生，对学生的旅游翻译学习产生不利影响。

（二）经济视域下旅游翻译教学设计的实践策略

1. 优化旅游英语翻译教学模式

在探讨旅游英语翻译教学模式的优化过程中，我们必须认识到这不仅是对教育方法的提升，更是对旅游产业发展需求的积极回应。鉴于旅游英语翻译课程的特殊性，教学模式的创新与多元化显得尤为重要，以满足不同学生的个体差异，并提升其实践能力。

（1）高校应构建多元化的教学模式，该模式应建立在深入理解和把握语法教学与词汇教学的基础之上。语法和词汇是学习英语的基石，但学生之间的英语基础水平存在差异。因此，教师需根据学生的实际情况，进行差异化教学。对于英语基础较薄弱的学生，应着重帮助他们夯实英语基础；而对于英语基础较好的学生，则应将培养翻译能力作为对他们教学重点。

（2）翻译教学的内容需不断丰富。旅游英语翻译的教学内容不应局限于传统的翻译理论和技巧，而应结合地区的特色旅游资源。例如，学校可与当地旅游景点建立合作，获取最新的旅游信息。教师可将这些信息融入翻译教学中，使学生在学习翻译的同时，深入了解当地的旅游资源和文化特色。此外，为进一步优化教学模式，教师可运用案例分析、角色扮演、小组讨论等多种教学方法，以增强学生的实践能力和实际操作能力。同时，鼓励学生参与实际的旅游翻译工作，通过实践来提升翻译技能。

（3）教师应注重提升自身能力，不断学习和掌握新的教学方法和技巧，以使更好地服务教学，提升教学效果。

综上所述，优化旅游英语翻译教学模式是提升学生实践能力、满足旅游产业发展需求的重要途径。教师和学校应共同努力，不断探索和创新教学模式，以期达到最佳的教学效果。

2. 规范旅游英语翻译翻译规则

在旅游翻译教学活动中，由于中西方文化存在显著差异，因此对这些问题应给予足够的重视。让学生深入了解中西方文化之间的差异和特点，以便在实际的翻译工作中能够准确、恰当地传达信息。

（1）旅游翻译课堂活动的开展应当考虑到不同国家的文化背景，寻找彼此之间的契合点。例如，我国海南省的著名景点“天涯海角”，如果仅从字面意思进行翻译，游客很难理解该旅游景点背后的文化和旅游意义。而如果以文化差异为基础进行翻译，则可以使游客深入了解和认识这种独特的旅游文化。

（2）我国拥有 56 个民族，各民族的文化各具特色。在翻译实践过程中，应当以这种文化差异为基础，灵活掌握和应用翻译技巧，以便更准确地传达信息。例如，在翻译旅游景点时，可以结合意译和音译的方法，向游客传递更准确的信息。此外，为了更好地规范翻译规则，教师应当在教学过程中向学生传授相关的翻译理论和技巧，如文化适应性原则、忠实原则、简洁原则等。同时，教师还应当引导学生关注和了解旅游翻译的实际应用场景，以便在实际工作中能够更好地应对各种文化差异。

另外，为了提升学生的旅游翻译能力，学校可以与企业合作，开展实习实训项目，让学生在实际工作中锻炼自己的翻译技能。同时，学校还可以组织学生参加相关的竞赛和活动，以提高他们的翻译水平和实践能力。

3. 增强校企合作提高翻译实践

在当今全球化的背景下，翻译能力的培养显得尤为重要。作为翻译专业的重要组成部分，翻译实践教学承载着提升学生翻译实践能力的重要使命。然而，单纯的课堂教学往往难以满足学生对实践的需求。因此，校企合作成为提升翻译实践能力的重要途径。通过校企合作，可以将更多的实践舞台提供给学生，让他们在实践中锻炼和提升自己。

（1）推动合作模式不断深化，提供更多实践机会。为了提高学生的翻译实践能力，首先需要为学生提供更多的实践机会。通过深化校企合作模式，企业可以将专业的人员派遣到高校，与教师进行沟通和交流，共同解决旅游翻译实践中遇到的各种问题。这种方式不仅能够提高高校旅游英语翻译教学的及时性，还能让学生更直接地接触到实际翻译工作，从而加深对翻译实践的理解。

（2）拓展实践平台，提高学生参与积极性。实践平台的拓展是提高学生参与英语实践活动积极性和主动性的关键。高校可以利用假期等课余时间，利用企业合作，为学生提供更多进入企业开展英语翻译实践的机会。这样，学生可以在实践中锻炼自己的翻译能力，同时能更好地了解企业的运作和市场需求。

（3）优化英语翻译实践教学工作，应用真实案例。在英语翻译实践教学中，应用真实的案例是提高学生翻译实践能力的有效手段。教师可以将历年来学生在旅游英语翻译中遇到过的问题进行整合和归纳，将这些真实的案例引入课堂教学，引导学生进行讨论和分析。通过这种方式，学生不仅能够更好地理解和解决问题，还能在讨论中相互学习，共同提高。

4. 进行旅游英语翻译技巧教学

教师开展旅游英语翻译课堂教学活动的过程中，要对传统教学理念的约束进行突破，教学方式进行积极创新，在学生对翻译技巧进行掌握的过程中充分发挥指导作用，从而为有序开展英语翻译教学活动提供一定保障，如此一来，才能将具有较强综合性的英语翻译人才培养出来，满足国家和社会的需求。

（1）要擅长使用修辞方式。修辞在翻译过程中的使用，可以增强文章的灵动性，尤其是在开展旅游英语翻译教学活动时，为了让翻译内容更加丰富，可以增强文本的趣味性，让排比和比喻的修辞手法融入翻译中，让游客感受到耳目一新。

（2）以语料库作为依据和基础进行翻译。翻译工作者对材料进行翻译时，始终要以语料库作为前提和依据，才能够推动翻译工作者翻译时效性和准确性的提高。除此之外，翻译工作者还要将与翻译材料相关的参考书籍提前准备好，便于随时查阅资料。

结合上文可以发现，全球经济持续迅猛的发展促进了各国各地区及民族间的深入交流，使得旅游产业逐渐成为许多国家经济发展的重要支柱。随着人们对旅游需求的日益增强，旅游业在国民经济中的地位日益凸显。作为一种新兴的经济发展形态，旅游业的成功发展离不开专业的英语人才支持。针对我国旅游产业的现状，缺乏具备旅游英语翻译能力的人才已成为制约其进一步发展的主要“瓶颈”。因此，我国高等教育在翻译人才培养方面，必须着重强调其实用性和专业性，不断深化教学改革，紧密对接市场需求，创新翻译教学模式，强化校企合作，规范并优化翻译方法，从而推动旅游产业健康发展，为我国经济快速发展和文化竞争力的提升奠定坚实的基础。

结束语

《大学英语翻译教学及其创新实践》一书，深入浅出地阐述了翻译教学的基本理论，并通过丰富的案例分析，展示了翻译教学实践中的挑战和机遇。书中详尽的指导和建议，无论是课堂教学方法的创新还是翻译技巧的运用，都为读者提供了宝贵的参考。翻阅此书，我们如同置身于一场场引人入胜的学术交流与教育革新之旅，深刻感受到了翻译教学的独特魅力以及教育创新的精神风貌。然而，翻译教学的探索永无止境，本书只是一个新的起点。希望每一位读者都能从中获得启示，将翻译教学的理念和方法融入自己的教学实践之中，共同推动翻译教学的进步。

参考文献

[1] 阿日贵 . 高校英语翻译教学研究 [M]. 北京：北京工业大学出版社，2021.

[2] 常燕 . 英语翻译多维视角新探 [M]. 北京：中国水利水电出版社，2016.

[3] 陈洁 . 英语新词汇的特点及翻译技巧 [J]. 校园英语（教研版），2011（6）：84.

[4] 陈莹，吴倩，李红云 . 英语翻译与文化视角 [M]. 长春：吉林人民出版社，2020.

[5] 程宵 . 浅析英语词汇翻译技巧 [J]. 校园英语，2017（25）：243.

[6] 董璐 . 浅析在英语教学中培养英语思维的重要性 [J]. 家庭生活指南，2018（10）：186.

[7] 杜苏容 . 提升高校英语翻译教学有效性的策略探讨 [J]. 科技视界，2021（32）：51.

[8] 韩艳 . 论文化对等视角下的大学英语翻译教学 [J]. 江西电力职业技术学院学报，2020，33（1）：134.

[9] 郝晶晶 . 商务英语教学理论与改革实践研究 [M]. 成都：电子科技大学出版社，2017.

[10] 何晔 . 大学英语和英语专业教学应坚守各自学科发展本位——兼与张杰老师商榷公共英语教学的专业化与英语专业教学的公共化 [J]. 池州学院学报，2008（2）：132.

[11] 黄龙飞 . 刍议高校英语翻译教学中的创新 [J]. 雪莲，2015（27）：103.

[12] 黄宇 . 从中西思维差异浅谈商务英语句式的翻译——以产品推介翻译为例 [J]. 海外英语（上），2022（3）：23.

[13] 贾真真 . 高校英语翻译教学的合作学习策略 [J]. 湖北开放职业学院学报，2020，33（21）：177.

[14] 江琳 . 高校英语课程体系的“个性化”构建 [J]. 福建江夏学院学报，2022，12（1）：103.

[15] 姜伟杰 . 商务英语教学理论研究 [M]. 长春：吉林大学出版社，2016.

[16] 靳成达 . 信息化环境下人工智能在大学英语教学中的应用研究 [J]. 长春师范大学学报，2022，41（7）：163.

[17] 雷黎，龙玲珑 . 信息技术环境下大学英语翻译教学改革研究 [J]. 环球市场，2017（32）：157.

[18] 李璐 . 混合式教学模式下大学英语翻译教学的创新研究 [J]. 英语广场（下旬刊），2022（7）：75.

[19] 李鹏 . 高校英语翻译教学创新研究 [J]. 畅谈，2023（20）：147–149.

[20] 刘伟 . 高校英语翻译教学中跨文化教育策略探讨 [J]. 中国民族博览，2021（10）：127–129.

[21] 刘重霄 . 翻译理论、技巧与实践 [M]. 北京：首都经济贸易大学出版社，2021.

[22] 龙江华，赵静，陈倩 . 翻译及翻译研究新论 [M]. 成都：电子科技大学出版社，2022.

[23] 陆莉莉 . 信息技术环境下英语翻译教学模式构建 [J]. 高教学刊，2016（17）：133.

[24] 孟慧敏 . 英语文学作品翻译中的美学价值 [J]. 湖北文理学院学报，2022，43（4）：68.

[25] 彭杰，刘晓庆 . 高校英语课程教学问题探析 [J]. 读与写（教育教学刊），2019，16（11）：17.

[26] 邱玲玲 . 任务型教学法在大学英语翻译教学中的实现 [J]. 海外英语，2022（7）：94–95.

[27] 任俊超 . 跨文化视角下大学英语翻译教学研究 [J]. 中国民族博览，2022（8）：120–122.

[28] 王璐 . 高校英语交际教学模式浅谈 [J]. 西部素质教育，2017，3（22）：184.

[29] 王秋媛 . 英语翻译中的直译与意译 [J]. 文渊（中学版），2020（5）：487.

[30] 吴丹 . 跨文化意识下的旅游英语翻译教学 [J]. 海外英语，2014（10）：168.

[31] 许敏 . 大学英语翻译教学中应用语块教学的策略 [J]. 吉林省教育学院学报，2023，39（9）：116.

[32] 薛雨 . 教育信息化背景下大学英语教学模式研究综述 [J]. 商洛学院学报，2021，35（5）：87.

[33] 杨娟 . 逆向思维在大学英语翻译教学中的导入和培养 [J]. 海外英语，2022（14）：105-106.

[34] 杨永刚 . 翻译审美及翻译对比美学刍议 [J]. 内蒙古民族大学学报（社会科学版），2015，41（3）：89.

[35] 张富庄，董丽 . 当代高校英语翻译教学研究 [M]. 长春：吉林人民出版社，2019.

[36] 张翼飞 . 商务英语合同的词汇特点及翻译技巧 [J]. 中国商贸，2011（21）：237.

[37] 赵泽凡 . 英语翻译中直译和意译新探 [J]. 青春岁月，2019（5）：46.

[38] 周婷 . 大学英语翻译技巧与实践教程 [M]. 武汉：华中科技大学出版社，2017.

[39] 朱玲意 . 论商务英语的写作 [J]. 西部皮革，2016，38（2）：281.

[40] 祝全 . 案例教学法视域下高校英语翻译教学探讨 [J]. 现代英语，2022（22）：9.